Springer-Lehrbuch

Springer
Berlin
Heidelberg
New York
Barcelona
Hongkong
London
Mailand
Paris
Tokio

Werner Dinkelbach · Otto Rosenberg

Erfolgs- und umweltorientierte Produktionstheorie

Vierte, neubearbeitete und erweiterte Auflage

Mit 62 Abbildungen und 15 Tabellen

Springer

Professor Dr. Werner Dinkelbach
Universität des Saarlandes
Abteilung Wirtschaftswissenschaft
Postfach 15 11 50
D-66041 Saarbrücken

Professor Dr. Otto Rosenberg
Universität GH-Paderborn
FB 5 Wirtschaftswissenschaften
Warburger Straße 100
D-33098 Paderborn

ISBN 3-540-42654-X Springer-Verlag Berlin Heidelberg New York
ISBN 3-540-66514-5 4. Auflage Springer-Verlag Berlin Heidelberg New York

Die Deutsche Bibliothek – CIP-Einheitsaufnahme
Dinkelbach, Werner: Erfolgs- und umweltorientierte Produktionstheorie / Werner Dinkelbach; Otto Rosenberg. – 4., neubearb. und erw. Aufl. – Berlin; Heidelberg; New York; Barcelona; Hongkong; London; Mailand; Paris; Tokio: Springer, 2002
(Springer-Lehrbuch)
ISBN 3-540-42654-X

Springer-Verlag Berlin Heidelberg New York
ein Unternehmen der BertelsmannSpringer Science+Business Media GmbH

http://www.springer.de

Umschlaggestaltung: Design & Production GmbH, Heidelberg

SPIN 10852734 42/2202-5 4 3 2 1 0 – Gedruckt auf säurefreiem Papier

Vorwort

Die betriebswirtschaftliche Produktionstheorie analysiert Produktionssysteme, versucht durch mengenbezogene Betrachtungen den Produktionsprozeß bestimmende Größen zu erkennen und Informationen für zielgerichtete Gestaltungen von Produktionen zu gewinnen. Grundlegende Orientierungsgröße ist das gütermengenbezogene Wirtschaftlichkeitsprinzip, das sich aus einer als allgemein gegeben angenommenen Güterknappheit ableiten läßt.

Produktionssysteme sind Input-Output-Systeme, die Güter als Input aufnehmen und in transformierter Form als Output abgeben. Die einzusetzenden Güter werden in Faktoren sowie in erwünschte und nicht erwünschte Nebenfaktoren differenziert, während die ausgebrachten Güter in Produkte sowie in erwünschte und nicht erwünschte Nebenprodukte unterteilt werden. Nebengüter als Zusammenfassung von Nebenfaktoren und Nebenprodukten sind erwünscht, wenn die güterwirtschaftliche Knappheit durch sie verringert wird, sie sind nicht erwünscht, wenn diese Knappheit durch sie erhöht wird. Eine Produktion ist eine Kombination eines Faktormengenvektors und eines Produktmengenvektors. Die Gesamtheit aller realisierbaren Produktionen bildet eine Technologie. Umweltorientierte Technologien berücksichtigen explizit Nebengüter.

Eine erste Aufgabe der Produktionstheorie ist es, effiziente Produktionen, das sind Produktionen, die im Vergleich mit allen anderen im Produktionssystem durchführbaren Produktionen nicht unvorteilhaft sind, zu bestimmen. Die Menge der effizienten Produktionen kann sich nicht unwesentlich verändern, wenn Nebengüter explizit in die Betrachtung einbezogen werden, wenn mithin von einer umweltorientierten Technologie ausgegangen wird.

Existieren mehrere effiziente Produktionen in einer Technologie, müssen für eine eindeutige Auswahl einer zu realisierenden Produktion weitere Kriterien herangezogen werden. Faktormengen und Produktmengen müssen durch eine entsprechende Bewertung vergleichbar gemacht und zu einer skalaren Größe aggregiert werden können. Ausgehend vom Knappheitspostulat ist Faktoren und nicht erwünschten Nebengütern ein negativer Wert (Nutzen) sowie Produkten und erwünschten Nebengütern ein positiver Wert zuzuordnen. Eine vorteilhafteste Produktion ist dann diejenige, mit der der größte Erfolg als Differenz zwischen positiven und negativen Nutzen zu erreichen ist. Verschiedene Möglichkeiten einer Erfolgsdefinition mit und ohne Berücksichtigung von Nebengütern werden aufgezeigt und diskutiert. Insbesondere werden gewinnmaximale, deckungsbeitragsmaximale, kostenminimale, umweltkostenminimale und schadstoffminimale Produktionen bestimmt und analysiert.

Nach den grundlegenden Kapiteln werden zwei spezielle Technologien, eine LEONTIEF-Technologie und eine GUTENBERG-Technologie, definiert und im einzelnen analysiert. Die LEONTIEF-Technologie wird als beschränkte lineare Technologie eingeführt. In umfassender Form wird der Einfluß der Berücksichtigung umweltrelevanter Nebengüter auf die Menge der effizienten und umwelteffizienten Produktionen einer LEONTIEF-Technologie aufgezeigt. Ausgehend von problembezogen formulierten Beispielen werden für alternativ vorgegebene erfolgs- und umweltorientierte Zielsetzungen optimale Produktionen bestimmt, die Ursachen für unterschiedliche Optimallösungen ermittelt und Möglichkeiten zur Überwindung von erfolgs- und umweltbezogenen Zielkonflikten im Rahmen von Produktionssystemen diskutiert.

Eine Reihe von realen Produktionssituationen lassen sich durch LEONTIEF-Technologien angemessen erfassen. Sind die Beziehungen zwischen eingesetzten Faktoren und ausgebrachten Produkten jedoch in der Weise von mittelbarer Natur, daß sie wesentlich von der intensitätsmäßigen und zeitlichen Nutzung des Faktors Betriebsmittel determiniert werden, läßt sich zur Erfassung dieses Sachverhalts eine eigenständige Technologie, die GUTENBERG-Technologie, definieren. Der Output wird in einer GUTENBERG-Technologie als Produkt von Intensität und Zeit aufgefaßt, während der Input durch Verbrauchsfunktionen in Abhängigkeit von der

Intensität bestimmt wird. Auch die GUTENBERG-Technologie wird durch die explizite Berücksichtigung von Nebengütern und durch die Aufnahme von Entsorgung und Recycling als produktionswirtschaftliche Aktivitäten zu einer umweltorientierten Technologie erweitert. Weiterhin werden - wieder vor allem anhand von Zahlenbeispielen - die unterschiedliche Gestaltung und Steuerung von Produktionen in GUTENBERG-Technologien im Vergleich mit LEONTIEF-Technologien dargestellt. Insbesondere die Steuerung der Produktionsprozesse durch zeitliche und/oder intensitätsmäßige Anpassung als dem Kernstück dieses produktionstheoretischen Ansatzes wird in Abhängigkeit von erfolgs- und umweltorientierten Zielsetzungen diskutiert. Die sich ergebenden Abweichungen in den optimalen Produktionen werden auf ihre wesentlichen Ursachen zurückgeführt. Die hierbei gewonnenen Erkenntnisse werden konstruktiv für die Planung von Produktionen und für die Beurteilung von umweltorientierten Steuerungsinstrumenten genutzt.

Die inhaltliche Gestaltung des Lehrbuchs ist geprägt durch das Bestreben, produktionswirtschaftliche Tatbestände konsequent als Technologien zu modellieren, umweltrelevante Nebengüter zu integrieren und die umweltbezogenen Wirkungen von Produktionen möglichst umfassend aufzudecken. Für die Definitionen von Technologien wird von möglichst wenigen Voraussetzungen ausgegangen. Punktuell wird demonstriert, daß die traditionellen auf Produktionsfunktionen aufbauenden Ansätze als Sonderfälle im technologiebezogen definierten Konzept enthalten sind. Im Rahmen der Diskussion der Beziehungen zur axiomatisch fundierten Aktivitätsanalyse wird gezeigt, daß deren Axiome entweder entbehrlich oder implizit erfüllt sind bzw. in konkreten Produktionssystemen zum Teil nicht eingehalten werden können. Durch den Verzicht auf Axiome wird es zum Beispiel auch ohne weiteres möglich, diskrete Technologien, die in der Realität des öfteren anzutreffen sind, in produktionstheoretischen Lehrbüchern jedoch weitgehend unberücksichtigt bleiben, zu formulieren und zu analysieren.

Grundlage des Buches bildet der Stoff von Vorlesungen, die von den Autoren seit mehr als 10 Jahren an der Universität des Saarlandes und der Universität Paderborn regelmäßig gehalten werden. Dementsprechend sind die Hauptadressaten Studierende der Betriebswirtschaftslehre, der Wirtschaftsinformatik und des Wirtschaftsingenieurwesens. Die zum Verständnis des Stoffes notwendigen mathematischen Kenntnisse gehen nicht über das Wissen hinaus, das Studierenden der Wirtschaftswissenschaft üblicherweise im Grundstudium vermittelt wird.

Unser Dank gilt insbesondere Herrn Dr. Fritz Wengler, der das Manuskript kritisch durchgesehen hat, Herrn Dipl.-Inform. Thomas Latz, der uns die Abbildungen angefertigt hat, und ganz besonders Frau Karin Hunsicker, die mit großer Mühe und nie nachlassendem Engagement das Manuskript in eine druckfertige Fassung übertragen hat.

Saarbrücken 13.12.1993 Paderborn

Werner Dinkelbach *Otto Rosenberg*

Vorwort zur zweiten Auflage

Für die zweite Auflage sind alle Kapitel eingehend überarbeitet worden. Darüber hinaus wurde versucht, Umweltaspekte noch weitgehender in die produktionstheoretischen Ansätze zu integrieren. Hierbei waren viele konstruktive Anmerkungen unseres Kollegen, Herrn Professor Dr. Hans Ziegler, sehr hilfreich. Wir danken ihm für die intensive Auseinandersetzung mit unserem Werk. Weiterhin danken wir unseren Mitarbeiterinnen und Mitarbeitern in Paderborn und Saarbrücken für zahlreiche Verbesserungsvorschläge.

Saarbrücken 11.07.1996 Paderborn

Werner Dinkelbach *Otto Rosenberg*

Vorwort zur dritten Auflage

Bei der Konzipierung der *Erfolgs- und umweltorientierten Produktionstheorie* sind wir grundlegend davon ausgegangen, daß die zur Befriedigung menschlicher Bedürfnisse verfügbaren Güter knapp sind und daß die Möglichkeiten, bei der Herstellung von Gütern die Umwelt unkontrolliert zu belasten, begrenzt sind. Für unterschiedliche Technologien werden mengenbasierte Modelle entwickelt und durch effizienzorientierte Analysen Möglichkeiten und Grenzen rein mengenbezogener Produktionsplanungen aufgezeigt. Monetäre Bewertungen werden zur Kompromißfindung bei der Analyse erfolgs- und umweltorientierter Zielsetzungen herangezogen.

In der vorliegenden dritten Auflage werden diese Aspekte, insbesondere auch durch eine Reihe problemspezifischer Beispiele, differenzierter herausgearbeitet und vertiefend behandelt. Besondere Anstrengungen haben wir zur weiteren Integration umweltspezifischer Ansätze unternommen. Schließlich werden Bezüge zur klassischen bzw. neoklassischen – ausschließlich auf Produktionsfunktionen basierenden – Produktionstheorie stärker als bisher aufgezeigt. So wird etwa die COBB-DOUGLAS-Produktionsfunktion, die in der neoklassischen Theorie ein zentrales Thema darstellt, Baustein einer COBB-DOUGLAS-Technologie; in ihr werden analog zum aktivitätsanalytischen Ansatz Kapazitätsrestriktionen eingeführt und Anpassungsprozesse – nicht zuletzt auch unter Umweltgesichtspunkten – untersucht.

An dieser Stelle möchten wir besonders für seine intensive Auseinandersetzung mit unserem Buch Herrn Dipl.-Kfm. Rico Kutscher danken. Unser Dank gilt weiterhin Frau Karin Hunsicker und den Herren Dipl.-Kfm. Bodo Glaser M.A., Dr. Andreas Kleine sowie Dipl.-Kfm. Jürgen Marx für ihren engagierten Einsatz und ihre zahlreichen Anregungen.

Saarbrücken 11.07.1999 Paderborn

Werner Dinkelbach *Otto Rosenberg*

Vorwort zur vierten Auflage

Bei der Fertigstellung der nunmehr vorliegenden vierten Auflage haben wir uns auf eine kritische Durchsicht aller Kapitel mit entsprechenden Korrekturen und Ergänzungen sowie auf die Überarbeitung der Abbildungen konzentriert.

Des Weiteren wurde das Buch um einen Anhang erweitert, der das Verständnis der im Text behandelten Produktionskonzepte als Entscheidungsmodelle und ihrer zielorientiert zu bestimmenden Lösungen unterstützt. Eingeführt wird in entscheidungstheoretische Grundbegriffe, in die Darstellung von Produktionsaufgaben als skalare und vektorielle Entscheidungsmodelle und in die Bestimmung von effizienten Produktionen. Insbesondere auf die Identifikation von effizienten Alternativen mit Hilfe von Dominanzkegeln wird näher eingegangen. Ein eigener Abschnitt ist der Beschreibung und Analyse von diskreten Produktionen gewidmet. Die bisherigen Erfahrungen beider Autoren in der Lehre haben gezeigt, dass die im Anhang zusammengefassten entscheidungstheoretischen Grundlagen geeignet sind, den Zugang zum Inhalt dieses Buches zu erleichtern.

Saarbrücken 01.08.2001 Paderborn

Werner Dinkelbach *Otto Rosenberg*

Inhaltsverzeichnis

1 Produktionssysteme, Güter und Nebengüter

1.1 Produktionssysteme als Input-Output-Systeme

Zur Befriedigung von Bedürfnissen setzen Menschen Güter ein. Diese im Allgemeinen knappen Güter können je nach der Art des zu befriedigenden Bedürfnisses materieller oder immaterieller Art sein. In einigen Fällen können Güter in dem Zustand, in dem sie der natürlichen Umwelt entnommen werden, unmittelbar der Bedürfnisbefriedigung dienen, zum überwiegenden Teil müssen die Güter jedoch zunächst in einem in der Regel mehrstufigen Prozess verändert (transformiert) und miteinander kombiniert werden, bevor sie für die Erfüllung von Bedürfnissen eingesetzt werden können. Die „systematische, durch Menschen veranlasste und gelenkte Herstellung eines oder mehrerer physischer Güter oder Dienstleistungen mit Hilfe anderer Güter oder Dienstleistungen" (KRELLE, 1969, S. 2) wird als Produktion bezeichnet.

Der Vorgang, der zur Veränderung der Güter führt, wird Transformations- oder Produktionsprozess genannt. Die eingesetzten und die ausgebrachten (hergestellten) Güter lassen sich durch die Angabe der Ausprägungen bezüglich der Merkmale, die im Hinblick auf das zu befriedigende Bedürfnis und auf den gewählten Transformationsprozess wesentlich sind, charakterisieren. Diese Merkmale können qualitativ und/oder quantitativ beschreibbar sein.

1.1.1 Input-Output-Systeme

Kennzeichnet man als System eine Menge von Elementen, die in bestimmter Weise durch eine Menge von Beziehungen verknüpft sind, dann kann ein Input-Output-System in erster Annäherung als ein spezielles System aufgefasst werden, das Güter als Input aufnimmt und diese Güter in transformierter Form als Output wieder abgibt, wobei Input und Output durch eine Menge von Beziehungen verknüpft sind. Einige Beispiele sollen diese Charakterisierung ein wenig illustrieren sowie einige Implikationen herausarbeiten, so dass nachfolgend weitere Konkretisierungen vorgenommen werden können.

a) Ein Weinhändler kauft als Input spanischen Wein, um diesen nach wenigstens einjähriger Lagerung als Output an seine Kunden zu veräußern.

b) Ein Spediteur belädt in Hamburg ein Schiff mit Bananen als Input, die nach erfolgtem Transport in Rostock als Output entladen werden.

c) Eine Bankkundin zahlt als Input einen bestimmten Betrag auf ihr Sparkonto, um diesen als Output nach einem Jahr samt Zinsen wieder abzuheben.

d) Bei einem Friseur kommen als Input zufällig Kunden an, die nach einer im Voraus nicht bekannten Wartezeit und nach Bedienung als Output das Geschäft des Friseurs wieder verlassen.

e) Eine Talsperre füllt sich durch Niederschlag mit Wasser als Input und gibt das gespeicherte Wasser als Output in den zu speisenden Fluss ab.

f) Ein Computerhändler schickt als Input eine Information per e-mail an einen Kunden, der diese als Output seinem Computer entnimmt.

g) Zur Erstellung eines Angebots an einen Kunden werden die relevanten Daten als Input in eine mit einer für die Kalkulation geeigneten Software ausgestatteten EDV-Anlage gegeben, die als Output das erbetene Angebot ausgibt.

h) In einem Hochofen werden pro Monat bestimmte Rohstoffe (vor allem Erze und Koks) als Input eingesetzt und damit pro Monat als Output eine bestimmte Menge an Roheisen produziert.

Beispiel	Input	Transformation	Output	Wesentliche Transformations-art
a) Weinhändler	Wein	Lagerung	Wein	Materielle Zeit-transformation
b) Spediteur	Bananen	Transport	Bananen	Materielle Orts-transformation
c) Bankkundin	Geld	Anlage	Geld	Immaterielle Zeit-transformation
d) Friseur	Personen	Bedienung	Personen	Materielle Zustands-transformation
e) Talsperre	Wasser	Speicherung	Wasser	Materielle Zeit-transformation
f) e-mail	Information	Transport	Information	Immaterielle Orts-transformation
g) Angebot	Be-triebs-daten	Kalkulation	Angebot	Immaterielle Zustands-transformation
h) Hochofen	Erz, Koks	Verhüttung	Roheisen	Materielle Zustands-transformation
i) Lebens-ver-sicherung	Angebot	Verhandlung	Vertrag	Immaterielle Zustands-transformation

Tabelle 1.1.1: Exemplarische Input-Output-Systeme

i) Eine Lebensversicherung produziert (erarbeitet) unterschiedliche Musterverträge zur privaten Altersversorgung und bietet diese als Input auf dem Markt an. Interessierte verhandeln und wählen ein auf persönliche Verhältnisse abgestimmtes Angebot aus und schließen als Output einen Vertrag ab oder nicht.

Die aufgelisteten Beispiele zeigen, dass sowohl die Inputmengen wie auch die Outputmengen materielle (vgl. etwa die Beispiele a) und h)) bzw. immaterielle Güter (vgl. etwa die Beispiele f) und g)) sein können. Materielle wie immaterielle Güter werden gegebenenfalls durch die Transformation von Input in Output qualitativ und/oder quantitativ verändert (vgl. etwa Beispiele a), c), d) und h)). Eine Transformation dieser Art heißt auch **Zustandstransformation**. Die Güter befinden sich u.U. durch die Transformation anschließend an einem anderen Ort (vgl. etwa Beispiel b) und f)) und/oder in einer anderen Zeitperiode (vgl. Beispiel a) und c)). Man spricht in diesen Fällen von einer **Ortstransformation** bzw. **Zeittransformation** (vgl. u.a. KRUSCHWITZ/STOLL, 1979, Sp. 1681ff.; ROSENBERG, 1989, Sp. 753f.; DYCKHOFF, 2000, S. 3). Die Beispiele a) bis i) sind in Tabelle 1.1.1 (1. Kapitel, 1. Abschnitt, 1. Tabelle) zur besseren Vergleichsmöglichkeit strukturiert zusammengefasst, wobei von den z.T. nebeneinander auftretenden unterschiedlichen Transformationsarten nur die jeweils wesentliche aufgeführt wurde.

Nach diesen einführenden Überlegungen kann die eingangs formulierte Charakterisierung von Input-Output-Systemen weiter konkretisiert und damit vertiefend verdeutlicht werden. Ein **Input-Output-System** ist ein System aus den drei Komponenten I (Input), TR (Transformator) und O (Output), bei dem zwischen den Komponenten I und TR einerseits sowie zwischen TR und O andererseits ganz bestimmte Beziehungen bestehen (vgl. Abb. 1.1.1). Statt von Input-Output-Systemen spricht man auch von Input-Output-Modellen als einer formalen Abbildung von realen Phänomenen mit einer analogen dreiteiligen Struktur (zu Fragen der Modellbildung vgl. u.a. ZSCHOCKE, 1995).

Die Komponenten I, TR und O lassen sich wie folgt näher charakterisieren: Die Komponente I kennzeichnet einen Input oder auch Input-Strom, durch den in einem Zeitpunkt oder im Zeitablauf bestimmte Einheiten eines Gutes oder mehrerer verschiedener Güter von einer bestimmten Beschaffenheit in die Komponente TR gelangen. In der mit Transformator (Throughput) bezeichneten Komponente TR verweilen diese Einheiten eine mehr oder weniger lange Zeitspanne; sie erfahren gegebenenfalls eine Veränderung, indem sie eine qualitativ andere Beschaffenheit erhalten und/oder in ein anderes Gut (in verschiedene andere Güter) transformiert werden. Die Komponente O gibt einen Output oder auch Output-Strom wieder, durch den bestimmte Einheiten des (der) veränderten Gutes (Güter) die Komponente TR in einem Zeitpunkt oder im Zeitablauf verlassen. M.a.W.: „The term transformation indicates that there are certain

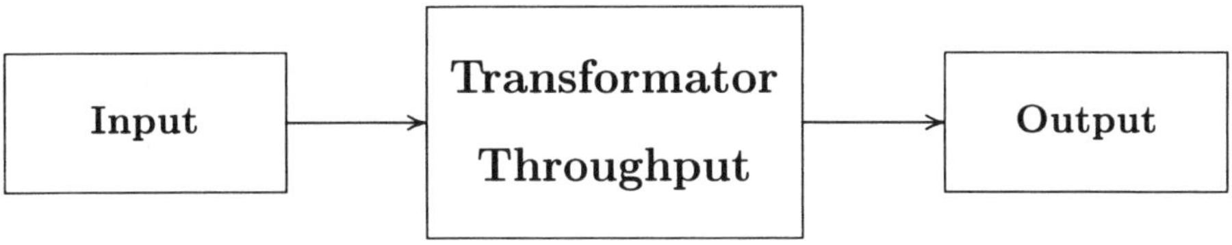

Abbildung 1.1.1: Input-Output-System

things (goods or services) which enter into the process, and lose their identity in it, i.e. *ceasing to exist* in their original form, while other things (goods or services) come into being in that they *emerge* from the process“ (Frisch, 1965, S. 3). Stehen nicht die einzelnen Komponenten eines Input-Output-Systems zur Diskussion, sondern der Vorgang der Transformation des Inputs über den Transformator zum Output, dann heißt dieser Vorgang auch **Transformationsprozess**.

Sind alle Größen eines Input-Output-Systems einer einzigen Periode oder einem einzigen Zeitpunkt zugeordnet, wie etwa der monatliche Input und Output des Hochofens (Beispiel h)) oder die fast zeitlose Übermittlung einer e-mail (Beispiel f)), so spricht man von einem **statischen** Input-Output-System. Im Gegensatz dazu heißen Input-Output-Systeme **dynamisch**, wenn sich Input- und/oder Output-Strom über mehrere Perioden erstrecken und der Input einer früheren Periode zugeordnet wird als der Output, wie das beispielsweise beim Weinhändler (Beispiel a)) und bei der Bankkundin (Beispiel c)) der Fall ist.

Eine wichtige, auch zur Klassifikation von Input-Output-Systemen geeignete Eigenschaft bezieht sich darauf, ob Input- und/oder Output-Strom **deterministisch** oder **stochastisch** sind. Die Nachfrage nach einem Gut, z.B. nach Wein (Beispiel a)) oder nach Roheisen (Beispiel h)), kann durch einen deterministischen Output-Strom beschrieben werden, wenn beispielsweise bereits die Nachfragemengen für die kommende(n) Periode(n) vorliegen. Bei noch unbekannten Nachfragemengen bietet sich eine Beschreibung durch einen stochastischen Output-Strom (stochastischen Prozess) an.

Weiter kann bei einer Beschreibung von Input-Output-Systemen von Interesse sein, welche der Komponenten I, TR oder O **vorgegeben** und welche zu **analysieren** sind. Sind bei einem Produktionsmodell (vgl. etwa Beispiel h)) alle Einsatzmengen (Input-Strom) und der Transformator (die Technologie, die Transformations- bzw. die Produktionsfunktion) vorgegeben, dann ist der Output, d.h. die möglichen auszubringenden Gütermengen, aufgrund der vorgegebenen Daten zu bestimmen. Bei einem Warteschlangenmodell (vgl. Beispiel d)) können etwa der (stochastische) Input-Strom und die Bedienungskapazität vorgegeben sein, so dass die Eigenschaften des Output-Stroms „bediente Kunden" Gegenstand der Analyse sind.

Schließlich sind insbesondere jene Input-Output-Systeme von Interesse, bei denen bezüglich einer ihrer Komponenten eine **Entscheidung** zu treffen ist. Dies ist immer dann der Fall, wenn entweder eine Komponente frei gestaltet werden kann, wie etwa die Bestellmenge als Input-Strom (vgl. Beispiel a)) oder die Dauer des Transformationsprozesses (vgl. Beispiel c)), oder eine Komponente nicht eindeutig vorgegeben ist, wenn etwa die Technologie unterschiedliche Produktionsweisen zulässt (vgl. Beispiel h)). Um die Festlegung der nicht vorgegebenen Komponenten begründet vornehmen zu können, muss das jeweilige Input-Output-System einen angestrebten Sachverhalt (ein Ziel) als Element enthalten. In den zuletzt erwähnten Fällen werden Input-Output-Systeme zu **Entschei-**

dungsmodellen, die in den Kapiteln 3, 4 und 5 eine besondere Rolle spielen. – Im Folgenden werden ausschließlich statische deterministische Input-Output-Systeme betrachtet.

1.1.2 Produktionssysteme

Unter einem **Produktionssystem** wird ein spezielles Input-Output-System verstanden, in dem vorhandene Güter, die Faktoren genannt werden, in andere Güter, die Produkte heißen und der Bedürfnisbefriedigung dienen, transformiert werden (vgl. Abb. 1.1.2). Um diese Transformationsaufgabe übernehmen zu können, haben sich im Laufe der Zeit Unternehmen (Betriebe, Fabriken usw.) gebildet, denn der „Sinn aller betrieblichen Betätigung besteht darin, Güter materieller Art zu produzieren oder Güter immaterieller Art bereitzustellen" (GUTENBERG, 1983, S. 1). Statt von Transformationsprozessen wie bei Input-Output-

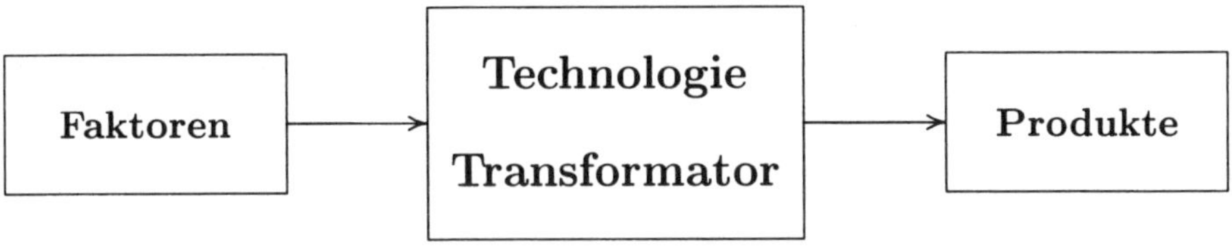

Abbildung 1.1.2: Produktionssystem

Systemen wird im Zusammenhang mit Produktionssystemen auch von **Produktionsprozessen** gesprochen (vgl. GUTENBERG, 1989, S. 159f.). Je nach der zu Grunde liegenden Art der Betrachtung besteht ein Unternehmen aus einem einzigen Produktionssystem oder aus einer Vielzahl von miteinander verbundenen Produktionssystemen. Die im letzteren Fall bestehenden Beziehungen zwischen den Produktionssystemen eines Unternehmens führen zu vernetzten Produktionsstrukturen und damit zu mehrstufigen, d.h. miteinander verbundenen Produktionssystemen, die nicht Thema dieser Einführung sind (vgl. u.a. KLOOCK, 1969; MÜLLER-MERBACH, 1981, S. 83ff.; SCHWEITZER, 1993, Sp. 3330f.).

Die **betriebswirtschaftliche Produktionstheorie** befasst sich mit den mengenmäßigen Beziehungen zwischen Faktoren und Produkten im Rahmen eines Produktionssystems (vgl. GUTENBERG, 1989, S. 123f.). Sie zielt darauf ab, die Durchführung von Produktionsprozessen zu analysieren, mengenbezogene Gesetzmäßigkeiten in den Transformationsbeziehungen aufzudecken und zu erklären. Sie liefert damit Grundlagen für zielorientierte Gestaltungen der Produktion. M.a.W.: Gegenstand der betriebswirtschaftlichen Produktionstheorie ist die Analyse und Erklärung von Produktionssystemen. Eine **umweltorientierte betriebswirtschaftliche Produktionstheorie** bezieht die Wirkungen der Produktion auf die natürliche Umwelt in die Analyse und Erklärung mit ein und versucht gleichzeitig aufzuzeigen, wie die umweltbelastenden Wirkungen einer Produktion für den Menschen möglichst gering gehalten werden können (vgl. u.a. KISTNER, 1993; DYCKHOFF, 1994; STEVEN, 1994; VENTZKE, 1994; BOGASCHEWSKY, 1995).

Unter einer **Produktionsaufgabe** in einer betriebswirtschaftlichen Produktionstheorie wird in dieser Einführung eine Vorbereitung der Produktionsentscheidung verstanden, die darin besteht, unter Bezug auf die Knappheit der Güter festzulegen, welche Produkte (Produktarten) in welchen Produktquantitäten mit welchen Faktoren (Faktorarten) in welchen Faktorquantitäten mit welchen Produktionsprozessen in der zu Grunde liegenden Periode (Planungsperiode) hergestellt werden sollen. Sind einerseits die Produkte in ihren Quantitäten vorgegeben, so konkretisiert sich die Aufgabe in der Suche nach der Faktorkombination, bei der „möglichst geringe“ Quantitäten dieser Faktoren zur Herstellung der gewünschten Produktquantitäten eingesetzt werden. Sind andererseits für die Transformation die einsetzbaren Faktoren art- und mengenmäßig beschränkt verfügbar, so besteht die Produktionsaufgabe darin, die vorhandenen Faktorquantitäten so einzusetzen, dass „möglichst große“ Produktquantitäten erzeugt werden.

Den Analysen der folgenden Abschnitte und Kapitel liegen überwiegend materielle Güter (Sachgüter, Sachleistungen) – im Gegensatz zu immateriellen Gütern (Diensten, Dienstleistungen) – zu Grunde.

1.2 Faktoren, Nebenfaktoren, Produkte und Nebenprodukte

Nach der Einführung eines Produktionssystems als ein spezielles Input-Output-System geht es in diesem Abschnitt um eine nähere Charakterisierung der Input- und Output-Elemente, d.h. der Faktoren und Produkte eines Produktionssystems. Während in Abschnitt 1.2.1 und 1.2.3 weitgehend der üblichen betriebswirtschaftlichen Produktionstheorie gefolgt wird, widmen sich die übrigen Abschnitte Umweltaspekten durch den Einbezug von Nebenfaktoren und Nebenprodukten in die Untersuchung.

1.2.1 Faktoren

Unter einem **Faktor** (Produktionsfaktor, Einsatzgut, Input-Gut) versteht man ein Gut, das als Input in einem Produktionssystem zur Herstellung anderer Güter (Produkte, Output-Güter) erforderlich ist. Man sagt auch, dass es zur Herstellung anderer Güter genutzt wird bzw. der Herstellung anderer Güter dient. Entscheidend zur Charakterisierung eines Faktors ist, dass bei Wegfall dieses Faktors in einem Produktionssystem der Prozess der Herstellung von Gütern in diesem Produktionssystem spürbar gestört wird oder gar nicht zu Stande kommt und dass dieser Faktor nicht in beliebigen Quantitäten für den Produktionsprozess zur Verfügung steht. Dies gilt sowohl für materielle Faktoren, wie Rohstoffe oder Komponenten, als auch für immaterielle Faktoren, wie Wissen und Informationen. Unter Faktoren werden stets mehrere Faktorarten und nicht mehrere Quantitäten ein und derselben Faktorart verstanden.

Der Umfang der Differenzierung des Inputs in Faktorarten ist abhängig vom Ziel der Analyse. Wird das Produktionssystem makroökonomisch betrachtet, reicht vielfach eine grobe Differenzierung etwa in die Güterkategorien Arbeit und Kapital, wie sie in der Volkswirtschaftslehre üblich ist. Eine derartige hochaggregierte Erfassung des Inputs vereinfacht die volkswirtschaftliche Analyse produktionswirtschaftlicher Phänomene und ermöglicht die Ableitung grundsätzlicher Aussagen über die Beziehungen zwischen Input und Output. Soll hingegen steuernd in ein

Produktionssystem eingegriffen werden, so sind sowohl Input wie auch Output stärker zu untergliedern. Diese Differenzierung hat im Hinblick auf den jeweiligen Untersuchungszweck zu erfolgen.

Für die Betriebswirtschaftslehre wurde eine Klassifikation für Faktoren zum ersten Mal 1951 veröffentlicht, und zwar von GUTENBERG im ersten Band seiner **Grundlagen der Betriebswirtschaftslehre**. Sein **System der produktiven Faktoren** als Input in ein Produktionssystem umfasst die **Elementarfaktoren** (menschliche Arbeitsleistungen als objektbezogene Arbeit, Betriebsmittel sowie Werkstoffe) und die **dispositiven Faktoren** (Geschäfts- und Betriebsleitungen, Planung sowie Betriebsorganisation). Diese Systematisierung hat in der Betriebswirtschaftslehre eine lebhafte Diskussion ausgelöst und zahlreiche Modifikationen und Ergänzungen erfahren (vgl. u.a. BOHR, 1979; BLOECH, 1993). Im Rahmen einer betriebswirtschaftlichen Produktionstheorie richtet sich das Interesse in erster Linie auf die Elementarfaktoren, so dass die dispositiven Faktoren nachfolgend außerhalb der Betrachtung bleiben.

Die Elementarfaktoren bilden bisher weitgehend die Grundlage produktions- und kostentheoretischer Analysen. Sie werden in Abhängigkeit ihrer physischen Veränderungen und der Messbarkeit dieser Veränderungen in einem bestimmten Produktionssystem in Verbrauchsfaktoren (Material- und Repetierfaktoren) und in Potenzialfaktoren (Gebrauchs- und Bestandsfaktoren) gegliedert.

Zu den **Verbrauchsfaktoren** zählen diejenigen Elementarfaktoren, von denen bei ihrem Einsatz als Input in einem Produktionssystem eine messbare Menge verbraucht wird, so dass diese nach ihrem Einsatz nicht mehr für irgendwelche anderen Zwecke zur Verfügung steht. Zu den Verbrauchsfaktoren gehören typischerweise Roh-, Hilfs- und Betriebsstoffe, Einzelteile und Baugruppen. In der betriebswirtschaftlichen Produktionstheorie wird bei den Verbrauchsfaktoren gelegentlich verlangt, dass sie beliebig teilbar sein müssen (vgl. z.B. KILGER, 1975). Von Bedeutung ist die Unterscheidung in **direkte** Faktoren, die durch den Transformationsprozess unmittelbar in das hergestellte Gut eingehen, gewissermaßen Bestandteil dieses Gutes werden, wie etwa Bauteile oder Komponenten, und in **indirekte** Faktoren, die lediglich den Transformationsprozess ermöglichen, aber nicht Bestandteil des hergestellten Gutes werden. Rohstoffe (z.B. Erze) und Einzelteile (z.B. Schrauben) sind Beispiele für direkte (unmittelbare) Verbrauchsfaktoren; Energie und andere Betriebsstoffe stellen indirekte (mittelbare) Verbrauchsfaktoren dar.

Potenzialfaktoren werden in einem Transformationsprozess nicht verbraucht, sondern gebraucht bzw. genutzt, d.h., diese Faktoren vermindern sich nicht in ihrem mengenmäßigen Bestand durch ihren Einsatz in einem Produktionssystem. Sie stehen vielmehr zu mehrmaligen Einsätzen in einem Produktionsprozess – innerhalb einer Periode oder eines Planungszeitraumes – mit ihrem Nutzungspotenzial zum Gebrauch zur Verfügung, wie Arbeitskräfte und Maschinen, aber auch Wissen, etwa in Form von Rezepturen.

Je nachdem, ob das Nutzungspotenzial durch Verschleiß im Zeitablauf verbraucht (abgenutzt) wird oder nicht, werden die Potenzialfaktoren weiter in abnutzbare und nicht abnutzbare Potenzialfaktoren unterteilt. Zu den **abnutzbaren** Potenzialfaktoren sind etwa Gebäude, Maschinen oder Transporteinrichtungen zu rechnen. Als Einflussgrößen des Verschleißes lassen sich allgemein Nutzung (Gebrauch) und Zeit angeben. So unterliegen Gebäude weitgehend nur einem Zeitverschleiß, während Maschinen sowohl einem Zeit- als auch einem Nutzungsverschleiß unterliegen. Zu den **nicht abnutzbaren** Potenzialfaktoren gehören beispielsweise Grundstücke, Arbeitskräfte und im Allgemeinen gemietete Potenzialfaktoren. Für eine zielorientierte Strukturierung von Transformationsprozessen ist es von Bedeutung, inwieweit die in einem Produktionssystem nicht abnutzbaren Potenzialfaktoren in Abhängigkeit von den in einer Produktionsperiode herzustellenden Gütern variiert werden können. Lässt sich unter diesem Aspekt der Input eines Potenzialfaktors in messbare Teilmengen zerlegen, so wird dieser Potenzialfaktor als outputabhängig disponierbar bezeichnet. Hierbei gelten Potenzialfaktoren als in Teilmengen zerlegbar, wenn in bestimmten Produktionsprozessen – möglicherweise in verschiedenen Produktionsperioden – jeweils genau eine der Teilmengen einsetzbar ist. Die Zerlegbarkeit ist demnach abhängig von der Maßgröße, in der der Potenzialfaktor gemessen wird. Wird etwa der Einsatz von Arbeitskräften in Zeiteinheiten gemessen und kann der Umfang der Inanspruchnahme in Abhängigkeit von der Anzahl der herzustellenden Güter in der Produktionsperiode variiert werden, so sind diese Arbeitskräfte den output-abhängig disponierbaren, nicht abnutzbaren Potenzialfaktoren zuzurechnen. Stehen dagegen etwa Arbeitskräfte unabhängig vom Umfang ihres Einsatzes in der Produktion für eine Produktionsperiode zur Verfügung, so ist ihr Einsatz als nicht zerlegbar anzusehen; er ist dann auch nicht output-abhängig in der Produktionsperiode disponierbar. Das gilt auch für Maschinen, die für eine bestimmte Produktionsperiode angemietet werden.

Soll eine zielorientierte Steuerung eines Produktionssystems erfolgen, bei der die Faktorverbräuche als wesentliche Einflussgrößen eingehen, reicht eine allein output-abhängige Erfassung des mengenmäßigen Einsatzes aller Faktorarten nicht aus. Es ist eine Reihe von weiteren Einflussgrößen, deren dispositiv veranlasste Variation eine Veränderung von Faktorverbräuchen auslöst, explizit zu berücksichtigen. In der betriebswirtschaftlichen Produktionstheorie werden im Allgemeinen abstrahierend von produktionswirtschaftlichen Realitäten nur die herzustellenden Güterquantitäten als verursachende Größe für den Faktorverbrauch berücksichtigt. Soweit ein Faktorverbrauch nicht auf diese Größe bezogen werden kann, bleibt er aus der Analyse und Erklärung produktionswirtschaftlicher Phänomene ausgeschlossen. Für eine Einführung in die Produktionstheorie kann diese Vorgehensweise hier übernommen werden. Es werden daher im Folgenden nur Faktorverbräuche erfasst, die unmittelbar oder mittelbar output-abhängig bestimmt werden können. Es ist aber deutlich hervorzuheben, dass auf dieser Grundlage nur ein Teil realer Produktionsprozesse und ihrer Gestaltung erklärt werden kann.

Exkurs: Energie als Faktor

Wo und wie auch immer in einem Produktionssystem Input in Output transformiert wird, geschieht dies nicht ohne den Einsatz von Energie, und zwar in den meisten Fällen in Form von thermischer Energie (etwa zum Betrieb eines Brennofens), in Form von mechanischer Energie (etwa zum Betrieb eines Walzwerkes) oder in Form von elektrischer Energie (etwa zum Betrieb eines Computers), wobei zu deren Bereitstellung sowohl auf Primärenergie (etwa Kohle) als auch auf Sekundärenergie (etwa Elektrizität) zurückgegriffen werden kann. Energie dient der Produktion von Gütern, ihr Ausfall bedingt eine Störung des Produktionsprozesses. Es ist somit offensichtlich, dass es sich bei Energie um einen Faktor handelt, und zwar um einen Elementarfaktor im Sinne GUTENBERGs, wobei Energie im physikalischen Sinne häufig in der Literatur und auch hier synonym mit Energieträger Verwendung findet.

Da Energie nach dem Ersten Hauptsatz der Thermodynamik auch in einem betriebswirtschaftlichen Produktionsprozess nicht „verlorengeht", mithin am Ende der Planungsperiode – wenn auch in anderer Form und/oder anderer thermodynamischer Qualität – noch vorhanden ist, könnte man versucht sein, den Faktor Energie zu den Potenzialfaktoren zu zählen. Dies ist jedoch insofern unzulässig, als die in einem Produktionsprozess zum Einsatz gekommene Energie nicht noch einmal zum gleichen Zweck eingesetzt werden kann. Es wird in einem Produktionsprozess eine – hochwertige – Energie nicht „verbraucht", sondern in eine – vergleichsweise – minderwertigere Energie umgewandelt. M.a.W.: Durch den Einsatz von Energie als Faktor in einem Produktionsprozess wird diese Energie „entwertet" (Zweiter Hauptsatz der Thermodynamik). Das schließt nicht aus, dass Energie nach Einsatz in einem ersten Produktionsprozess als Nebenprodukt (vgl. Abschnitt 1.2.4) dieses Produktionsprozesses in einem anderen Produktionsprozess – etwa bei industrieller Abwärmenutzung – nunmehr aber auch mit anderen thermodynamischen Eigenschaften und damit als neuer Faktor bzw. Nebenfaktor (vgl. Abschnitt 1.2.2) Verwendung findet. Da sich Potenzialfaktoren aber auch gerade dadurch charakterisieren lassen, dass sie nur durch mehrmaligen Einsatz in ein und demselben Produktionssystem aufgezehrt werden, kann festgehalten werden, dass Energie kein Potenzialfaktor ist.

Damit muss nunmehr die Frage untersucht werden, inwieweit Energie ein Verbrauchsfaktor ist. Bei der Analyse betriebswirtschaftlicher Faktorsysteme fällt der Stellenwert auf, der dem Faktor Energie innerhalb dieser Systeme zugeordnet wird. Bei der Behandlung der Verbrauchsfaktoren stehen im Allgemeinen an letzter Stelle die Betriebsstoffe, zu denen neben den vielfach zitierten Schmierstoffen auch der – meist in einem Atemzug genannte – Faktor Energie gehört (vgl. u.a. WITTMANN, 1982, S. 95; BUSSE VON COLBE/LASSMANN, 1991, S. 78).

Es sind zwei Eigenschaften, die in der betriebswirtschaftlichen Literatur für den Verbrauchsfaktor Energie als typisch bezeichnet werden. Zum einen ist es die Eigenschaft, bei der Herstellung eines Produktes „unterzugehen“, zum anderen ist es die Eigenschaft, nicht Bestandteil des Produktes zu werden. Zur ersten Eigenschaft wurde oben bereits Stellung genommen. Dort wurde herausgestellt, dass Energie nicht im wörtlichen Sinne untergehen kann, sondern in einem Produktionsprozess durch eine einmalige, nicht identisch wiederholbare Übertragung umgewandelt und/oder entwertet wird. Zur zweiten Eigenschaft ist anzumerken, dass es auch Produkte gibt, die sich insbesondere durch die in ihnen gespeicherte Energie auszeichnen (z.B. Elektrobatterien, Sprengkörper).

Energie ist – wie man seit den Ölkrisen der 70er Jahre weiß – ein eminent wichtiger Faktor, der eine seiner wirtschaftlichen Bedeutung angemessenere Behandlung in der Betriebswirtschaftslehre als bisher verdient. Hierauf hat GÄLWEILER schon 1960 hingewiesen. „Bei allen Produktionsvorgängen ist die Steigerung der Produktionsgeschwindigkeit durch ein gemeinsames Kriterium gekennzeichnet. Als unumgängliche Voraussetzung ist ein höherer Energieeinsatz notwendig. ... Die Variierung des Energieeinsatzes ist eine wesentliche Voraussetzung für die Variierung der Produktionsgeschwindigkeit. Das ist eine wesentliche Erkenntnis. Sie lässt die Frage entstehen nach der Besonderheit der Rolle, die die Energie im Produktionsprozess spielt. Man ist geneigt, sie als einen Produktionsfaktor eigener Art anzusehen. In der bisherigen wirtschaftstheoretischen Fachliteratur können wir kaum etwas über die Energie als Produktionsfaktor finden. Nirgends kommt zum Ausdruck, dass sie eine besondere Rolle spielt. Diese Tatsache lässt sich aber nicht übergehen“ (GÄLWEILER, 1960, S. 114). Auf der Grundlage dieser Erkenntnisse definiert GÄLWEILER Energie als eigenständigen Elementarfaktor.

Jede Energieumwandlung, sei es die Erzeugung von elektrischem Strom in einem Kernkraftwerk, die Verbrennung fossiler Energieträger zur Wärmeerzeugung oder – wenn man die Herstellung der Solarzellen in die Betrachtung miteinbezieht – die photovoltaische Umwandlung von Licht in elektrischen Strom, ist mehr oder weniger umweltbelastend. Das gilt gleichermaßen für Unternehmen wie für private Haushalte. Eine Auseinandersetzung mit betriebswirtschaftlichen Energiefragen ist somit zugleich eine Beschäftigung mit Umweltfragen.

Ende des Exkurses

Es sei *PS* ein statisches deterministisches Produktionssystem. Im Folgenden wird von M Faktoren (Faktorarten) ausgegangen, deren Faktormengeneinheiten – gemessen in $FE_1, \ldots, FE_M$ – durch einen nichtnegativen Faktormengenvektor (Faktorvektor, Inputvektor) $\mathbf{r}$ erfasst werden:

$$\mathbf{r} = \begin{pmatrix} r_1 \\ \vdots \\ r_M \end{pmatrix} \in \mathbb{R}_+^M .$$

Die Faktormenge (Input-Menge, Faktorraum, Input-Raum) $R \subset \mathbb{R}_+^M$ sei die Menge aller Faktorvektoren (Faktormengenkombinationen), die in dem Produktionssystem *PS* technisch einsetzbar sind und zu einem bestimmten Output führen (vgl. u.a. OPITZ, 1971, S. 239; KAMPKÖTTER, 1981, S. 49). Um die Faktormenge R von einer Faktormenge im Sinne von bestimmten Faktormengeneinheiten einer bestimmten Faktorart unterscheiden zu können, wird letztere hier auch mit **Faktorquantität** bezeichnet (EICHHORN, 1978, Sp. 1057).

Die angegebene Darstellung der Input-Menge R ist sinnvoll, weil hier vorausgesetzt wird, dass der Einsatz eines Verbrauchsfaktors bzw. eines output-abhängig disponierbaren Potenzialfaktors messbar ist. Einsatzmengen müssen nichtnegativ sein, da ein negativer Input keinen Einsatz mehr darstellen würde. Da die Einsatzmenge eines jeden Faktors je nach Produktionsweise mehr oder weniger positiv, aber auch null sein kann, wird diese durch eine nichtnegative reelle Zahl, d.h. durch eine positive Zahl oder Null, erfasst. Dies setzt allerdings eine beliebige Teilbarkeit der Faktorquantitäten, d.h. Fließgüter, voraus, was zwar in Bezug auf eine theoretische Analyse viele Vorteile bringt, jedoch die große Klasse der (nicht teilbaren) Stückgüter vernachlässigt bzw. ausschließt. Um zu zeigen, dass die hier vertretene produktionstheoretische Konzeption grundsätzlich auch für Stückgüter gilt, wird in Kapitel 4 ein diskretes Beispiel mit nicht teilbaren Faktor- und Produktquantitäten formuliert und analysiert (vgl. Beispiel E1, S. 116, und E2, S. 140). In diesem Fall ist die Faktormenge unter der Voraussetzung, dass alle Faktoren nur ganzzahlig einsetzbar sind, eine Teilmenge des M-dimensionalen Raumes der nichtnegativen ganzen Zahlen $\mathbb{N}_0^M$. – Entsprechende Überlegungen gelten auch für die in den nachfolgenden Abschnitten definierten Gütermengen.

1.2.2 Nebenfaktoren

Bei der Charakterisierung von Faktoren in einem Produktionssystem in Abschnitt 1.2.1 wurden die begrenzte Verfügbarkeit und die Notwendigkeit ihres Einsatzes für einen erfolgreichen Produktionsprozess als wesentliche Abgrenzungsmerkmale genutzt. Nun gibt es jedoch Faktoren, durch deren Entfernung ein Produktionsprozess spürbar gestört wird oder gar nicht erfolgreich durchgeführt werden kann, die aber zumindest in absehbarer Zeit in der Natur unbegrenzt zur Verfügung stehen bzw. zu stehen scheinen. Als Beispiel denke man an Luft, die durch ihren Sauerstoffgehalt Voraussetzung für das Verbrennen fossiler Energieträger und durch ihren Stickstoffgehalt Voraussetzung für eine Ammoniaksynthese ist. Während Luft kurzfristig ausreichend in akzeptabler Qualität vorhanden zu sein scheint, sieht die Situation beispielsweise bei Flusswasser, etwa zur Kühlung in Kraftwerksprozessen, weitaus kritischer aus, da mit der Wiedereinleitung von erhitztem Kühlwasser eine Erwärmung des Flusses eintritt, die nicht unproblematisch ist. Faktoren dieser Art werden in Analogie zu dem in der Betriebswirtschaftslehre üblichen Begriff des Nebenproduktes (vgl. Abschnitt 1.2.4) Nebenfaktoren genannt (Dinkelbach, 1991, S. 363). M.a.W.: Ein **Nebenfaktor** ist ein Elementarfaktor, durch dessen Einsatz im Produktionssystem messbar auf die natürliche Umwelt eingewirkt wird.

Für die weitere Analyse ist es zweckmäßig, die Nebenfaktoren in nicht erwünschte und in erwünschte Nebenfaktoren zu untergliedern, wobei zu den nicht erwünschten Nebenfaktoren sowohl die unerwünschten als auch gegebenenfalls die indifferenten (neutralen) Nebenfaktoren zusammengefasst werden.

Nicht erwünschte Nebenfaktoren werden dadurch charakterisiert, dass sie unbegrenzt zur Verfügung zu stehen scheinen, ihre Beschaffung üblicherweise keines produktionswirtschaftlich wesentlichen Aufwands bedarf, ihr Einsatz in einem Produktionssystem sich jedoch negativ, d.h. belastend, auf die Verfügbarkeit der natürlichen Umwelt für den Menschen auswirkt. Insofern sind sie unerwünscht. Man denke an so genannte Umweltgüter, wie z.B. an das oben erwähnte Flusswasser. Zu den indifferenten Nebenfaktoren werden gegebenenfalls solche Güter gerechnet, deren Einsatz zu keinen ökonomischen und/oder ökologischen Auswirkungen führt.

Bei der Analyse eines – statischen deterministischen – umweltorientierten Produktionssystems *UPS* wird im Folgenden von Q' nicht erwünschten Nebenfaktoren (Nebenfaktorarten) ausgegangen, deren Einsatzquantitäten durch einen nichtnegativen Vektor (einen nicht erwünschten Nebenfaktorvektor) $\mathbf{v}'$ wiedergegeben werden:

$$\mathbf{v}' = \begin{pmatrix} v'_1 \\ \vdots \\ v'_{Q'} \end{pmatrix} \in \mathbb{R}_+^{Q'} .$$

Es sei $V' \subset \mathbb{R}_+^{Q'}$ die Menge aller in dem Produktionssystem *UPS* möglichen Mengenkombinationen von nicht erwünschten Nebenfaktoren.

Unter **erwünschten Nebenfaktoren** sind solche Güter zu verstehen, deren man sich durch Einsatz als Input in einem Produktionssystem entledigen möchte und deren Einsatz positive, d.h. entlastende, Wirkungen auf die Verfügbarkeit der natürlichen Umwelt für den Menschen hat. Zum einen kann die Vernichtung bzw. Entsorgung von erwünschten Nebenfaktoren Hauptzweck eines Produktionssystems sein, so etwa in einer Müllverbrennungsanlage. DYCKHOFF bezeichnet einen erwünschten Nebenfaktor als „Übelfaktor“ (1991, S. 292) bzw. als „Redukt“ (1994,

S. 66). Zum anderen können Güter als Output eines anderen Produktionssystems, die nicht oder nicht mehr zur Bedürfnisbefriedigung genutzt werden können, dann zu den erwünschten Nebenfaktoren gerechnet werden, wenn sie einen knappen Faktor zumindest teilweise substituieren, wie beispielsweise der Einsatz von Altreifen als Energieträger. – Die Anzahl der erwünschten Nebenfaktoren (Nebenfaktorarten) in *UPS* sei P'. Die Menge aller in *UPS* einsetzbaren nichtnegativen erwünschten Nebenfaktorvektoren $\mathbf{u}'$ mit

$$\mathbf{u}' = \begin{pmatrix} u'_1 \\ \vdots \\ u'_{P'} \end{pmatrix} \in \mathbb{R}_+^{P'}$$

wird zur Menge $U' \subset \mathbb{R}_+^{P'}$ zusammengefasst.

Die Überlegungen zu Faktoren und Nebenfaktoren führen zu der Frage nach der Anzahl der in einem Produktionssystem einzusetzenden Faktoren bzw. Nebenfaktoren. Existieren Produktionssysteme mit nur einem Faktor? Gibt es Einfaktor-Unternehmen? Für Produktionssysteme, in denen materielle Güter hergestellt werden, sind die Fragen stets zu verneinen. Denn zur Herstellung eines materiellen Gutes als Output bedarf es des Einsatzes wenigstens eines anderen materiellen Gutes als Input und darüber hinaus in jedem Fall des Einsatzes von Energie, so dass wenigstens zwei Faktoren erforderlich sind. Ausgehend vom Input ist demnach jede Produktion eine Kuppelproduktion, die eingesetzten Faktoren kann man damit – analog zu Kuppelprodukten – auch als **Kuppelfaktoren** bezeichnen.

1.2.3 Produkte

Ein Gut, das als Output ein Produktionssystem verlässt und der Bedürfnisbefriedigung dient, wird **Produkt** (Erzeugnis, Ausbringungsgut, Output-Gut) genannt. Wenn in der Produktionstheorie von Produkten gesprochen wird, sind damit mehrere Produktarten – und nicht mehrere Produktquantitäten ein und derselben Produktart – gemeint. Produkte, die mit Verlassen eines Produktionssystems zugleich auch das Unternehmen, zu dem dieses Produktionssystem gehört, verlassen, stellen für dieses Unternehmen **Endprodukte** (Fertigerzeugnisse) dar.

Zum einen dienen Endprodukte unmittelbar der Bedürfnisbefriedigung, sie heißen dann auch **Konsumgüter**. So werden etwa Brote, Mäntel oder Autos unmittelbar von Menschen erworben und verzehrt, getragen oder gefahren. Zum anderen können Endprodukte eines Produktionssystems eines Unternehmens auch mittelbar der Bedürfnisbefriedigung dienen, indem sie ihrerseits Faktoren für Produktionssysteme anderer Unternehmen sind. Man nennt sie in diesem Fall **Produktionsgüter**, und zwar aus der Sicht des abgebenden Unternehmens. Sie sind Faktoren aus der Sicht des empfangenden Unternehmens. So ist etwa Mehl als Endprodukt einer Mühle zugleich Faktor für eine Bäckerei, Wolltuch ist als Endprodukt einer Weberei zugleich Faktor für einen Mantelfabrikanten, und Reifen sind als Endprodukte eines Reifenproduzenten zugleich Faktoren für einen Omnibushersteller. Erfolgt die Weiterverarbeitung eines Produkts eines Produktionssystems in einem anderen Produktionssystem desselben Unternehmens, wird mithin der Output des einen Produktionssystems zum Input eines anderen Produktionssystems im selben Unternehmen, so wird dieses Produkt **Zwischenprodukt** (Halberzeugnis, Zwischenerzeugnis) genannt. Beispielsweise ist Halbzeug auf der einen Seite ein Zwischenprodukt, d.h. Stahl, der durch Warmwalzen in einem ersten Produktionssystem bereits eine erste Formgebung erhalten hat und der im selben Unternehmen als Faktor in einem weiteren formgebenden Produktionssystem zu Blech als Endprodukt verarbeitet wird. Veräußert das Unternehmen auf der anderen Seite Halbzeug an ein anderes – stahlverarbeitendes – Unternehmen, dann ist dieses Halbzeug Endprodukt (Produktionsgut) des ersten Unternehmens und Faktor für das zweite Unternehmen.

Im Rahmen eines – statischen deterministischen – Produktionssystems PS wird im Folgenden von N Produkten (Produktarten) ausgegangen, deren Quantitäten – gemessen in $PE_1, \ldots, PE_N$ – durch einen nichtnegativen Produktmengenvektor (Produktvektor, Outputvektor) $\mathbf{x}$ erfasst werden:

$$\mathbf{x} = \begin{pmatrix} x_1 \\ \vdots \\ x_N \end{pmatrix} \in \mathbb{R}_+^N .$$

Die Produktmenge (Output-Menge, Produktraum, Output-Raum) $X \subset \mathbb{R}_+^N$ sei die Menge aller Produktvektoren (Produktmengenkombinationen), die in dem Produktionssystem *PS* durch Einsatz bestimmter Inputs technisch herstellbar sind (vgl. u.a. OPITZ, 1971, S. 240; KAMPKÖTTER, 1981, S. 49). Um die hier definierte Produktmenge X von einer Produktmenge im Sinne von bestimmten Produktmengeneinheiten einer bestimmten Produktart unterscheiden zu können, wird letztere im Folgenden mit **Produktquantität** bezeichnet (EICHHORN, 1978, Sp. 1057).

1.2.4 Nebenprodukte

Ein Gut, das als Output eines Produktionssystems weder als Endprodukt noch als Zwischenprodukt planmäßig Verwendung findet, das aber bei der Durchführung einer Produktion zwangsweise anfällt, heißt **Nebenprodukt**. Nebenprodukte in diesem Sinne nennt RUSSELL „residuals" (1973, S. 4). In diesem Zusammenhang heißen Produkte, die nicht Nebenprodukte in dem angegebenen Sinne sind, auch **Hauptprodukte**. Nebenprodukte sind nicht Bestandteil des die Hauptprodukte umfassenden Produktions- und Absatzprogramms eines Unternehmens, sie dienen somit zumindest nicht in gewollter Weise der Bedürfnisbefriedigung.

Produktionen, bei denen naturgesetzlich oder technologisch bedingt der Output aus mehr als einer Produktart besteht, heißen herkömmlicherweise **Kuppelproduktionen** (RIEBEL, 1955, 1979). Hier interessieren insbesondere Kuppelproduktionen, bei denen zwangsläufig ein oder mehrere Haupt- und Nebenprodukte anfallen und die Nebenprodukte – ähnlich wie die Nebenfaktoren (vgl. Abschnitt 1.2.2) – messbar auf die natürliche Umwelt einwirken. Die in einem Produktionssystem anfallenden

Nebenprodukte werden nachfolgend in nicht erwünschte und erwünschte Nebenprodukte unterteilt, wobei unter den nicht erwünschten Nebenprodukten sowohl die unerwünschten als auch gegebenenfalls die indifferenten (neutralen) Nebenprodukte verstanden werden.

Unter **nicht erwünschten Nebenprodukten** werden Nebenprodukte verstanden, deren Abgabe negativ, d.h. belastend, auf die Verfügbarkeit der natürlichen Umwelt für den Menschen einwirkt. Zu diesen nicht erwünschten Nebenprodukten gehören insbesondere Schadstoffe und Abfälle (Abfallprodukte), seien sie gasförmig (Abgase, z.B. Stickoxyde (NO_x) bei Verbrennungsmotoren), flüssig (Abwässer, z.B. verunreinigtes Waschwasser) oder fest (Abfälle, z.B. Metallspäne). DYCKHOFF spricht in diesem Zusammenhang von einem „Übelprodukt“ (1991, S. 292) bzw. von einem „Abprodukt“ (1994, S. 66). Nicht erwünschte Nebenprodukte müssen durch eine physikalische und/oder chemische Transformation „in ökologisch weniger schädliche, im Idealfall unschädliche, Substanzen und Energien“ (PIRO, 1994, S. 66) beseitigt bzw. entsorgt werden. Das primäre Ziel bei der Entsorgung ist „die Vernichtung bzw. Umwandlung von (Sach-) Übeln, d.h. die Reduktion“ (WAGNER, 1997, S. 119). Die **betriebliche Entsorgung** von nicht erwünschten Nebenprodukten (von Rückständen) stellt somit „das Komplement zur Versorgung (mit Gütern) dar“ (ISERMANN/HOUTMAN, 1998, S. 305). Sie kann mit nicht unerheblichen produktionswirtschaftlichen Zusatzaktivitäten – und damit auch mit ökonomischen Konsequenzen – verbunden sein; sie kann weiterhin mengenmäßig innerbetrieblichen Restriktionen (z.B. begrenzte Zwischenlagerkapazität für Sondermüll) und/oder außerbetrieblichen (gesetzlichen oder technischen) Auflagen (z.B. maximale Schadstoffemissionen) unterliegen (vgl. Mengensteuerung, S. 91).

Die Anzahl der in einem – statischen deterministischen – umweltorientierten Produktionssystem *UPS* anfallenden nicht erwünschten Nebenprodukte (Nebenproduktarten) sei Q''. Die anfallenden Quantitäten werden durch einen nichtnegativen Vektor (einen nicht erwünschten Nebenproduktvektor) $\mathbf{v}''$ erfasst:

$$\mathbf{v}'' = \begin{pmatrix} v''_1 \\ \vdots \\ v''_{Q''} \end{pmatrix} \in \mathbb{R}_+^{Q''}.$$

Mit $V'' \subset \mathbb{R}_+^{Q''}$ wird die Menge aller in dem Produktionssystem *UPS* möglichen Mengenkombinationen von nicht erwünschten Nebenprodukten bezeichnet.

Erwünschte Nebenprodukte als Output eines Produktionssystems haben positive, d.h. entlastende, Wirkungen auf die Verfügbarkeit der natürlichen Umwelt für den Menschen. Sie sind in dem Sinne erwünscht, als sie ohne prinzipielle Schwierigkeiten mit positivem Nutzen verwertet werden können, indem sie in einem anderen Produktionssystem oder in dem Produktionssystem, in dem sie angefallen sind, gegebenenfalls nach einer Wiederaufbereitung wieder eingesetzt, d.h. verwertet werden. Man spricht in diesem Zusammenhang von **Recycling** (vgl. u.a. GÖRG, 1981; JAHNKE, 1986; STREBEL, 1990, S. 755ff.). Abwärme (Abdampf, Brüden) kann beispielsweise zum Vorwärmen von Frischwasser in dem Produktionssystem, in dem sie angefallen ist, oder zur Erzeugung von elektrischem Strom in einem anderen Produktionssystem rezykliert werden. Sand als Faktor in einem Produktionssystem zur Herstellung etwa von Sandformen und -kernen wird beim Guss von Motorteilen zu Altsand als Nebenprodukt, das im selben Produktionssystem nach Wiederaufbereitung rezykliert werden kann.

Es wird in einem Produktionssystem *UPS* von P'' erwünschten Nebenprodukten (Nebenproduktarten) ausgegangen, deren Quantitäten in einem nichtnegativen Vektor (einem erwünschten Nebenproduktvektor) $\mathbf{u}''$ zusammengefasst werden:

$$\mathbf{u}'' = \begin{pmatrix} u''_1 \\ \vdots \\ u''_{P''} \end{pmatrix} \in \mathbb{R}_+^{P''}.$$

Es sei $U'' \subset \mathbb{R}_+^{P''}$ die Menge aller in dem Produktionssystem *UPS* möglichen Mengenkombinationen von erwünschten Nebenprodukten.

1.3 Umweltorientierte Produktionssysteme

In Abschnitt 1.2 wurden insgesamt sechs Güterklassen eingeführt, die in Tabelle 1.3.1 mit den entsprechenden Gütermengenvektoren und Gütermengen zusammengestellt sind. Die sechs Güterklassen sind darüber hinaus in Abb. 1.3.1, in der insbesondere der Aspekt der Kuppelfaktoren und Kuppelprodukte herausgestellt ist, veranschaulicht. Die Zuordnung zu einer der Klassen ist dabei jeweils unabhängig von der Faktor- bzw. Produktquantität, so dass von einer mengenunabhängigen Klassifikation gesprochen werden kann.

1.	Faktoren	$\mathbf{r} \in R \subset \mathbb{R}_+^M$
2a.	Nicht erwünschte Nebenfaktoren	$\mathbf{v}' \in V' \subset \mathbb{R}_+^{Q'}$
2b.	Nicht erwünschte Nebenprodukte	$\mathbf{v}'' \in V'' \subset \mathbb{R}_+^{Q''}$
3a.	Erwünschte Nebenfaktoren	$\mathbf{u}' \in U' \subset \mathbb{R}_+^{P'}$
3b.	Erwünschte Nebenprodukte	$\mathbf{u}'' \in U'' \subset \mathbb{R}_+^{P''}$
4.	Produkte	$\mathbf{x} \in X \subset \mathbb{R}_+^N$

Tabelle 1.3.1: Güterklassen I

In Abschnitt 1.1.2 wurde die Knappheit von Gütern, die der Bedürfnisbefriedigung dienen können, als allgemeiner Ausgangspunkt produktionstheoretischer Analysen postuliert. Alles, was produktionswirtschaftlich zur Verringerung dieser Knappheit führt, ist erwünscht, alles, was diese Knappheit erhöht, ist nicht erwünscht. Überführt man diese allgemeine Wertung in eine Präferenzaussage der Art, dass Erwünschtes mit einem positiven Vorzeichen und Nichterwünschtes mit einem negativen Vorzeichen gekennzeichnet wird, dann sind für die gebildeten Güterklassen die Quantitäten der Faktoren sowie der nicht erwünschten Nebenfaktoren und nicht erwünschten Nebenprodukte mit negativem Vorzeichen, die Quantitäten der erwünschten Nebenfaktoren und erwünschten Nebenprodukte sowie der Produkte mit positivem Vorzeichen zu versehen (vgl. ZELEWSKI, 1993). Durch die Einführung einer „Ergebnisfunktion“ kommt DYCKHOFF zu einem ähnlichen Ergebnis, durch das allerdings die

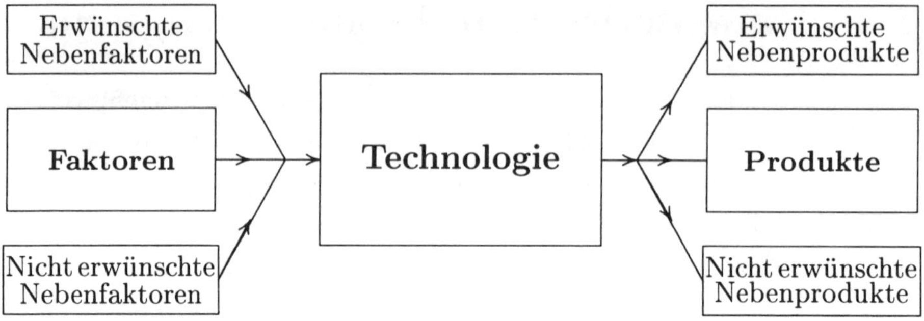

Abbildung 1.3.1: Umweltorientiertes Produktionssystem I

neutralen Güter „unterdrückt“ werden (vgl. DYCKHOFF, 1993, S. 6ff.); (DYCKHOFF, 1994, S. 65).

Fasst man die Quantitäten der so „bewerteten“ Güter der sechs Klassen in einem Gütermengenvektor zusammen, so erhält man:

$$\begin{pmatrix} -r_1 \\ \vdots \\ -r_M \\ -v'_1 \\ \vdots \\ -v'_{Q'} \\ -v''_1 \\ \vdots \\ -v''_{Q''} \\ +u'_1 \\ \vdots \\ +u'_{P'} \\ +u''_1 \\ \vdots \\ +u''_{P''} \\ +x_1 \\ \vdots \\ +x_N \end{pmatrix} = \begin{pmatrix} -\mathbf{r} \\ \\ -\mathbf{v}' \\ \\ -\mathbf{v}'' \\ \\ +\mathbf{u}' \\ \\ +\mathbf{u}'' \\ \\ +\mathbf{x} \end{pmatrix} \in \mathbb{R}^{M+Q'+Q''+P'+P''+N}.$$

Wenn aber nicht erwünschte Nebenfaktoren und nicht erwünschte Nebenprodukte mit gleichem Vorzeichen in den obigen Vektor eingehen, dann können für die nachfolgenden Betrachtungen beide Güter unter der Bezeichnung **nicht erwünschte Nebengüter** zusammengefasst werden. Es bezeichne $V = V' \times V'' \subset \mathbb{R}_+^Q$ mit $Q = Q' + Q''$ die Menge aller in einem Produktionssystem möglichen Mengenkombinationen von nicht erwünschten Nebengütern. Damit lassen sich $\mathbf{v}'$ und $\mathbf{v}''$ in kompakter Form durch den Vektor $\mathbf{v}$ der nicht erwünschten Nebengütermengen mit

$$\mathbf{v} = \begin{pmatrix} \mathbf{v}' \\ \mathbf{v}'' \end{pmatrix}$$

ersetzen.

Analog werden die erwünschten Nebenfaktoren und Nebenprodukte unter der Bezeichnung **erwünschte Nebengüter** zusammengefasst. Es sei $U = U' \times U'' \subset \mathbb{R}_+^P$ mit $P = P' + P''$ die Menge aller in einem Produktionssystem möglichen Mengenkombinationen von erwünschten Nebengütern. Ein Vektor der erwünschten Nebengütermengen umfasst dann die Vektoren $\mathbf{u}'$ und $\mathbf{u}''$, d.h., es ist $\mathbf{u} = \begin{pmatrix} \mathbf{u}' \\ \mathbf{u}'' \end{pmatrix}$.

Der gesamte Gütermengenvektor lautet damit in kompakter Form:

$$\begin{pmatrix} -\mathbf{r} \\ -\mathbf{v}' \\ -\mathbf{v}'' \\ +\mathbf{u}' \\ +\mathbf{u}'' \\ +\mathbf{x} \end{pmatrix} = \begin{pmatrix} -\mathbf{r} \\ -\mathbf{v} \\ +\mathbf{u} \\ +\mathbf{x} \end{pmatrix} \in \mathbb{R}^{M+Q+P+N}.$$

Diese Zusammenfassungen sind in Tabelle 1.3.2 und Abbildung 1.3.2 wiedergegeben. „Erfaßt man alle Faktoren und Produkte, sowohl die ursprünglichen wie die Nebenfaktoren und -produkte und deren Wirkungen, so hat man alle relevanten ökonomischen und ökologischen Wirkungen der Produktion erfaßt" (SABEL, 1999, S. 91). Auf der Grundlage der dargestellten Güterklassifikation, die über das reine Faktor-Produkt-Denken der traditionellen betriebswirtschaftlichen Produktionstheorie hinausgeht, können in den nachfolgenden Abschnitten mühelos

1.	Faktoren	$\mathbf{r} \in R \subset \mathbb{R}_+^M$
2.	Nicht erwünschte Nebengüter	$\mathbf{v} \in V \subset \mathbb{R}_+^Q$
3.	Erwünschte Nebengüter	$\mathbf{u} \in U \subset \mathbb{R}_+^P$
4.	Produkte	$\mathbf{x} \in X \subset \mathbb{R}_+^N$

Tabelle 1.3.2: Güterklassen II

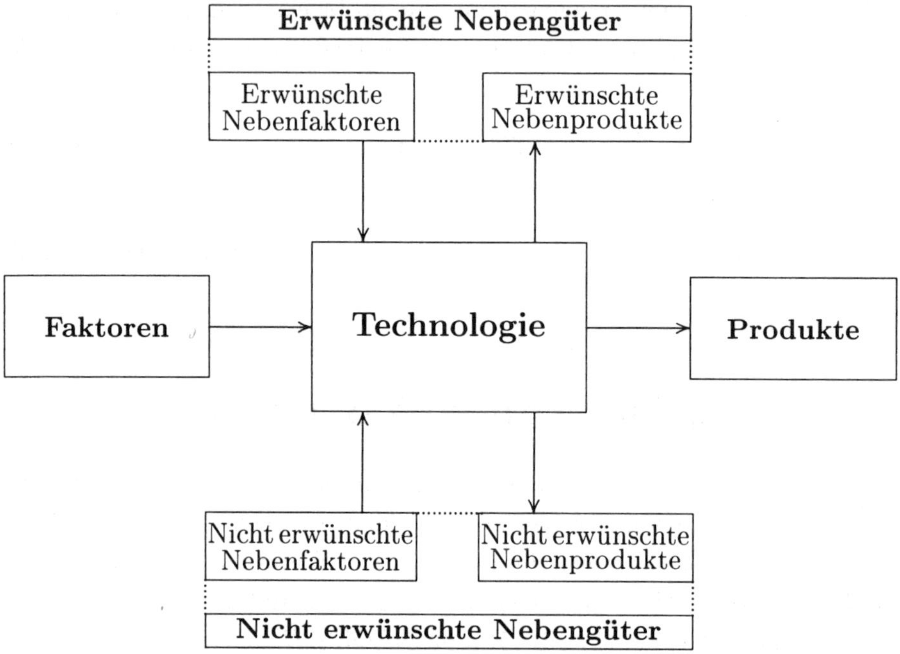

Abbildung 1.3.2: Umweltorientiertes Produktionssystem II

Umweltaspekte in die betriebswirtschaftliche Produktionstheorie integriert werden. Hierbei ist hervorzuheben, dass in konkreten Produktionssystemen nicht alle definierten Güterklassen notwendig vorkommen, wohl aber grundsätzlich vorhanden sein können. Die Beispiele in den nachfolgenden Kapiteln behandeln stets einfachere Produktionssysteme, die problembezogen ausgewählte Spezialfälle des allgemeinen Modells darstellen.

2 Technologien

2.1 Technologien ohne Nebengüter

Nach der Einführung von Faktoren und Produkten sowie Nebenfaktoren und Nebenprodukten als Input- bzw. Output-Elemente eines als Input-Output-System verstandenen Produktionssystems sind nunmehr die Beziehungen zwischen diesen Gütern herauszuarbeiten. Dies geschieht in Abschnitt 2.1 auf der einen Seite recht allgemein, d.h., es werden keine speziellen Input-Output-Beziehungen unterstellt, wie es später in Kapitel 4 und 5 der Fall sein wird, und auf der anderen Seite eingeschränkt, d.h., die Nebengüter bleiben – weniger aus systematischen als aus didaktischen Gründen – zunächst unberücksichtigt. Sie werden erst in Abschnitt 2.2 hinzugenommen.

2.1.1 Technologien und Produktionen

Würde in einem (statischen deterministischen) Produktionssystem PS mit einer Input-Menge $R \subset \mathbb{R}_+^M$ und einer Output-Menge $X \subset \mathbb{R}_+^N$ nur genau ein Faktormengenvektor $\mathbf{r} \in R$ existieren, mit dem ein bestimmter vorgegebener Produktmengenvektor $\overline{\mathbf{x}} \in X$ herstellbar ist, bzw. würde nur genau ein Produktmengenvektor $\mathbf{x} \in X$ existieren, der durch Einsatz eines bestimmten vorgegebenen Faktormengenvektors $\overline{\mathbf{r}} \in R$ herstellbar ist, dann wäre die Mehrzahl produktionstheoretischer Fragestellungen hinfällig. Ein Blick in den produktionswirtschaftlichen Alltag zeigt jedoch, dass die formulierten Unterstellungen nicht zutreffen. Es ist beispielsweise vielfach möglich, Faktoren gegeneinander auszutauschen, zu substituieren, z.B. Bearbeiten eines Werkstoffs per Hand oder Maschine, Heizen mit Kohle, Öl oder elektrischem Strom, Transportieren über Schiene oder Straße usw. Wenn aber ein Produktmengenvektor $\overline{\mathbf{x}} \in X$ durch Einsatz verschiedener Faktormengenvektoren (Faktormengenkombinationen) herstellbar ist, dann muss gefragt werden, ob die verschiedenen Faktormengenvektoren sämtlich „gleichwertig" sind oder ob es möglich ist, einige Faktormengenvektoren gegenüber anderen als „besser" zu erkennen bzw. einzustufen. Wenn etwa ein Produktmengenvektor $\overline{\mathbf{x}} \in X$ durch Einsatz zweier Faktormengenvektoren $\mathbf{r}_1 \in R$ und $\mathbf{r}_2 \in R$ herstellbar ist und wenn alle Komponenten von $\mathbf{r}_1$ kleiner oder gleich als die von $\mathbf{r}_2$ sind, jedoch wenigstens eine Komponente von $\mathbf{r}_1$ echt kleiner ist, wenn mithin bei der ersten Faktormengenkombination wenigstens von einem Faktor weniger verbraucht wird als bei der zweiten Faktormengenkombination, dann ist es unter Knappheitsgesichtspunkten vorteilhaft, die Faktormengenkombination $\mathbf{r}_1$ einzusetzen, weil damit zur Erzielung einer bestimmten Produktion weniger von den knappen Ressourcen verbraucht werden, man also „sparsamer" mit den Gütern umgeht. M.a.W.: Der Faktormengenvektor $\mathbf{r}_2$ wird vom Faktormengenvektor $\mathbf{r}_1$ input-dominiert. Insoweit besteht eine Übereinstimmung mit dem mengenmäßigen Wirtschaftlichkeitsprinzip der Betriebswirtschaftslehre.

Welche Aussage ist aber möglich, wenn einige Komponenten von $\mathbf{r}_1$ kleiner, andere hingegen größer als die entsprechenden Komponenten von $\mathbf{r}_2$ sind? Eine Annäherung auf diese nichttriviale Frage liefert die folgende Definition.

Definition 2.1.1:

Gegeben seien ein Produktionssystem PS mit einer Faktormenge $R \subset \mathbb{R}_+^M$ und einer Produktmenge $X \subset \mathbb{R}_+^N$, ferner ein fester Produktmengenvektor $\overline{\mathbf{x}} \in X$. Es sei $R(\overline{\mathbf{x}}) \subset R$ die Menge aller Faktormengenvektoren, die zur Produktion von $\overline{\mathbf{x}}$ technisch einsetzbar sind.

Ein Faktormengenvektor $\mathbf{r}^0 \in R(\overline{\mathbf{x}})$ heißt **input-effizient bezüglich $\boldsymbol{R}(\overline{\mathbf{x}})$**, wenn kein Faktormengenvektor $\mathbf{r}' \in R(\overline{\mathbf{x}})$ existiert mit $\mathbf{r}' \leq \mathbf{r}^0$, d.h. mit

$$\begin{array}{lcll} r'_m & \leqq & r^0_m & \text{für alle } m = 1, \ldots, M \\ r'_\mu & < & r^0_\mu & \text{für mindestens ein } \mu \in \{1, \ldots, M\}. \end{array}$$

Die Menge aller bezüglich $R(\overline{\mathbf{x}})$ input-effizienten Faktormengenvektoren wird mit $R^0(\overline{\mathbf{x}})$ bezeichnet.[1] □

Bei gegebenem Produktmengenvektor (bei gegebenen Produktquantitäten aller Produktarten) ist eine Teilaufgabe der allgemeinen Produktionsaufgabe, Faktormengenvektoren zu bestimmen, die aus produktionstheoretischer Sicht nicht vorteilhaft sein können, um sich bei der weiteren Lösung der Gesamtaufgabe auf die restlichen, d.h. die input-effizienten, Faktormengenvektoren konzentrieren zu können. Das mengenmäßige Wirtschaftlichkeitsprinzip lässt sich damit für Mehrfaktor-Unternehmen wie folgt präzisieren:

> *Man realisiere bei gegebenem Produktmengenvektor input-effiziente Faktormengenvektoren.*

Beispiel A1:

SCHLÜSSELWORT: Input-Effizienz

Betrachtet wird ein Produktionssystem PS mit zwei Faktoren und einem Produkt, das durch 6 (im Fall a)) bzw. 7 (im Fall b)) Faktormengenvektoren beschrieben wird.
a) Es sei $\overline{x} = 1$ und

$$R_a(1) = \left\{ \begin{pmatrix} 30 \\ 40 \end{pmatrix}, \begin{pmatrix} 35 \\ 38 \end{pmatrix}, \begin{pmatrix} 40 \\ 32 \end{pmatrix}, \begin{pmatrix} 45 \\ 30 \end{pmatrix}, \begin{pmatrix} 60 \\ 24 \end{pmatrix}, \begin{pmatrix} 70 \\ 25 \end{pmatrix} \right\}.$$

[1] Zum Unterschied von $\leq$ und $\leqq$ bzw. $\geq$ und $\geqq$ vgl. Symbolverzeichnis, S. 257 (vgl. KOOPMANS, 1951b, S. 45)

Wie sich durch paarweisen Vergleich der Vektoren unmittelbar feststellen lässt, ist lediglich der letzte Faktormengenvektor $\mathbf{r}_6$ *nicht input-effizient bezüglich* $R_a(1)$ *(vgl. Abb. 2.1.1a). Es ist somit*

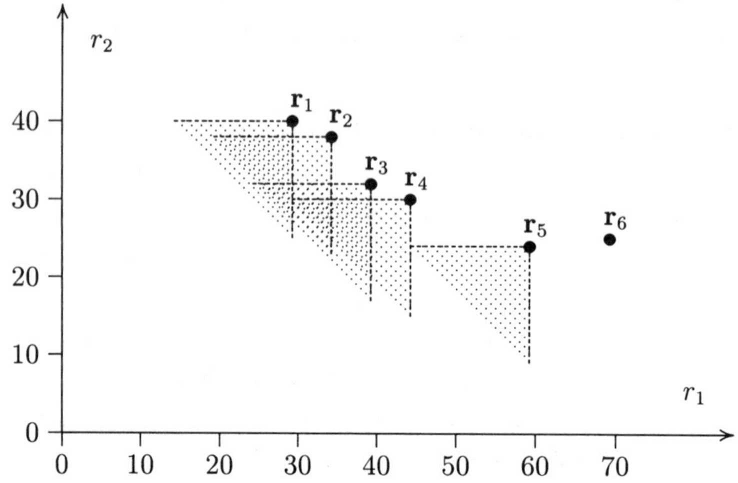

Abbildung 2.1.1a: Input-Effizienz (Beispiel A1a)

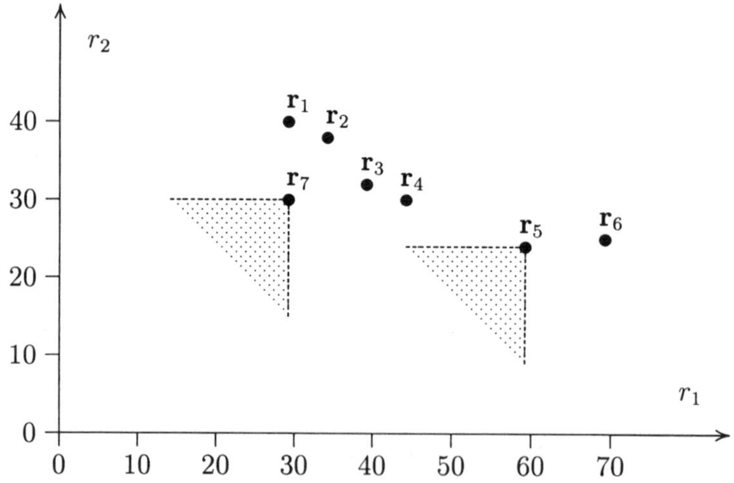

Abbildung 2.1.1b: Input-Effizienz (Beispiel A1b)

$$R_a^0(1) = \left\{ \begin{pmatrix} 30 \\ 40 \end{pmatrix}, \begin{pmatrix} 35 \\ 38 \end{pmatrix}, \begin{pmatrix} 40 \\ 32 \end{pmatrix}, \begin{pmatrix} 45 \\ 30 \end{pmatrix}, \begin{pmatrix} 60 \\ 24 \end{pmatrix} \right\} \subset R_a(1).$$

b) Die Menge $R_a(1)$ wird um einen Faktormengenvektor $\mathbf{r}_7 = (30, 30)^\mathsf{T}$ erweitert, so dass gilt

$$R_b(1) = \left\{ \begin{pmatrix} 30 \\ 40 \end{pmatrix}, \begin{pmatrix} 35 \\ 38 \end{pmatrix}, \begin{pmatrix} 40 \\ 32 \end{pmatrix}, \begin{pmatrix} 45 \\ 30 \end{pmatrix}, \begin{pmatrix} 60 \\ 24 \end{pmatrix}, \begin{pmatrix} 70 \\ 25 \end{pmatrix}, \begin{pmatrix} 30 \\ 30 \end{pmatrix} \right\}.$$

Ein paarweiser Vergleich führt nunmehr zu dem Ergebnis, dass nur zwei bezüglich der Menge $R_b(1)$ input-effiziente Faktormengenvektoren übrig bleiben (vgl. Abb. 2.1.1b). Es gilt daher

$$R_b^0(1) = \{\mathbf{r}_5, \mathbf{r}_7\} = \left\{ \begin{pmatrix} 60 \\ 24 \end{pmatrix}, \begin{pmatrix} 30 \\ 30 \end{pmatrix} \right\} \subset R_b(1).$$

Die Mengen $R_a(1)$ und $R_a^0(1)$ sowie $R_b(1)$ und $R_b^0(1)$ sind aus den Abbildungen 2.1.1a und 2.1.1b zu ersehen, wobei die Dominanzkegel bei den input-effizienten Faktorvektoren zeigen, wie ein Effizienztest graphisch durchgeführt werden kann. Ein Faktorvektor ist dann input-effizient, wenn es keinen anderen Faktorvektor gibt, der innerhalb oder auf dem Rand des zugehörigen Dominanzkegels liegt (vgl. Anhang, S. 234). ◇

Das Beispiel A1 macht u.a. die Bedeutung der Präzisierung „bezüglich $R(\overline{\mathbf{x}})$" deutlich. Durch Hinzunahme eines einzigen zusätzlichen Faktormengenvektors verlieren vier ursprünglich input-effiziente Faktormengenvektoren die Eigenschaft, input-effizient zu sein. Der Bezug auf die Menge der einsetzbaren Vektoren wird vielfach nicht explizit erwähnt, sondern stillschweigend unterstellt.

Mit Definition 2.1.1 wird eine Antwort auf die Frage nach „nicht unvorteilhaften", d.h. input-effizienten, Erzeugungsmöglichkeiten eines betrachteten Produktmengenvektors gegeben. Produktionssituationen können aber auch in der Weise beschrieben sein, dass für einen gegebenen

Faktormengenvektor $\bar{\mathbf{r}} \in R$ diejenigen Produktmengenvektoren $\mathbf{x}$ gesucht werden, die mit diesem Faktormengenvektor „nicht unvorteilhaft" hergestellt werden können.

Definition 2.1.2:

Gegeben seien ein Produktionssystem PS mit einer Faktormenge $R \subset \mathbb{R}_+^M$ und einer Produktmenge $X \subset \mathbb{R}_+^N$, ferner ein fester Faktormengenvektor $\bar{\mathbf{r}} \in R$. Es sei $X(\bar{\mathbf{r}}) \subset X$ die Menge aller Produktmengenvektoren, die durch Einsatz von $\bar{\mathbf{r}}$ technisch herstellbar sind.

Ein Produktmengenvektor $\mathbf{x}^0 \in X(\bar{\mathbf{r}})$ heißt **output-effizient bezüglich $\boldsymbol{X}(\bar{\mathbf{r}})$**, wenn kein Produktmengenvektor $\mathbf{x}' \in X(\bar{\mathbf{r}})$ existiert mit $\mathbf{x}' \geq \mathbf{x}^0$, d.h. mit

$$\begin{array}{rclll} x'_n & \geqq & x_n^0 & & \text{für alle } n = 1, \ldots, N \\ x'_\nu & > & x_\nu^0 & & \text{für mindestens ein } \nu \in \{1, \ldots, N\}\,. \end{array}$$

Die Menge aller bezüglich $X(\bar{\mathbf{r}})$ output-effizienten Produktmengenvektoren wird mit $X^0(\bar{\mathbf{r}})$ bezeichnet. □

Nach Definition 2.1.2 ist ein Produktmengenvektor nur dann vorteilhaft, wenn er von keinem anderen Produktmengenvektor, der mit dem gleichen Faktormengenvektor hergestellt werden kann, dominiert, genauer: output-dominiert wird, d.h., es gibt unter allen mit dem gleichen Faktormengenvektor herstellbaren Produktmengenvektoren keinen, der bezüglich des betrachteten Produktmengenvektors bei allen Produktarten mindestens die gleiche Produktquantität und wenigstens bei einer Produktart eine größere Produktquantität aufweist. Aus dem mengenmäßigen Wirtschaftlichkeitsprinzip lässt sich damit für die Planung der Produktion eines Mehrproduktunternehmens folgern:

Man realisiere bei gegebenem Faktormengenvektor output-effiziente Produktmengenvektoren.

Beispiel B1:

SCHLÜSSELWORT: Output-Effizienz

Betrachtet wird ein Einfaktor-Zweiprodukt-Produktionssystem mit einer Faktormenge R und einer Produktmenge X. Es sei $\overline{r} \in R$ eine feste Faktorquantität und

$$X(\overline{r}) = \{\mathbf{x}_1, \mathbf{x}_2, \mathbf{x}_3, \mathbf{x}_4\} = \left\{ \begin{pmatrix} 6 \\ 4 \end{pmatrix}, \begin{pmatrix} 4 \\ 5 \end{pmatrix}, \begin{pmatrix} 5 \\ 4 \end{pmatrix}, \begin{pmatrix} 6 \\ 6 \end{pmatrix} \right\}$$

die Menge der mit $\overline{r}$ herstellbaren Produktmengenvektoren.

Welche Produktmengenvektoren sind output-effizient bezüglich $X(\overline{r})$? Ein paarweiser Vergleich führt zu

$$X^0(\overline{r}) = \mathbf{x}_4 \subset X(\overline{r})$$

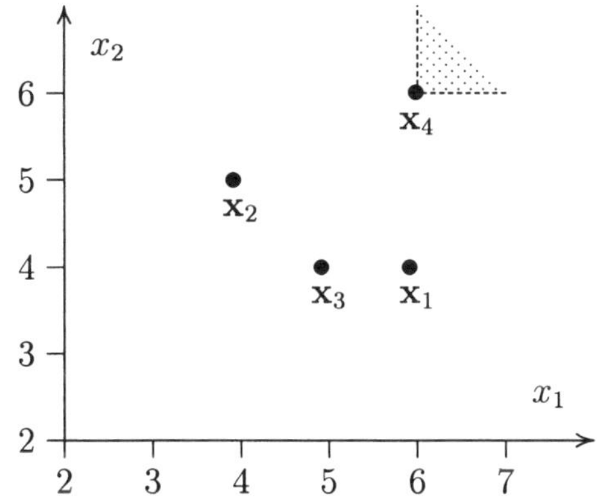

Abbildung 2.1.2: Output-Effizienz (Beispiel B1)

(vgl. auch die graphische Lösung in Abb. 2.1.2). Einerseits existieren keine Produktmengenvektoren innerhalb oder auf dem Rand des gestrichelt gezeichneten zu dem output-effizienten Produktmengenvektor gehörenden Dominanzkegels. Andererseits werden alle übrigen Produktmengenvektoren durch den Produktmengenvektor $\mathbf{x}_4 \in X^0(\overline{r})$ dominiert. ◇

Zusammenfassend lässt sich sagen, dass mit vergleichsweise geringen Voraussetzungen die Mengen $R(\overline{\mathbf{x}})$ bzw. $X(\overline{\mathbf{r}})$ in Teilmengen mit input- bzw. output-effizienten und mit nicht input- bzw. nicht output-effizienten Elementen zerlegt werden können. Um die beiden Definitionen formal etwas weiter zu vereinheitlichen, kann man in Definition 2.1.1 „$\mathbf{r}' \leq \mathbf{r}^0$" durch „$-\mathbf{r}' \geq -\mathbf{r}^0$" ersetzen mit dem Ziel, die Definitionen 2.1.1 und 2.1.2 in eine einzige, beide umfassende Definition zu überführen. Dieses wird durch die folgende Definition einer Technologiemenge vorbereitet.

Definition 2.1.3:

Gegeben sei ein Produktionssystem PS mit einer Faktormenge $R \subset \mathbb{R}_+^M$ und einer Produktmenge $X \subset \mathbb{R}_+^N$. Die Menge

$$TM := \left\{ \mathbf{y} = \begin{pmatrix} -\mathbf{r} \\ +\mathbf{x} \end{pmatrix} \in \mathbb{R}^{M+N} \;\middle|\; \begin{matrix} \mathbf{r} \in R \\ \mathbf{x} \in X \end{matrix} ; \begin{pmatrix} -\mathbf{r} \\ +\mathbf{x} \end{pmatrix} \begin{matrix} \text{ist reali-} \\ \text{sierbar} \end{matrix} \right\}$$

heißt **Technologie** (Technologiemenge); ein Element $\mathbf{y} \in TM$ heißt **Produktion** (Produktionspunkt, Aktivität). □

Für eine Technologie $TM \subset \mathbb{R}^{M+N}$ gilt $M \geqq 1, N \geqq 1$ und $M + N \geqq 2$. Ob eine Produktion $\mathbf{y} \in TM$ realisierbar ist, kann technisch bedingt (z.B. Eigenschaften der Produktionsanlagen) und/oder auf ökonomische Bedingungen (z.B. Mindestproduktquantitäten, Faktormengenbeschränkungen) zurückzuführen sein. Für KRELLE (1969, S. 163) ist $\mathbf{y} \in TM$ ein dem Produzenten bekanntes „Produktionsverfahren". Die Realisierbarkeit von Produktionen kann beispielsweise durch eine Produktionsgleichung (implizite Produktionsfunktion) $\mathbf{h}(\mathbf{r};\mathbf{x}) = \mathbf{o}$ beschrieben werden (vgl. Definition 2.3.4, S. 57). Technologien umfassen in der Literatur häufig nur technisch realisierbare Produktionen. Eine Technologie stellt dann „das technische Wissen des Unternehmers dar" (WITTMANN, 1968, S. 3).

Da in der Input-Menge R auch Faktormengenvektoren enthalten sein können, die zu einigen, aber nicht notwendig zu allen Produktmengenvektoren aus der Output-Menge X führen können, gilt allgemein

$$TM \subset \left\{ -\mathbf{r} \in \mathbb{R}^M \mid \mathbf{r} \in R \right\} \times X$$

und nur in Ausnahmefällen

$$TM = \{-\mathbf{r} \in \mathbb{R}^M \mid \mathbf{r} \in R\} \times X.$$

Die Definition der Technologie TM ist sehr allgemein, insbesondere muss sie keine zusätzlichen formalen Voraussetzungen erfüllen. So kann z.B. die Technologiemenge konvex sein, sie muss es aber nicht. Sie kann aus endlich vielen Produktionen bestehen, d.h. Teilmenge des $\mathbb{Z}^{M+N}$ sein; sie kann aber auch eine durch Ungleichungen definierte nichtleere Teilmenge des $\mathbb{R}^{M+N}$ sein. In Anlehnung an entsprechende Definitionen der Entscheidungstheorie kann man im ersten Fall von **diskreten** und im zweiten Fall von **stetigen Technologien** sprechen.

Auf der Grundlage der Technologie TM können Mehrfaktor-Mehrprodukt-Produktionssysteme ohne explizite Angabe funktionaler Abhängigkeiten zwischen Faktor- und Produktquantitäten beschrieben und analysiert werden. Durch entsprechende Konkretisierung lassen sich aber ohne Schwierigkeiten spezielle Produktionssituationen, insbesondere auch die, von denen in der traditionellen Produktionstheorie ausgegangen wird, erfassen. Eine auf Technologien aufbauende Produktionstheorie heißt auch **Aktivitätsanalyse** (vgl. KOOPMANS, 1951a). Technologien stellen die Grundlage einer Reihe neuerer produktionstheoretischer Abhandlungen dar (vgl. u.a. WITTMANN, 1968, S. 2f.; KRELLE, 1969, S. 163; ZSCHOCKE, 1974, S. 37; DELLMANN, 1980, S. 54; KAMPKÖTTER, 1981, S. 56; STAHL/SCHULZ, 1981, S. 37; KISTNER, 1993, S. 54; DYCKHOFF, 1994, S. 47; FANDEL, 1996, S. 25; SCHNEEWEISS, 1999, S. 36; CORSTEN, 2000, S. 69).

Die traditionelle Produktionstheorie geht von funktionalen Abhängigkeiten zwischen Faktor- und Produktquantitäten aus (vgl. u.a. FRISCH, 1965, S. 41ff.; KRELLE, 1969, S. 22ff.). Die im Rahmen dieser Theorien behandelten Ansätze lassen sich ohne weiteres auch mit einer auf Technologien basierenden Produktionstheorie erfassen. Das wird im nachfolgenden Beispiel CA1 exemplarisch für eine als **Ertragsgesetz** bezeichnete spezielle Produktionsfunktion gezeigt.

Beispiel CA1:

SCHLÜSSELWÖRTER: Technologie, Ertragsgesetz

Betrachtet wird ein Einfaktor-Einprodukt-Produktionssystem mit

$$R = \{r \in \mathbb{R}_+ \mid r \leqq 12\} \text{ und } X = \{x \in \mathbb{R}_+ \mid x \leqq 600\},$$

d.h. ein Produktionssystem, in dem zwischen 0 und 12 Faktorquantitäten eingesetzt sowie zwischen 0 und 600 Produktquantitäten hergestellt werden können. Das Produktionssystem ist weiterhin durch das so genannte Ertragsgesetz gekennzeichnet, d.h. durch eine Produktfunktion f, die die jeweils maximal herstellbare Produktquantität x in Abhängigkeit der Faktorquantität r angibt. Die Funktion $f(r)$ erfasst somit nicht alle mit einer Faktorquantität r herstellbaren Produktquantitäten,

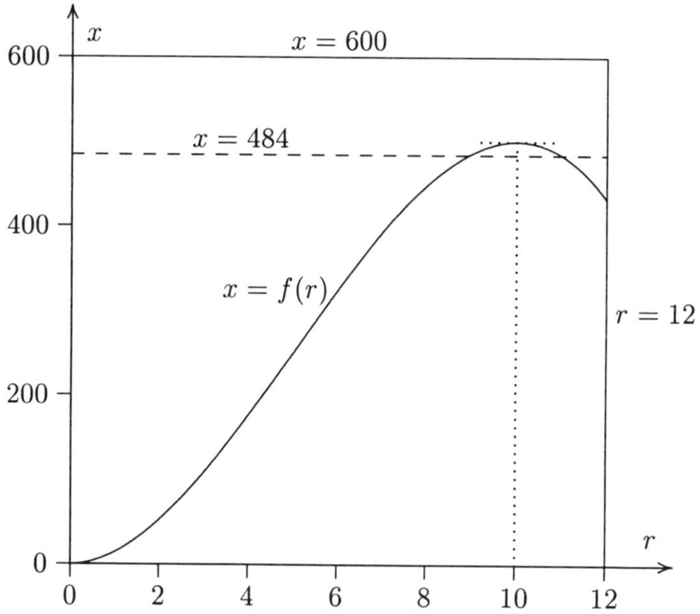

Abbildung 2.1.3: Ertragsgesetz (Beispiel CA1)

sondern nur die jeweils mit r bestmöglich, d.h. hier maximal herstellbare Outputquantität (vgl. Definition 2.3.4c, S. 57). Der so genannte ertragsgesetzliche Verlauf der Produktfunktion ist traditionellerweise dadurch *charakterisiert, dass die Produktquantität bei Variation der Faktorquantität – beginnend bei $r = 0$ – zunächst mit steigenden, dann mit fallenden Grenzerträgen ($\partial x / \partial r$) bis zu einem Maximum steigt und danach wieder fallen kann (vgl. hierzu u.a.* KILGER, *1958, S. 21ff.;* ELLINGER/HAUPT, *1996, S. 77ff.;* STEFFEN, *1997, S. 74ff.;* ADAM, *1998, S. 300ff.;* SCHROER, *2001, S. 37ff.). Mit beispielsweise $f(r) = x = -r^3 + 15r^2$ lässt sich eine dem Ertragsgesetz entsprechende Technologie TM wie folgt beschreiben (vgl. Abb. 2.1.3):*

$$TM = \left\{ \begin{pmatrix} -r \\ +x \end{pmatrix} \in \mathbb{R}^2 \;\middle|\; \begin{matrix} r \in R \\ x \in X \end{matrix} \;;\; x = -r^3 + 15r^2 \right\}.$$

Die Elemente der Input-Menge werden mit Hilfe der Produktfunktion f in die Elemente der Output-Menge transformiert. ◇

Die Vorgehensweise, die in diesem Unterabschnitt zur Definition der Technologie *TM* geführt hat, unterscheidet sich von den in der mathematischen Wirtschaftstheorieg üblichen axiomatisch fundierten Darstellungen. Einige dieser Unterschiede und Zusammenhänge werden im Folgenden beispielhaft aufgezeigt, erläutert und beurteilt.

- In axiomatisch aufgebauten Produktionstheorien findet sich das Axiom (das Postulat, die Forderung), dass der Nullvektor Element der Technologie sein muss, d.h., es ist immer auch zulässig, dass nichts produziert wird. Die hier gegebene Definition der Technologie verzichtet auf eine derartige Forderung. Die Input- bzw. Output-Mengen wurden von vornherein als Teilmengen des $\mathbb{R}_+^M$ bzw. $\mathbb{R}_+^N$ eingeführt. Dahinter steht die Überlegung, dass die Vorräte an Faktoren, die einem Unternehmen in der zu Grunde gelegten Periode zur Verfügung stehen, ebenso beschränkt sein können wie die Nachfragemengen für einzelne Produkte, für die außerdem schon feste Bestellungen (Mindestquantitäten) vorliegen können. Damit ist aber das Axiom, dass der Nullvektor Element der Technologie sein muss, nicht in jedem Fall notwendigerweise erfüllt. So ist etwa für Anpassungsprozesse, wie sie in den Kapiteln 3, 4 und 5 analysiert und mit Beispielen illustriert werden, das Nichtstun, der Stillstand überwiegend nicht zulässig. Derartige Produktionssituationen könnten bei Geltung des Axioms der Nullproduktion nicht erfasst werden.

- Andere Axiome sind implizit erfüllt. So ist etwa in konkret ausformulierten Technologien eine Produktion $\mathbf{y} \in TM$ mit positiven Produktquantitäten ($\mathbf{x} > \mathbf{o}$) ohne Faktoreinsätze ($\mathbf{r} = \mathbf{o}$) in der Technologie TM nicht „realisierbar"; ob man dies intellektuell – etwa aufgrund des 1. Hauptsatzes der Thermodynamik – einsieht, empirisch zu messen versucht oder axiomatisch (die Nichtexistenz des Schlaraffenlandes) fordert, sei dahingestellt.

- Vielfach wird in mehr mathematisch orientierten Darstellungen von $M = N$ ausgegangen und die Differenzen $z_m = x_m - r_m$ unter der Voraussetzung betrachtet, dass das m-te Produkt dieselbe Dimension aufweist wie der m-te Faktor ($m = 1, \ldots, M$). Aus volkswirtschaftlicher Sicht können gegen diese Vorgehensweise, stets nur den Netto-Output einer Periode zu untersuchen, keine Bedenken erhoben werden. Unter betriebswirtschaftlichen Aspekten muss allerdings die Trennung von Input- und Output-Gütern streng aufrechterhalten werden. Normalerweise ist es die Ausnahme, dass produzierte Güter zugleich als Faktoren in ein und demselben Produktionssystem Verwendung finden. Selbst dann, wenn in bestimmten Unternehmen ein so genannter Eigenbedarf (z.B. bei Elektrizität, bei Fahrzeugen, bei Computern) existiert, müssen wegen der präferenzabhängig unterschiedlichen Bewertung von Input- und Outputgütern produzierte und eigenverbrauchte Güter als zwei verschiedene Güterarten getrennt erfasst und behandelt werden.

Diese Anmerkungen sollten verdeutlichen, dass für die in dieser Schrift verfolgten Ziele Axiome bzw. Vorgehensweisen der mathematisch orientierten Produktionstheorie als Teilgebiet der Wirtschaftstheorie nicht benötigt werden. Sie bedeuten keine grundsätzliche Kritik an dieser Theorie, sondern dienen der Abgrenzung und damit dem Vorbeugen von Missverständnissen. Die axiomatisch orientierte Produktionstheorie hat einen hohen Grad an theoretischer Geschlossenheit sowie mathematischer Eleganz erreicht und ist sich der Problematik ihrer ökonomischen Relevanz bewusst (vgl. u.a. KOOPMANS, 1951a; SCHÖNFELD, 1964; HILDENBRAND, 1966; WITTMANN, 1968; SHEPHARD, 1970; EICHHORN, 1978; EICHHORN et al., 1979; STEFFENS, 1979).

2.1.2 Effiziente Produktionen in Technologien

Besteht im Rahmen einer Technologie die Möglichkeit, aus einem vorgegebenen Faktorvektor unterschiedliche Produktvektoren herzustellen, und/oder die Möglichkeit, unterschiedliche Faktorvektoren zur Erzeugung eines vorgegebenen Produktvektors einzusetzen, dann ist zu fragen, ob nicht gewisse Produktionen aus TM irgendwie „besser" als andere Produktionen aus TM sind. Diese Frage führt – hier zunächst unter Vernachlässigung von Umweltaspekten – in Erweiterung der Definitionen 2.1.1 und 2.1.2 zu der folgenden Definition:

Definition 2.1.4:

Gegeben sei eine Technologie TM.

Eine Produktion $\mathbf{y}^0 \in TM$ heißt genau dann **effizient bezüglich $\boldsymbol{TM}$**, wenn kein $\mathbf{y}' \in TM$ existiert mit $\mathbf{y}' \geq \mathbf{y}^0$, d.h. mit

$$\begin{array}{rcll} r'_m & \leqq & r^0_m & \text{für alle } m = 1, \ldots, M \\ x'_n & \geqq & x^0_n & \text{für alle } n = 1, \ldots, N \end{array}$$

und

$$r'_\mu < r^0_\mu \quad \text{für mindestens ein } \mu \in \{1, \ldots, M\}$$

und/oder

$$x'_\nu > x^0_\nu \quad \text{für mindestens ein } \nu \in \{1, \ldots, N\}.$$

Mit TM^0 wird die Menge aller effizienten Produktionen von TM bezeichnet; TM^0 heißt auch **effiziente Technologie.**[2] □

[2] Würden die beiden letzten Ungleichungen (Ungleichungssysteme) in Definition 2.1.4 lediglich mit einem „oder" verbunden sein, dann könnte dies ausschließend im Sinne von „entweder–oder" interpretiert werden, was ökonomisch wenig Sinn macht. Aus diesem Grunde wird in diesem Text an dieser und ähnlichen Stellen, um Unklarheiten zu vermeiden, ein „und" hinzugefügt.

Der Begriff der Effizienz hat in einer aktivitätsanalytisch orientierten Produktionstheorie eine zentrale Stellung (vgl. u.a. KOOPMANS, 1951b, S. 60; GALE, 1960, S. 307; HILDENBRAND, 1966, S. 66; WITTMANN, 1968, S. 6; KRELLE, 1969, S. 164; OPITZ, 1971, S. 243; TAKAYAMA, 1974, S. 51; EICHHORN, 1978, Sp. 1058; KÖNIG/NEUMANN, 1986, S. 108f.; DYCKHOFF, 1993, Sp. 63; KISTNER, 1993, S. 4; FANDEL, 1996, S. 50). Statt von Effizienz spricht man gelegentlich auch von technischer (vgl. u.a. STAHL/SCHULZ, 1981, S. 38) oder von mengenmäßiger Effizienz (vgl. u.a. KLOOCK, 1998, S. 297) wie auch von technischer Optimalität (vgl. u.a. STEFFENS, 1979, Sp. 1600).

Existieren zwei Produktionen $\mathbf{y}_1 \in TM$ und $\mathbf{y}_2 \in TM$ mit $\mathbf{y}_2 \geq \mathbf{y}_1$, dann sagt man, dass die Produktion $\mathbf{y}_2$ die Produktion $\mathbf{y}_1$ dominiere. Daraus folgt aber nicht, dass $\mathbf{y}_2$ effizient bezüglich TM ist; denn es könnte ja noch ein $\mathbf{y}_3 \in TM$ mit $\mathbf{y}_3 \geq \mathbf{y}_2$ existieren, d.h., $\mathbf{y}_2$ würde seinerseits von $\mathbf{y}_3$ dominiert. Damit ist aber die effiziente Technologie TM^0 identisch mit der Menge aller nichtdominierten Produktionen. In kompakterer Form lässt sich eine effiziente Technologie auch wie folgt definieren:

$$\begin{aligned} TM^0 &= \left\{\mathbf{y}^0 \in TM \mid \text{ aus } \mathbf{y}' \in TM \text{ mit } \mathbf{y}' \geqq \mathbf{y}^0 \text{ folgt } \mathbf{y}' = \mathbf{y}^0\right\} \\ &= \left\{\mathbf{y}^0 \in TM \mid \mathbf{y}' \in \mathbb{R}^{M+N}, \text{ aus } \mathbf{y}' \geq \mathbf{y}^0 \text{ folgt } \mathbf{y}' \notin TM\right\} \\ &= \left\{\mathbf{y}^0 \in TM \mid TM \cap \left\{\mathbf{y} \in \mathbb{R}^{M+N} \mid \mathbf{y} \geqq \mathbf{y}^0\right\} = \left\{\mathbf{y}^0\right\}\right\}. \end{aligned}$$

Ein Vergleich der Definitionen 2.1.1 (vgl. S. 28), 2.1.2 (vgl. S. 32) und 2.1.4 (vgl. S. 39) zeigt, dass für eine bezüglich TM effiziente Produktion $\mathbf{y}^0 = \begin{pmatrix} -\mathbf{r}^0 \\ +\mathbf{x}^0 \end{pmatrix}$ gilt: $\mathbf{r}^0$ ist input-effizient bezüglich $R(\mathbf{x}^0)$ und $\mathbf{x}^0$ ist output-effizient bezüglich $X(\mathbf{r}^0)$. Betrachtet man hingegen eine Produktion $\mathbf{y}' = \begin{pmatrix} -\mathbf{r}' \\ +\mathbf{x}' \end{pmatrix} \in TM$, deren Input-Vektor $\mathbf{r}'$ input-effizient bezüglich $R(\mathbf{x}')$ und/oder deren Output-Vektor $\mathbf{x}'$ output-effizient bezüglich $X(\mathbf{r}')$ ist, dann folgt daraus nicht, dass $\mathbf{y}'$ effizient bezüglich TM ist (vgl. die nachfolgenden Beispiele B2 und CA2).

Beispiel B2:

SCHLÜSSELWÖRTER: Effizienz, Input-Effizienz, Output-Effizienz

Das Beispiel B1 (vgl. S. 33) wird zu einem Zweifaktor-Zweiprodukt-Produktionssystem mit einer 6-elementigen Technologie TM erweitert. Es sei

$$\begin{aligned} TM &= \{\mathbf{y}_1, \ldots, \mathbf{y}_6\} \\ &= \left\{ \begin{pmatrix} -3 \\ -4 \\ +6 \\ +4 \end{pmatrix}, \begin{pmatrix} -2 \\ -2 \\ +4 \\ +5 \end{pmatrix}, \begin{pmatrix} -4 \\ -3 \\ +6 \\ +4 \end{pmatrix}, \begin{pmatrix} -2 \\ -2 \\ +5 \\ +4 \end{pmatrix}, \begin{pmatrix} -4 \\ -3 \\ +4 \\ +5 \end{pmatrix}, \begin{pmatrix} -3 \\ -3 \\ +6 \\ +6 \end{pmatrix} \right\}. \end{aligned}$$

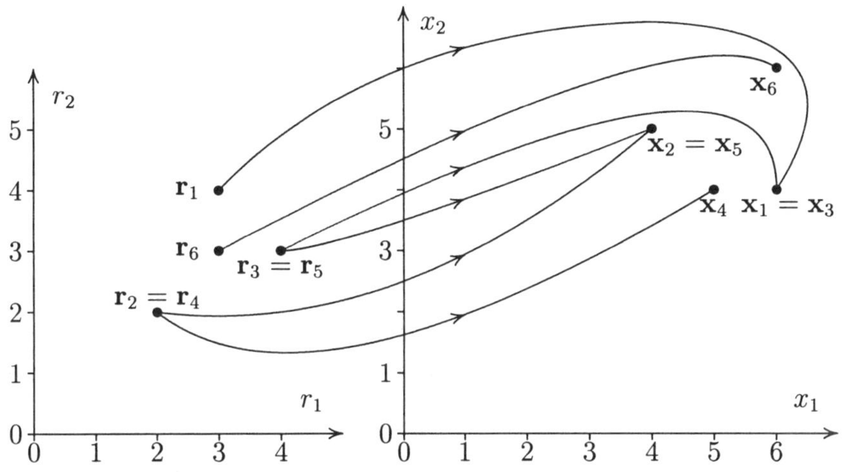

Abbildung 2.1.4: Input- und output-effiziente Produktionen (Beispiel B2)

Wie lautet die effiziente Technologie TM^0*? Offensichtlich werden* $\mathbf{y}_1, \mathbf{y}_3$ *und* $\mathbf{y}_5$ *von* $\mathbf{y}_6$ *und zusätzlich* $\mathbf{y}_5$ *von* $\mathbf{y}_2$ *dominiert, so dass gilt*

$$TM^0 = \{\mathbf{y}_2, \mathbf{y}_4, \mathbf{y}_6\} = \left\{ \begin{pmatrix} -2 \\ -2 \\ +4 \\ +5 \end{pmatrix}, \begin{pmatrix} -2 \\ -2 \\ +5 \\ +4 \end{pmatrix}, \begin{pmatrix} -3 \\ -3 \\ +6 \\ +6 \end{pmatrix} \right\} \subset TM.$$

Input-Effizienz		
$\overline{\mathbf{x}}$	$R(\overline{\mathbf{x}})$	$R^0(\overline{\mathbf{x}})$
$\mathbf{x}_1 = (6,4)^\mathsf{T}$	$R(6,4) = \{\mathbf{r}_1, \mathbf{r}_3\}$	$R^0(6,4) = \{\mathbf{r}_1, \mathbf{r}_3\} = \{(3,4)^\mathsf{T}, (4,3)^\mathsf{T}\}$
$\mathbf{x}_2 = (4,5)^\mathsf{T}$	$R(4,5) = \{\mathbf{r}_2, \mathbf{r}_5\}$	$R^0(4,5) = \{\mathbf{r}_2\} = \{(2,2)^\mathsf{T}\}$
$\mathbf{x}_3 = \mathbf{x}_1$		
$\mathbf{x}_4 = (5,4)^\mathsf{T}$	$R(5,4) = \{\mathbf{r}_4\}$	$R^0(5,4) = \{\mathbf{r}_4\} = \{(2,2)^\mathsf{T}\}$
$\mathbf{x}_5 = \mathbf{x}_2$		
$\mathbf{x}_6 = (6,6)^\mathsf{T}$	$R(6,6) = \{\mathbf{r}_6\}$	$R^0(6,6) = \{\mathbf{r}_6\} = \{(3,3)^\mathsf{T}\}$
Output-Effizienz		
$\overline{\mathbf{r}}$	$X(\overline{\mathbf{r}})$	$X^0(\overline{\mathbf{r}})$
$\mathbf{r}_1 = (3,4)^\mathsf{T}$	$X(3,4) = \{\mathbf{x}_1\}$	$X^0(3,4) = \{\mathbf{x}_1\} = \{(6,4)^\mathsf{T}\}$
$\mathbf{r}_2 = (2,2)^\mathsf{T}$	$X(2,2) = \{\mathbf{x}_2, \mathbf{x}_4\}$	$X^0(2,2) = \{\mathbf{x}_2, \mathbf{x}_4\} = \{(4,5)^\mathsf{T}, (5,4)^\mathsf{T}\}$
$\mathbf{r}_3 = (4,3)^\mathsf{T}$	$X(4,3) = \{\mathbf{x}_3, \mathbf{x}_5\}$	$X^0(4,3) = \{\mathbf{x}_3, \mathbf{x}_5\} = \{(6,4)^\mathsf{T}, (4,5)^\mathsf{T}\}$
$\mathbf{r}_4 = \mathbf{r}_2$		
$\mathbf{r}_5 = \mathbf{r}_3$		
$\mathbf{r}_6 = (3,3)^\mathsf{T}$	$X(3,3) = \{\mathbf{x}_6\}$	$X^0(3,3) = \{\mathbf{x}_6\} = \{(6,6)^\mathsf{T}\}$

Tabelle 2.1.1: Input- und output-effiziente Produktionen (Beispiel B2)

Die Ergebnisse der Tests aller Faktormengenvektoren auf Input-Effizienz und aller Produktmengenvektoren auf Output-Effizienz sind in Tabelle 2.1.1 zusammengefasst. Obwohl $\mathbf{r}_1$ *input-effizient bezüglich* $R(\mathbf{x}_1)$ *und* $\mathbf{x}_1$ *output-effizient bezüglich* $X(\mathbf{r}_1)$ *ist, ist die Produktion* $\mathbf{y}_1$ *nicht effizient bezüglich* TM. *Abbildung 2.1.4 verdeutlicht die diskutierten Zusammenhänge. Genauer zu untersuchen sind stets die Fälle, bei denen ein Faktormengenvektor zu mehreren Produktmengenvektoren bzw. mehrere Faktormengenvektoren zu einem Produktmengenvektor führen.* ◇

Beispiel CA2:

SCHLÜSSELWÖRTER: Ertragsgesetz, Effizienz, Input-Effizienz, Output-Effizienz

Betrachtet man das Beispiel CA1 (vgl. S. 36) unter Effizienzaspekten, dann lassen sich folgende Aussagen machen (vgl. Abb. 2.1.3, S. 36):

- *Für jede Faktorquantität $r \in R$ sind alle Produktionen aus $X(r)$, bezüglich $X(r)$ output-effiziente bzw. – in diesem speziellen Beispiel – maximale Produktquantitäten.*
- *Für jede Produktquantität $x \in X$ mit $500 < x \leqq 600$ PE ist $R(x) = \emptyset$, d.h., es existieren keine input-effizienten Faktorquantitäten für den angegebenen Bereich. Für jede Produktquantität $x \in X$ mit $0 \leqq x \leqq 500$ sind alle Faktorquantitäten $R(x)$ mit $r \leqq 10$ FE bezüglich $R(x)$ input-effiziente bzw. – in diesem speziellen Beispiel – minimale Faktorquantitäten.*
- *Effizient bezüglich TM sind alle Produktionen aus TM mit $r \leqq 10$, d.h.*

$$TM^0 = \left\{ \begin{pmatrix} -r \\ +x \end{pmatrix} \in TM \;\middle|\; r \leqq 10 \right\} \subset TM.$$

Zusammenfassend ist daher festzuhalten, dass zum einen Produktionen der so genannten „IV. Phase“ des Ertragsgesetzes, d.h. Produktionen mit $10 < r \leqq 12$, nicht effizient bezüglich TM sind und dass zum anderen output-effiziente Produktquantitäten nicht effizient bezüglich TM zu sein brauchen. Zum Beispiel ist $x = 484$ PE bezüglich $r = 11$ FE output-effizient, die Produktion $(-11,\ 484)^{\mathsf{T}} \in TM$ jedoch nicht effizient bezüglich TM, da sie von der Produktion $(-8{,}93,\ 484)^{\mathsf{T}} \in TM$ dominiert wird (vgl. Abb. 2.1.3, S. 36). ◇

Die Definition der Effizienz bringt zum Ausdruck, dass der Entscheidungsträger, der ein Produktionssystem zu steuern hat, sich in dem Sinne rational verhält, als dass er versucht, in seinem Produktionssystem den Input an Faktoren zu „minimieren" und/oder den Output an Produkten zu „maximieren". Da der Faktormengenvektor „etwas zu Minimierendes" und der Produktmengenvektor „etwas zu Maximierendes" beschreibt, geht ersterer mit negativem und letzterer mit positivem Vorzeichen in die Produktionen (Produktionspunkte) ein (vgl. Abschnitt 1.3). In diesem Sinne besteht die Produktionsaufgabe (vgl. S. 8) darin, „maximale", d.h. nun aber effiziente Produktionen in einer Technologie zu finden. Entscheidungstheoretisch ist eine Technologie als Alternativenmenge eines Entscheidungsmodells und eine Produktion als eine vektorielle Zielfunktion zu interpretieren. M.a.W.: Die Produktionsaufgabe ist äquivalent dem Vektormaximierungsmodell (vgl. Anhang, S. 230)

$$max \{\mathbf{y} \mid \mathbf{y} \in TM\}.$$

Die spezifische Problematik eines Vektormaximierungsmodells beruht bekanntlich darauf, dass die Vektoren des $\mathbb{R}^{M+N}$ bezüglich der Relation „ $\geqq$ " nicht vollständig geordnet sind ($M + N \geqq 2$). Man konzentriert sich daher zunächst auf die Bestimmung effizienter Alternativen bzw. effizienter Produktionen im Sinne der Definition 2.1.4. Nach diesen Überlegungen kann das mengenmäßige Wirtschaftlichkeitsprinzip für Mehrfaktor-Mehrprodukt-Unternehmen nur lauten:

Man realisiere effiziente Produktionen.

Gibt es mehrere effiziente Produktionen, dann sind weitere Auswahlkriterien zu formulieren, um aus der Menge der effizienten Produktionen eine bezüglich dieser Kriterien optimale Produktion auswählen zu können (vgl. Kapitel 3, 4 und 5). Im folgenden Abschnitt 2.2 werden nunmehr Umweltaspekte mit in die Analyse einbezogen.

2.2 Technologien mit Nebengütern

Im Folgenden werden die in Abschnitt 2.1 eingeführten Technologien um Nebengüter, d.h. um Nebenfaktoren und Nebenprodukte, wie sie in Abschnitt 1.2 beschrieben wurden, erweitert.

2.2.1 Umweltorientierte Technologien

Es wird davon ausgegangen, dass vergleichsweise größere Quantitäten an erwünschten Nebengütern bzw. vergleichsweise geringere Quantitäten an nicht erwünschten Nebengütern jeweils höher eingeschätzt werden als umgekehrt, so dass in die zu definierende umweltorientierte Technologie nicht erwünschte Nebengüter wie Faktoren, d.h. mit negativem Vorzeichen, und erwünschte Nebengüter wie Produkte, d.h. mit positivem Vorzeichen, eingehen (vgl. Abschnitt 1.3).

Definition 2.2.1:

Gegeben sei ein Produktionssystem *UPS* mit einer Faktormenge $R \subset \mathbb{R}_+^M$, einer Menge nicht erwünschter Nebengüter $V \subset \mathbb{R}_+^Q$, einer Menge erwünschter Nebengüter $U \subset \mathbb{R}_+^P$ und einer Produktmenge $X \subset \mathbb{R}_+^N$.

$$UTM := \left\{ \begin{pmatrix} -\mathbf{r} \\ -\mathbf{v} \\ +\mathbf{u} \\ +\mathbf{x} \end{pmatrix} \in \mathbb{R}^{M+Q+P+N} \;\middle|\; \begin{matrix} \mathbf{r} \in R \\ \mathbf{v} \in V \\ \mathbf{u} \in U \\ \mathbf{x} \in X \end{matrix}\;;\; \begin{pmatrix} -\mathbf{r} \\ -\mathbf{v} \\ +\mathbf{u} \\ +\mathbf{x} \end{pmatrix} \begin{matrix} \text{ist} \\ \text{reali-} \\ \text{sier-} \\ \text{bar} \end{matrix} \right\}$$

heißt **umweltorientierte Technologie** (Technologie mit Nebengütern); ein Element $\mathbf{z} \in UTM$ heißt **Produktion** (Produktionspunkt, Aktivität). □

Die erläuternden und ergänzenden Anmerkungen zur Definition einer Technologie (vgl. Definition 2.1.3, S. 34) gelten entsprechend für umweltorientierte Technologien.

2.2.2 Effiziente Produktionen in umweltorientierten Technologien

Zunächst ist es nahe liegend, die Definition der Effizienz bezüglich einer Technologie (vgl. Definition 2.1.4, S. 39) unmittelbar auf eine umweltorientierte Technologie zu übertragen.

Definition 2.2.2:

Gegeben sei eine umweltorientierte Technologie UTM.

Eine Produktion $\mathbf{z}^0 \in UTM$ heißt genau dann **effizient bezüglich** $\boldsymbol{UTM}$, wenn keine Produktion $\mathbf{z}' \in UTM$ existiert mit $\mathbf{z}' \geq \mathbf{z}^0$, d.h. mit

$$\begin{aligned}
r'_m &\leqq r^0_m && \text{für alle } m = 1, \ldots, M \\
v'_q &\leqq v^0_q && \text{für alle } q = 1, \ldots, Q \\
u'_p &\geqq u^0_p && \text{für alle } p = 1, \ldots, P \\
x'_n &\geqq x^0_n && \text{für alle } n = 1, \ldots, N
\end{aligned}$$

und

$$\begin{aligned}
r'_\mu &< r^0_\mu && \text{für mindestens ein } \mu \in \{1, \ldots, M\} \\
&\text{und/oder} \\
v'_\rho &< v^0_\rho && \text{für mindestens ein } \rho \in \{1, \ldots, Q\} \\
&\text{und/oder} \\
u'_\pi &> u^0_\pi && \text{für mindestens ein } \pi \in \{1, \ldots, P\} \\
&\text{und/oder} \\
x'_\nu &> x^0_\nu && \text{für mindestens ein } \nu \in \{1, \ldots, N\} .
\end{aligned}$$

Mit UTM^0 wird die Menge aller effizienten Produktionen von UTM bezeichnet. □

Entsprechend den Ausführungen in Abschnitt 2.1.2 lässt sich dieser Sachverhalt wiederum als Lösung eines Vektormaximierungsproblems formulieren: Eine Produktion $\mathbf{z}^0 \in UTM$ ist genau dann effizient bezüglich UTM, wenn $\mathbf{z}^0$ effizient bezüglich des folgenden Vektormaximierungsmodells ist:

$$max \{\mathbf{z} \mid \mathbf{z} \in UTM\} .$$

Die Definition 2.2.2 erweitert formal die Definition 2.1.4 (vgl. S. 39) um $P+Q$ Nebengüterarten und ist insofern unbefriedigend, als sie nicht zwischen erwünschten und nicht erwünschten Gütern einerseits sowie nicht zwischen erwünschten und nicht erwünschten Nebengütern andererseits differenziert (vgl. STEVEN, 1994, S. 78; STEVEN, 1998, S. 93). Bei einer zu definierenden umweltorientierten Effizienz sollte es kein nicht erwünschtes Nebengut, von dem weniger erzeugt wird, und/oder kein erwünschtes Nebengut, von dem mehr anfällt, geben. Diese Überlegungen werden in der folgenden Definition präzisiert (KLEINE, 2000, S. 91):

Definition 2.2.3:

Gegeben sei eine umweltorientierte Technologie UTM.

Eine Produktion $\mathbf{z}^0 \in UTM$ heißt genau dann **umweltorientiert-effizient bezüglich** $\boldsymbol{UTM}$, wenn kein $\mathbf{z}' \in UTM$ existiert mit $\mathbf{z}' \geq_{\mathbf{v},\mathbf{u}} \mathbf{z}^0$ mit folgenden Eigenschaften:

$$\begin{array}{rcll} r'_m & \leqq & r^0_m & \text{für alle } m = 1, \ldots, M \\ v'_q & \leqq & v^0_q & \text{für alle } q = 1, \ldots, Q \\ u'_p & \geqq & u^0_p & \text{für alle } p = 1, \ldots, P \\ x'_n & \geqq & x^0_n & \text{für alle } n = 1, \ldots, N \end{array}$$

und

$$v'_\rho < v^0_\rho \qquad \text{für mindestens ein } \rho \in \{1, \ldots, Q\}$$

und/oder

$$u'_\pi > u^0_\pi \qquad \text{für mindestens ein } \pi \in \{1, \ldots, P\}.$$

Die Menge aller bezüglich UTM umweltorientiert-effizienten Produktionen wird mit $UTM^0_{\mathbf{v},\mathbf{u}}$ bezeichnet. □

Mit der Definition 2.2.3 können zum einen auch Fälle erfasst werden, bei denen mehrere Produktionen mit jeweils identischen Faktor- und Produktvektoren existieren, wobei unterschiedliche Input- und Outputquantitäten an Nebengütern möglich sind. Mit dieser Definition werden zum anderen die Nebengüter gegenüber den Faktoren und Produkten im Vergleich zu Definition 2.2.2 – umweltorientiert – hervorgehoben: Die beiden echten Ungleichungen stehen ausschließlich bei den Nebengütern, was zu einer geringfügigen Änderung der zugehörigen Testprogramme (vgl. Anhang, S. 237) führt.

In der öffentlichen Diskussion zum Thema Umweltschutz zielt das Interesse vielfach auf den Anfall von Schadstoffen, d.h. auf den Anfall von nicht erwünschten Nebenprodukten. So ist es nahe liegend, die Definition 2.2.3 weiter in diesem Sinne zu konkretisieren.

Definition 2.2.4:

Gegeben seien eine umweltorientierte Technologie UTM.

Eine Produktion $\mathbf{z}^0 \in UTM$ heißt genau dann **schadstofforientiert-effizient bezüglich UTM**, wenn keine Produktion $\mathbf{z}' \in UTM$ existiert mit $\mathbf{z}' \geq_{\mathbf{v}} \mathbf{z}^0$ mit folgenden Eigenschaften:

$$\begin{array}{rclll} r'_m & \leqq & r^0_m & & \text{für alle } m = 1, \ldots, M \\ v'_q & \leqq & v^0_q & & \text{für alle } q = 1, \ldots, Q \\ u'_p & \geqq & u^0_p & & \text{für alle } p = 1, \ldots, P \\ x'_n & \geqq & x^0_n & & \text{für alle } n = 1, \ldots, N \end{array}$$

und

$$v'_\rho < v^0_\rho \qquad \text{für mindestens ein } \rho \in \Big\{ \{1, \ldots, Q\} \;\Big|\; \rho \text{ ist nicht erwünschtes Nebenprodukt} \Big\}.$$

Die Menge aller bezüglich UTM schadstofforientiert-effizienten Produktionen wird mit $UTM^0_{\mathbf{v}}$ bezeichnet. □

Beispiel A2:

SCHLÜSSELWÖRTER: Umwelt-Effizienz, Schadstoff-Effizienz

Betrachtet wird das um zwei Schadstoffe S1 und S2 (nicht erwünschte Nebenprodukte) erweiterte Produktionssystem aus Beispiel A1 (vgl. S. 29). Es handelt sich somit um eine umweltorientierte Technologie UTM mit

$M = 2$ Faktoren, $Q = 2$ Schadstoffen und $N = 1$ Produkt. Im einzelnen sei

$$
\begin{aligned}
& UTM \\
&= \{\mathbf{z}_1, \ldots, \mathbf{z}_6\} \\
&= \left\{ \begin{pmatrix} -\mathbf{r}_1 \\ -\mathbf{v}_1 \\ +x_1 \end{pmatrix}, \ldots, \begin{pmatrix} -\mathbf{r}_6 \\ -\mathbf{v}_6 \\ +x_6 \end{pmatrix} \right\} \\
&= \left\{ \begin{pmatrix} -30 \\ -40 \\ -11 \\ -6 \\ +1 \end{pmatrix}, \begin{pmatrix} -35 \\ -38 \\ -9 \\ -6 \\ +1 \end{pmatrix}, \begin{pmatrix} -40 \\ -32 \\ -7 \\ -8 \\ +1 \end{pmatrix}, \begin{pmatrix} -45 \\ -30 \\ -6 \\ -9 \\ +1 \end{pmatrix}, \begin{pmatrix} -60 \\ -24 \\ -3 \\ -9 \\ +1 \end{pmatrix}, \begin{pmatrix} -70 \\ -25 \\ -1 \\ -9 \\ +1 \end{pmatrix} \right\}.
\end{aligned}
$$

Welche Produktionen sind bezüglich was effizient? Zunächst einmal sind alle Produktionen $\mathbf{z}_k \in UTM$ effizient bezüglich UTM $(k = 1, \ldots, 6)$. Vernachlässigt man sodann die Quantitäten beider Faktoren sowie die Produktquantitäten, dann sind die folgenden Vektoren auf Effizienz zu überprüfen:

$$
\left\{ \begin{pmatrix} \star \\ \star \\ -11 \\ -6 \\ \star \end{pmatrix}, \begin{pmatrix} \star \\ \star \\ -9 \\ -6 \\ \star \end{pmatrix}, \begin{pmatrix} \star \\ \star \\ -7 \\ -8 \\ \star \end{pmatrix}, \begin{pmatrix} \star \\ \star \\ -6 \\ -9 \\ \star \end{pmatrix}, \begin{pmatrix} \star \\ \star \\ -3 \\ -9 \\ \star \end{pmatrix}, \begin{pmatrix} \star \\ \star \\ -1 \\ -9 \\ \star \end{pmatrix} \right\}.
$$

Offensichtlich wird der Vektor $\mathbf{v}_1$ vom Vektor $\mathbf{v}_2$ sowie die Vektoren $\mathbf{v}_4$ und $\mathbf{v}_5$ vom Vektor $\mathbf{v}_6$ dominiert. M.a.W.: Der Vektor $\mathbf{v}_2$, der Vektor $\mathbf{v}_3$ sowie der Vektor $\mathbf{v}_6$ sind für diesen reduzierten Fall als effizient zu betrachten. Unter Einbezug der Faktor- und Produktquantitäten zeigt sich allerdings, dass alle Produktionen aus UTM umweltorientiert- und zugleich schadstofforientiert-effizient bezüglich UTM sind. Man be-

achte, dass die Produktion $\mathbf{z}_6 \in UTM$ *umweltorientiert-effizient bezüglich* UTM *ist, während der Faktormengenvektor* $\mathbf{r}_6$ *im Beispiel A1 nicht input-effizient bezüglich* $R_a(1)$ *ist (vgl. S. 29).* ◇

Beispiel CA3:

SCHLÜSSELWÖRTER: Umwelt-Effizienz, Schadstoff-Effizienz, Ertragsgesetz mit Nebengütern

Das Einfaktor-Einprodukt-Produktionssystem des Beispiels CA1 (vgl. S. 36) wird um einen zu entsorgenden Schadstoff und um ein erwünschtes, rezyklierbares Nebenprodukt, z.B. Abwärme, erweitert. Um Effizienztests konkret durchführen zu können, wird davon ausgegangen, dass in Abhängigkeit der Faktorquantität r *der Schadstoffanfall durch die Funktion* $v = q(r) = 50 + 8r$ *und der Anfall des erwünschten Nebenproduktes durch die Funktion* $u = p(r) = -r^2 + 22r$ *beschrieben wird. Mit* $R = \{r \in \mathbb{R}_+ \mid r \leqq 12\}$ *und* $X = \{x \in \mathbb{R}_+ \mid x \leqq 600\}$ *lautet die Technologie des Beispiels CA3, eines um Umweltaspekte erweiterten Ertragsgesetzes:*

$$UTM = \left\{ \begin{pmatrix} -r \\ -v \\ +u \\ +x \end{pmatrix} \in \mathbb{R}^4 \;\middle|\; \begin{matrix} r \in R \\ v \in \mathbb{R}_+ \\ u \in \mathbb{R}_+ \\ x \in X \end{matrix} \;;\; \begin{matrix} x & = & -r^3 & + & 15r^2 \\ v & = & 50 & + & 8r \\ u & = & -r^2 & + & 22r \end{matrix} \right\}.$$

Die Tatsache, dass die Funktion $v = q(r)$ *über* R *und die Funktion* $u = p(r)$ *über* R *bis zu ihrem Maximum bei* $r = 11$ *streng monoton steigen, führt zu folgendem Ergebnis: Alle Produktionen* $\mathbf{z} = (-r, -v, +u, +x)^{\mathsf{T}} \in UTM$ *sind für* $r \in [0, 11]$ *effizient, umweltorientiert-effizient sowie schadstofforientiert-effizient bezüglich* UTM*. Für* $r \in\,]11, 12]$ *sind alle Produktionen* $\mathbf{z} \in UTM$ *nicht effizient bezüglich* UTM*. So werden etwa alle Produktionen mit* $r = 11 + \epsilon$ *von Produktionen mit* $11 - \epsilon$ *dominiert* $(0 < \epsilon \leqq 1)$*, so wird etwa für* $\epsilon = 0,5$

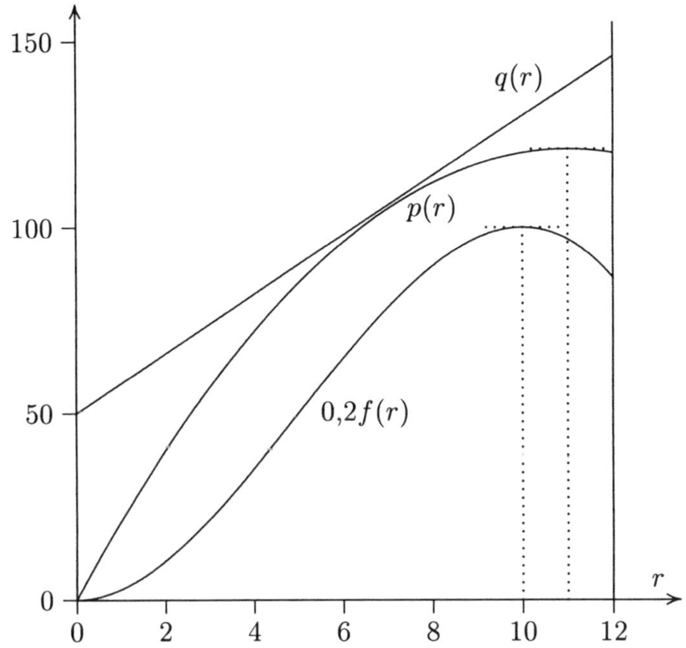

Abbildung 2.2.1: Ertragsgesetz mit Nebengütern (Beispiel CA3)

$$\mathbf{z}' = \begin{pmatrix} -11,5 \\ -142 \\ 120,75 \\ 462,875 \end{pmatrix} \text{ von } \mathbf{z}'' = \begin{pmatrix} -10,5 \\ -134 \\ 120,75 \\ 496,125 \end{pmatrix}$$

dominiert (vgl. Abb. 2.2.1). ◇

Die Definitionen 2.2.2, 2.2.3 und 2.2.4 sind in erster Linie produktionstheoretisch zu interpretieren. Bei Aufgaben der Produktionsplanung auf der Grundlage der Technologie *UTM* lassen sich erfolgsorientierte Zielfunktionen zf_E sowie umweltorientierte Zielfunktionen zf_U definieren und zu einem Zielvektor zusammenfassen (vgl. zu weiteren Einzelheiten Abschnitt 3.2.3).

2.3 Prozesse und Produktionsfunktionen

In diesem Abschnitt werden einige Begriffe der traditionellen Produktionstheorie eingeführt, mit denen auf der einen Seite Bezüge der aktivitätsanalytischen zur klassischen Theorie verdeutlicht und auf der anderen Seite einige Grundlagen für die nachfolgenden Kapitel geschaffen werden.

2.3.1 Prozesse

Bei Produktionssystemen – interpretiert als spezielle Input-Output-Systeme – wird von Produktionsprozessen gesprochen, wenn damit der Ablauf der Transformation von Faktoren in Produkte hervorgehoben werden soll (vgl. Abschnitt 1.1.2). Daneben spielen Produktionsprozesse in einem ähnlichen, jedoch enger gefassten Sinne in der Produktionstheorie bei der Analyse von Technologien eine Rolle, die im Folgenden zu beleuchten ist.

Definition 2.3.1:

Gegeben seien eine Technologie TM sowie eine Teilmenge $Y \subset TM$. Die Teilmenge Y heißt **Prozess aus *TM*** (Produktionsprozess aus TM), wenn Y spezielle, je nach Fragestellung bestimmte Eigenschaften aufweist. Ist $Y \subset TM^0$, heißt Y **effizienter Prozess aus *TM*** (effizienter Produktionsprozess aus TM). □

Diese Definition eines Prozesses ist für die Produktionstheorie von zentraler Bedeutung, wie bereits die nachfolgende, darauf aufbauende Definition eines speziellen Prozesses zeigt.

Definition 2.3.2:

Gegeben seien eine Technologie TM sowie ein Prozess Y aus TM. Der Prozess Y heißt **linear**, wenn aus $\mathbf{y} \in Y$ folgt, dass auch $\mathbf{y}\lambda \in Y$ für $\lambda \geqq 0$ gilt. □

Lineare Prozesse sind der Ausgangspunkt der linearen Aktivitätsanalyse (vgl. u.a. Georgescu-Roegen, 1951, S. 99). Sie heißen in der linearen Aktivitätsanalyse oft einfach nur auch Produktionsprozesse oder Prozesse (vgl. u.a. Zschocke, 1974, S. 36; Kistner, 1993, S. 57). Lineare

Prozesse lassen sich als vom Ursprung ausgehende Strahlen auffassen, die insbesondere definitionsgemäß nach oben nicht beschränkt sind. Ein linearer Prozess ist ein spezieller Kegel (vgl. Anhang, S. 232). Wird wie in Kapitel 4 von nach oben und nach unten beschränkten Technologien ausgegangen, so ist die Definition 2.3.2 entsprechend anzupassen (vgl. Definition 4.1.9, S. 119).

In der betriebswirtschaftlichen produktionstheoretischen Literatur ist verbreitet von **Limitationalität** und **Substitutionalität** die Rede (vgl. u.a. DELLMANN, 1980, S. 57ff.; SZYSZKA, 1987; BUSSE VON COLBE/ LASSMANN, 1991, S. 101ff.; SCHNEEWEISS, 1999, S. 38ff.). Diese Eigenschaften bestimmter Prozesse werden im Folgenden auf der Grundlage der gegebenen Definitionen von Technologien charakterisiert (vgl. u.a. KAMPKÖTTER, 1981, S. 248ff.).

Definition 2.3.3:

Gegeben seien eine Technologiemenge TM, ihre effiziente Teilmenge TM^0 sowie ein effizienter Prozess $Y \subset TM^0$.

a$_1$) Gilt für alle Faktormengenvektoren $\mathbf{r}$ mit $\begin{pmatrix} -\mathbf{r} \\ +\mathbf{x} \end{pmatrix} \in Y$:

Die Produktmenge $X^0(\mathbf{r})$ ist einelementig, dann heißt Y **output-limitational**.

a$_2$) Gilt für mindestens einen Vektor $\mathbf{r}'$ mit $\begin{pmatrix} -\mathbf{r}' \\ +\mathbf{x} \end{pmatrix} \in Y$:

Die Produktmenge $X^0(\mathbf{r}')$ ist mehrelementig, dann heißt Y **output-substitutional**.

b$_1$) Gilt für alle Produktmengenvektoren $\mathbf{x}$ mit $\begin{pmatrix} -\mathbf{r} \\ +\mathbf{x} \end{pmatrix} \in Y$:

Die Faktormenge $R^0(\mathbf{x})$ ist einelementig, dann heißt Y **input-limitational**.

b$_2$) Gilt für mindestens einen Vektor $\mathbf{x}'$ mit $\begin{pmatrix} -\mathbf{r} \\ +\mathbf{x}' \end{pmatrix} \in Y$:

Die Faktormenge $R^0(\mathbf{x}')$ ist mehrelementig, dann heißt Y **input-substitutional**.

c$_1$) Ist Y sowohl output- als auch input-limitational, heißt Y **limitationaler Prozess**.

c$_2$) Ist Y entweder output-substitutional und/oder input-substitutional, heißt Y **substitutionaler Prozess**. □

Aus limitationalen Prozessen bestehen jene Produktionssysteme, bei denen ein Produkt aus mehreren verschiedenen, aber in Bezug auf Art und Anzahl eindeutig festgelegten Teilen (Vorprodukten, Einzelteilen, Baugruppen) zusammengesetzt (montiert, gefertigt) wird. So besteht ein bestimmter Stahlrohrtisch z.B. aus genau 1 Holzplatte, 2 Verstärkungsstreben, 4 Fußstöpseln, 12 Schrauben und einem Gestell, das seinerseits aus bestimmten Teilen gefertigt wird (vgl. GLASER et al., 1992, S. 12f.). Nur 3 Fußstöpsel sind nicht zulässig, 5 Fußstöpsel, falls sie zulässig wären, nicht input-effizient. Ähnliches gilt für die anderen Teile.

Substitutionale Prozesse setzen im Allgemeinen voraus, dass die Güter, die gegeneinander substituiert werden, teilbar sind, wie das etwa bei Fließgütern im Gegensatz zu Stückgütern der Fall ist. Prozesse mit variabler oder elastischer Kuppelproduktion sind Beispiele für output-substitutionale Prozesse (vgl. u.a. RIEBEL, 1955, 1979). Ein wichtiges Beispiel für einen output-substitutionalen Prozess ist die Kraft-Wärme-Kopplung, bei der gleichzeitig, aber in gewissen Grenzen variierbar, Prozessdampf und elektrischer Strom bereitgestellt wird (vgl. u.a. FUNK, 1991, S. 100ff.). Das nachfolgende Beispiel D1 demonstriert einen input-substitutionalen Prozess.

Beispiel D1:

SCHLÜSSELWÖRTER: Input-Substitutionalität, Hochofen

Zur Erzeugung von Roheisen in einem Hochofen kommen zahlreiche Apparaturen als Betriebsmittel, Arbeitskräfte, eine Reihe von Werkstoffen wie Erze und verschiedene Zuschläge sowie schließlich Energie zum Einsatz. Bei Konstanz aller übrigen Faktoren wird hier die Substitutionsmöglichkeit von Koks und Öl (schwerem Heizöl) als zwei in gewissen Grenzen substituierbare Energieträger betrachtet, so dass die Technologiemenge TM die drei Komponenten Koks, Öl und Roheisen umfasst. Es sei r_1 *die einzusetzende Menge an Koks und* r_2 *die einzusetzende Menge an Öl, jeweils gemessen in kg. Es wird davon ausgegangen, dass zur Produktion von 1 t Roheisen mindestens 450 kg Koks und mindestens 30 kg Öl sowie ein Energieeinsatz in Höhe von 11179 ± 5% MJ (Mega-Joule) erforderlich sind. Weiterhin wird unterstellt, dass der Heizwert für Koks 18 und für Öl 12 MJ/kg beträgt. Mit diesen Angaben kann die zugehörige Technologie TM für eine Produktmenge* x *unmittelbar angegeben werden (vgl. Abb. 2.3.1).*

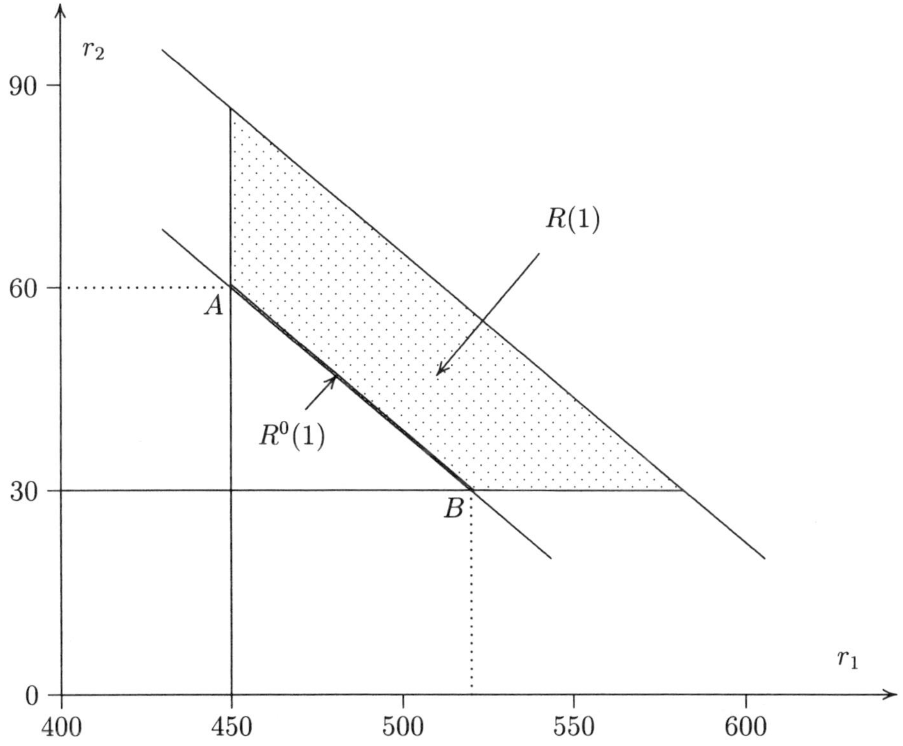

Abbildung 2.3.1: Input-Menge (Beispiel D1)

$$TM = \left\{ \begin{pmatrix} -r_1 \\ -r_2 \\ +x \end{pmatrix} \in \mathbb{R}^3 \;\middle|\; \begin{array}{c} 0,95 \cdot 11179\, x \leqq 18 r_1 x + 42 r_2\, x \\ 18 r_1 x + 42 r_2\, x \leqq 1,05 \cdot 11179\, x \\ r_1 \geqq 450x \quad r_2 \geqq 30x \\ x \geqq 0 \end{array} \right\}.$$

Im Folgenden wird von $x = 1$ ausgegangen und die zu $x = 1$ gehörende Input-Menge $R(1)$ betrachtet (vgl. Definition 2.1.1, S. 28). Es ist

$$R(1) = \left\{ \begin{pmatrix} r_1 \\ r_2 \end{pmatrix} \in \mathbb{R}^2 \;\middle|\; \begin{array}{c} 10620 \leqq 18 r_1 + 42 r_2 \leqq 11738 \\ r_1 \geqq 450, \;\; r_2 \geqq 30 \end{array} \right\}.$$

Die Input-Menge $R(1)$ ist in Abbildung 2.3.1 graphisch schattiert dargestellt. Aus ihr ergibt sich unmittelbar, dass nur Faktormengenvektoren (Faktormengenkombinationen) zwischen den Punkten A und B inputeffizient bezüglich $R(1)$ und damit die entsprechenden Produktionen aus TM effizient bezüglich TM mit $x = 1$ sind. Es gilt somit

$$R^0(1) = \left\{ \begin{pmatrix} r_1 \\ r_2 \end{pmatrix} \in \mathbb{R}^2 \;\middle|\; \begin{array}{c} 10620 = 18 r_1 + 42 r_2 \\ r_1 \geqq 450, \;\; r_2 \geqq 30 \end{array} \right\}.$$

Der effiziente Prozess

$$Y = \left\{ \begin{pmatrix} -r_1 \\ -r_2 \\ +x \end{pmatrix} \in \mathbb{R}^3 \;\middle|\; \begin{array}{c} \begin{pmatrix} r_1 \\ r_2 \end{pmatrix} \in R^0(x) \\ x = 1 \end{array} \right\} \subset TM$$

ist ein substitutionaler Prozess. ◇

2.3.2 Produktionsfunktionen

Bis zur Mitte des 20. Jahrhunderts stand die Produktionsfunktion als eine „funktionale Verbindung von Einsatz und Ausbringung“ (LÜCKE, 1976, S. 19) im Zentrum der traditionellen Produktionstheorie. „Eine Produktionsfunktion gibt symbolisch die funktionale Beziehung zwischen der Produktionsausbringung einer Unternehmung und den in ihr eingesetzten Produktionsfaktormengen an“ (KILGER, 1958, S. 11).

Definition 2.3.4:

Gegeben seien eine Technologie TM, ihre effiziente Teilmenge TM^0 sowie ein Prozess $Y \subset TM^0$. Ferner sei

$$\mathbf{y} = \begin{pmatrix} -\mathbf{r} \\ +\mathbf{x} \end{pmatrix} = \begin{pmatrix} -r_1 \\ \vdots \\ -r_M \\ +x_1 \\ \vdots \\ +x_N \end{pmatrix} \in Y.$$

a) Die Gleichungen

$$\begin{array}{lll} & \mathbf{h}(\mathbf{y}) & = \mathbf{o} \\ \text{bzw.} & \mathbf{h}(\mathbf{r};\mathbf{x}) & = \mathbf{o} \\ \text{bzw.} & \mathbf{h}(r_1,\ldots,r_M;x_1,\ldots,x_N) & = \mathbf{o} \end{array}$$

heißen **Produktionsgleichungen** (implizite Produktionsfunktionen) **bezüglich *TM***.

b) Die (Vektor-)Funktion

$$\begin{array}{rccc} \mathbf{g}: & \mathbb{R}^N & \longrightarrow & \mathbb{R}^M \\ & \mathbf{x} & \longmapsto & \mathbf{g}(\mathbf{x}), \end{array}$$

die innerhalb der effizienten Technologie TM^0 jedem Produktmengenvektor $\mathbf{x}$ einen input-effizienten Faktormengenvektor $\mathbf{r} = \mathbf{g}(\mathbf{x})$ aus der Faktormenge $R(\mathbf{x})$ zuordnet, heißt **Faktorrelation** (Input-Relation, Input-Korrespondenz) **bezüglich *TM***. Ist die Faktormenge $R(\mathbf{x})$ jeweils einelementig, spricht man von **Faktorfunktion** (Input-Funktion) **bezüglich *TM***.

c) Die (Vektor-)Funktion

$$\begin{array}{rccc} \mathbf{f}: & \mathbb{R}^M & \longrightarrow & \mathbb{R}^N \\ & \mathbf{r} & \longmapsto & \mathbf{f}(\mathbf{r}), \end{array}$$

die innerhalb der effizienten Technologie TM^0 jedem Faktormengenvektor $\mathbf{r}$ einen output-effizienten Produktmengenvektor $\mathbf{x} = \mathbf{f}(\mathbf{r})$ aus der Produktmenge $X(\mathbf{r})$ zuordnet, heißt

Produktrelation (Output-Relation, Output-Korrespondenz) **bezüglich *TM***. Ist die Produktmenge $X(\mathbf{r})$ jeweils einelementig, spricht man von **Produktfunktion** (Output-Funktion) **bezüglich *TM***.
(Vgl. u.a. WITTMANN, 1968, S. 21; STEFFENS, 1979, Sp.1601; EICHHORN, 1993, Sp. 3444; SCHWEITZER / KÜPPER, 1997, S. 48). □

Häufig interessiert man sich für einzelne Faktoren bzw. Produkte und deren Abhängigkeit von den übrigen Gütern. In diesem Fall wird die Produktionsgleichung nach jeweils einer Faktor- bzw. einer Produktvariablen, soweit dies möglich ist, aufgelöst:

$$r_m = g_m(r_1, \ldots, r_{m-1}, r_{m+1}, \ldots, r_M;\ x_1, \ldots, x_N) \quad (m = 1, \ldots, M)$$

bzw.

$$x_n = f_n(r_1, \ldots, r_M;\ x_1, \ldots, x_{n-1}, x_{n+1}, \ldots, x_N) \quad (n = 1, \ldots, N).$$

(Vgl. u.a. KLAUS, 1974, S. 15ff.; ZSCHOCKE, 1974, S. 39; WITTMANN, 1975, Sp. 3135f.; KAMPKÖTTER, 1981, S. 65f.; BLOECH/LÜCKE, 1982, S. 102ff.; ZÄPFEL, 1982, S. 70ff.; FANDEL, 1996, S. 51ff.; SCHWEITZER/ KÜPPER, 1997, S. 46ff.; SCHNEEWEISS, 1999, S. 37f.).

Enthält die Technologie TM – hier im Rahmen der traditionellen Theorie – nur eine Faktorart, ist mithin $M = 1$ (Einfaktor-Mehrprodukt-Unternehmen), dann wird die (Vektor-)Funktion $\mathbf{g}$ zu einer (skalarwertigen) Funktion g, die für jede (zulässige) Produktmengenkombination $\mathbf{x} = (x_1, \ldots, x_N)^{\mathsf{T}} \in X$ die zu ihrer Herstellung **minimal** erforderliche Faktormenge $r = g(x_1, \ldots, x_N)$ der einen Faktorart angibt. Umgekehrt: Liegt der Technologie TM ein Mehrfaktor-Einprodukt-Unternehmen zu Grunde, ist somit $N = 1$, dann geht die (Vektor-)Funktion $\mathbf{f}$ in eine (skalarwertige) Funktion f über, die jeder Faktormengenkombination $\mathbf{r} = (r_1, \ldots, r_M)^{\mathsf{T}} \in R$ die mit dieser Kombination **maximal** herstellbare Produktmenge $x = f(r_1, \ldots, r_M)$ der einen Produktart zuordnet (vgl. u.a. DANØ, 1966, S. 10f.). $x = f(r_1, \ldots, r_M)$ heißt verbreitet auch Produktionsfunktion (anstatt genauer: Produktfunktion) (vgl. Beispiel CA1 (Ertragsgesetz), S. 36, und Beispiel CB1 (COBB-DOUGLAS-Produktionsfunktion), S. 61).

Definition 2.3.5:

Gegeben seien eine umweltorientierte Technologie UTM, ihre effiziente Teilmenge UTM^0 sowie ein Prozess $Z \subset UTM^0$. Ferner sei

$$\mathbf{z} = \begin{pmatrix} -\mathbf{r} \\ -\mathbf{v} \\ +\mathbf{u} \\ +\mathbf{x} \end{pmatrix} = \begin{pmatrix} -r_1 \\ \vdots \\ -r_M \\ -v_1 \\ \vdots \\ -v_Q \\ +u_1 \\ \vdots \\ +u_P \\ +x_1 \\ \vdots \\ +x_N \end{pmatrix} \in Z.$$

Die Gleichungen

$$\begin{aligned} & \mathbf{h}^U(\mathbf{z}) && = \mathbf{o} \\ \text{bzw.}\quad & \mathbf{h}^U(\mathbf{r};\mathbf{v};\mathbf{u};\mathbf{x}) && = \mathbf{o} \\ \text{bzw.}\quad & \mathbf{h}^U(r_1,\ldots,r_M;v_1,\ldots,v_Q;u_1,\ldots,u_P;x_1,\ldots,x_N) && = \mathbf{o} \end{aligned}$$

heißen **Produktionsgleichungen bezüglich *UTM***. □

Faktor-, Produkt- und Nebengutfunktionen bezüglich UTM können entsprechend der Definition 2.3.4 hergeleitet werden.

Definition 2.3.6:

Gegeben seien eine Technologie TM mit $N = 1$ sowie eine Produktfunktion $f(r_1,\ldots,r_M)$. Ferner sei $f(r_1,\ldots,r_M)$ partiell differenzierbar.

Die Funktion

$$\frac{\partial f(r_1, \ldots, r_M)}{\partial r_m}$$

heißt **Grenzertrag oder Grenzprodukt des Faktors m** $(m = 1, \ldots, M)$.
(Vgl. u.a. WITTMANN, 1968, S. 22f.; KRELLE, 1969, S. 74ff.; EICHHORN et al., 1979, S. 340f.; DELLMANN, 1980, S. 66ff.).

□

Für die in Definition 2.1.1 (vgl. S. 28) und in Definition 2.1.2 (vgl. S. 32) eingeführten speziellen Faktormengen $R(\overline{\mathbf{x}})$ bzw. speziellen Produktmengen $X(\overline{\mathbf{r}})$ gilt bei Vorliegen von Produkt- bzw. Faktorfunktionen:

$$R(\overline{\mathbf{x}}) = \left\{\mathbf{r} \in \mathbb{R}^M \mid \overline{\mathbf{x}} = \mathbf{f}(r_1, \ldots, r_M)\right\}$$

bzw.

$$X(\overline{\mathbf{r}}) = \left\{\mathbf{x} \in \mathbb{R}^N \mid \overline{\mathbf{r}} = \mathbf{g}(x_1, \ldots, x_N)\right\}.$$

Diese Überlegung führt zur folgenden Definition, die für die Analyse von Produktionssystemen von Bedeutung ist.

Definition 2.3.7:

Gegeben seien eine Technologie TM sowie eine Faktorfunktion **g** und eine Produktfunktion **f** bezüglich TM.

a) Es sei $M = 2$ und $\overline{\mathbf{x}} \in X$ mit $\overline{\mathbf{x}} = \mathbf{f}(r_1, r_2)$ für $(r_1, r_2)^\mathsf{T} \in R$. Die durch die Gleichungen

$$r_1 = g_1(r_2; \overline{\mathbf{x}}) \quad \text{bzw.} \quad r_2 = g_2(r_1; \overline{\mathbf{x}})$$

definierten Punkte bzw. Kurven heißen **Produktisoquanten**.

b) Es sei $N = 2$ und $\overline{\mathbf{r}} \in R$ mit $\overline{\mathbf{r}} = \mathbf{g}(x_1, x_2)$ für $(x_1, x_2)^\mathsf{T} \in X$. Die durch die Gleichungen

$$x_1 = f_1(x_2; \overline{\mathbf{r}}) \quad \text{bzw.} \quad x_2 = f_2(x_1; \overline{\mathbf{r}})$$

definierten Punkte bzw. Kurven heißen **Faktorisoquanten**.

□

Damit eine Produktisoquante bzw. eine Faktorisoquante aus mehr als nur einem Punkt besteht, ist Voraussetzung, dass der zu Grunde liegende Prozess input- bzw. output-substitutional ist. Um die Definition 2.3.7 auch für Technologien mit $M > 2$ bzw. $N > 2$ anwenden zu können, setzt man in diesen Fällen jeweils alle Faktorquantitäten bzw. alle Produktquantitäten bis auf zwei konstant. In diesen Fällen entfällt eine anschauliche Darstellungsmöglichkeit im $\mathbb{R}^2$. Faktor- und Produktisoquanten spielen in allen nachfolgenden Kapiteln eine wichtige Rolle. Ähnliche Überlegungen gelten für Nebenproduktisoquanten, wie etwa Schadstoffisoquanten (vgl. Beispiel A7, S. 144).

Beispiel CB1:

SCHLÜSSELWÖRTER: COBB-DOUGLAS-*Technologie,* COBB-DOUGLAS-*Produktionsfunktion*

Betrachtet wird ein Zweifaktor-Einprodukt-Produktionssystem, bei dem der Transformationsprozess durch eine Produktfunktion (Produktionsfunktion) $x = f(r_1, r_2)$ *beschrieben wird, die in der neoklassischen Theorie unter der Bezeichnung* COBB-DOUGLAS-*Produktionsfunktion bekannt ist (vgl. u.a.* WITTMANN, *1968, S. 141ff.;* KRELLE, *1969, S. 142ff.;* KISTNER, *1993, S. 12ff.;* STEVEN, *1998, S. 36ff.). In diesem Beispiel wird von folgender* COBB-DOUGLAS-*Produktionsfunktion ausgegangen:*

$$x = f(r_1, r_2) = 8\, r_1^{2/3} r_2^{1/3}.$$

Geht man davon aus, dass eine Mindestproduktquantität $\overline{x} = 100$ *PE gewünscht ist und dass von beiden Faktoren jeweils 25* FE_1 *bzw.* FE_2 *zur Verfügung stehen, dann lässt sich mit diesen Angaben folgende* COBB-DOUGLAS-*Technologie formulieren:*

$$CDT = \left\{ \begin{pmatrix} -r_1 \\ -r_2 \\ +x \end{pmatrix} \in \mathbb{R}^3 \;\middle|\; \begin{array}{ll} x = 8\, r_1^{2/3} r_2^{1/3} & \\ 0 \leqq r_1 \leqq 25 & 0 \leqq r_2 \leqq 25 \\ x \geqq 100 & \end{array} \right\}.$$

Die Angabe einer Obergrenze für die Produktquantität ist überflüssig; sie ergibt sich – modellimmanent – aus den Faktorbeschränkungen. Es

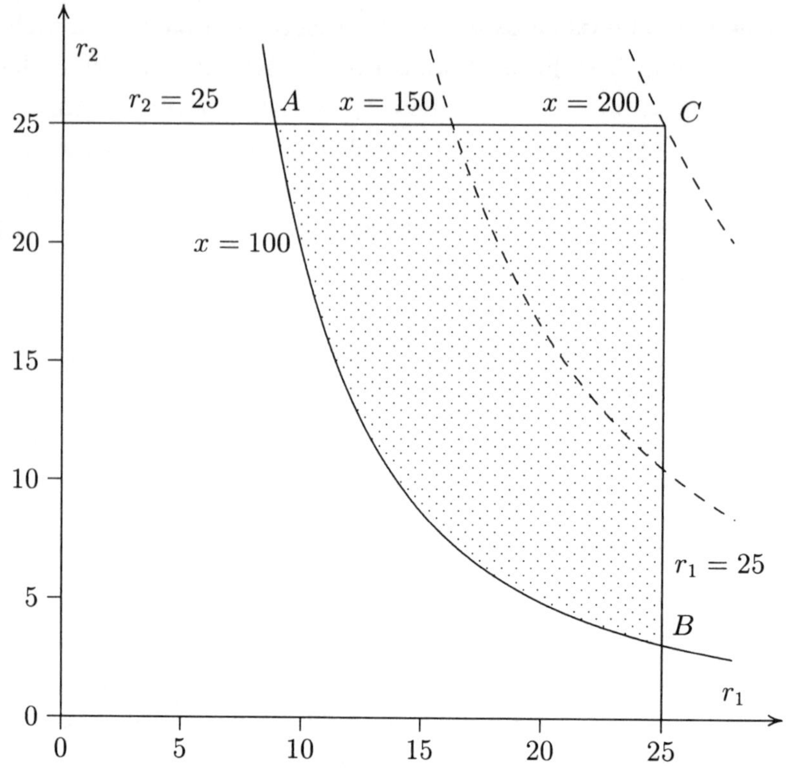

Abbildung 2.3.2: COBB-DOUGLAS-Technologie

ist $x_{max} = 8 \cdot 25^{2/3} \cdot 25^{1/3} = 200$ PE. Die so definierte Technologie ist in Abbildung 2.3.2 graphisch veranschaulicht (vgl. die durch die Punkte A, B und C beschriebene Fläche). Für jedes $x \in [100, 200]$ existiert eine Produktisoquante (vgl. Definition 2.3.7, S. 60). In der Abbildung 2.3.2 sind die Produktisoquanten für $x = 100$, $x = 150$ und $x = 200$ PE eingezeichnet.

Die eingeführte COBB-DOUGLAS-*Technologie ist für jede Produktquantität $x \in [100, 200]$ input-effizient bezüglich $R(x)$ (vgl. Definition 2.1.1, S. 28), d.h. bezüglich der zu x gehörenden Faktormengenkombinationen auf der Produktisoquanten. Versteht man die Produktisoquanten als Prozesse, dann sind diese für $x \in [100, 200)$ input-substitutional im Sinne der Definition 2.3.3 (vgl. S. 53).* ◇

2.4 Effizienzorientierte Produktionsplanung

Befriedigung menschlicher Bedürfnisse und Güterknappheit waren die Ausgangspunkte zur Charakterisierung eines Produktionssystems (vgl. Abschnitt 1.1.2) und zugleich Grundlage für die Definition effizienter Produktionen (vgl. Abschnitt 2.1.2 und 2.2.2). Zum Abschluss dieses Kapitels wird der Frage nachgegangen, inwieweit mit der Bestimmung effizienter Produktionen eine Produktionsplanung entscheidungsbezogen möglich ist; ob damit also die in einer Planungsperiode durchzuführenden Produktionen eindeutig festgelegt sind.

Zur Überprüfung der Frage, ob und – gegebenenfalls wie – ein vorgegebener Produktmengenvektor $\overline{\mathbf{x}}$ in einem Produktionssystem hergestellt werden kann, wird im Folgenden eine zugehörige Technologie TM betrachtet. Hierbei wird von einem Mehrfaktor-Einprodukt-Produktionssystem, d.h. von $M > 1$ und $N = 1$ (damit ist $\overline{\mathbf{x}} = \overline{x}$), ausgegangen und unterstellt, dass die Produktquantität $\overline{x}$ in dieser Technologie herstellbar ist, d.h., es gilt:

$$TM(\overline{x}) = \left\{ \begin{pmatrix} -\mathbf{r} \\ +\overline{x} \end{pmatrix} \in \mathbb{R}^{M+1} \,\middle|\, \begin{pmatrix} -\mathbf{r} \\ +\overline{x} \end{pmatrix} \in TM \right\} \neq \emptyset.$$

Es lassen sich zwei Fälle unterscheiden.

a_1) Es existiert nur eine effiziente Produktion $\overline{\mathbf{y}}^0$ in $TM(\overline{x})$, mit der $\overline{x}$ herstellbar ist, d.h., es ist

$$\mid TM(\overline{x}) \mid \;=\; \mid R(\overline{x}) \mid \geqq 1, \text{ aber } \left| R^0(\overline{x}) \right| = 1.$$

$TM(\overline{x}) \subset TM$ ist damit ein input-limitationaler Prozess (vgl. Definition 2.3.3, S. 53). In diesem Fall ist die Produktion $\overline{\mathbf{y}}^0$, und zwar unabhängig von irgendeiner möglichen Bewertung der in $\overline{\mathbf{y}}^0$ enthaltenen Güterquantitäten, zu realisieren (vgl. Beispiel CA2 (Ertragsgesetz), S. 43). Das Entscheidungsproblem ist mit der Bestimmung von $\overline{\mathbf{y}}^0$ gelöst.

b_1) Existieren hingegen mehrere effiziente Produktionen $\mathbf{y}^0$ in $TM(\overline{x})$, die sich zur Herstellung von $\overline{x}$ eignen, d.h. gilt

$$\mid TM(\overline{x}) \mid \;=\; \mid R(\overline{x}) \mid > 1 \text{ und } \left| R^0(\overline{x}) \right| > 1,$$

dann ist der Prozess $TM(\overline{x}) \subset TM$ input-substitutional. Die gegebene Produktquantität kann mit unterschiedlichen input-effizienten Faktormengenkombinationen hergestellt werden (vgl. u.a. Beispiel A1 (S. 29), Beispiel D1 (S. 54), Beispiel A4 (S. 121) und Beispiel G1 (S. 176)). Mit welcher von diesen Kombinationen die Produktion realisiert werden soll, lässt sich auf der Grundlage der vorhandenen Informationen nicht entscheiden. Ohne Berücksichtigung zusätzlicher Präferenzvorstellungen sind alle Produktionen $\mathbf{y}^0$ gleich vorteilhaft. Die zu realisierende Produktion kann beliebig ausgewählt werden. Für eine eindeutige Festlegung einer zu realisierenden input-effizienten Produktion $\mathbf{y}^0$ muss die „vektorielle" Lösung in eine „skalare" Lösung transformiert werden. Möglichkeiten hierfür werden im folgenden Kapitel 3 erörtert.

Überwiegend gehen produktionstheoretische Analysen von Mehrfaktor-Einprodukt-Produktionssystemen aus. Auch hier wird überwiegend diese vereinfachte Problemstellung den Analysen zu Grunde gelegt. Sie hat nicht zuletzt den didaktischen Vorteil, die in Mehrprodukt-Systemen auftretenden komplexen Probleme der Kuppelproduktion ausklammern zu können.

Die Ausführungen unter a_1) und b_1) können entsprechend auf den Fall übertragen werden, bei dem ein fester Faktorvektor $\overline{\mathbf{r}}$ vorgegeben ist und output-effiziente Produktvektoren zu bestimmen sind. Dies gilt etwa für Input-Output-Systeme einer umweltorientierten Entsorgung (z.B. Müllverbrennungsanlagen).

Produktionstheoretische Analysen lassen sich einerseits im Rahmen eines eigenständigen, in sich geschlossenen Gebietes gewissermaßen um ihrer selbst willen durchführen. Produktionstheorie kann andererseits aber auch, wie in diesem Abschnitt dargelegt, als Grundlage einer darauf aufbauenden Produktionsplanung gesehen werden. Hierfür können aber produktionstheoretische Analysen nicht nur auf eine einzige vorliegende Produktquantität $\overline{x}$ beschränkt werden, sondern es sollten alle in der Zukunft möglichen Produktquantitäten ins Auge gefasst werden. Diese Produktquantitäten werden zur Menge $\overline{X} \subset X$ zusammengefasst. Bei

Technologien mit $x \in X \subset \mathbb{R}_+$ geht man zweckmäßigerweise von einem Intervall

$$\overline{X} = [x_{min}, x_{max}] \subset X$$

aus, wobei die Grenzen des Intervalls entweder von außen, etwa von der Geschäftsleitung, vorgegeben oder Ergebnis der folgenden Optimierungsaufgaben sein können:

$$\begin{aligned} x_{min} &= \min \left\{ x \in \mathbb{R} \middle| \begin{pmatrix} -\mathbf{r} \\ +x \end{pmatrix} \in TM \right\} \text{ bzw.} \\ x_{max} &= \max \left\{ x \in \mathbb{R} \middle| \begin{pmatrix} -\mathbf{r} \\ +x \end{pmatrix} \in TM \right\}. \end{aligned}$$

Das Intervall $\overline{X}$ kann unterschiedliche Aspekte erfassen. So kann es etwa Ausgangspunkt der Analyse eines möglichen Unternehmenswachstums sein oder auch die Unsicherheit der zukünftigen Nachfrage umschreiben. Nach dieser Erweiterung kann das mengenmäßige Wirtschaftlichkeitsprinzip für ein Mehrfaktor-Einprodukt-Unternehmen wie folgt formuliert werden (vgl. Abschnitt 2.1.1):

> *Man realisiere für alle $x \in \overline{X}$ input-effiziente Faktormengenvektoren.*

Für diese erweiterte Formulierung der Produktionsaufgabe sind nunmehr die oben unter a_1) und b_1) diskutierten Fälle erneut aufzugreifen. Ausgangspunkt ist wieder eine Technologie *TM* für ein Mehrfaktor-Einprodukt-Produktionssystem mit einer vorgegebenen Produktmenge $\overline{X} \subset X$. Es wird unterstellt, dass

$$TM(x) \neq \emptyset \qquad \text{für alle } x \in \overline{X}$$

gilt, wobei wieder die folgenden zwei Fälle zu unterscheiden sind.

a_2) Für alle $x \in \overline{X}$ gilt

$$|\ TM(x)\ | = |\ R(x)\ | \geqq 1, \quad \text{aber } \left|\ R^0(x)\ \right| = 1,$$

d.h., jede der in Aussicht genommenen Produktquantitäten kann jeweils nur mit genau einem input-effizienten Faktormengenvektor hergestellt werden (Input-Limitationalität). Die entsprechenden Lösungsmengen $R^0(x)$ sind wie im Fall a_1) einelementig. Das Entscheidungsproblem ist mit der Ermittlung des jeweils entsprechenden input-effizienten Faktormengenvektors gelöst.

b_2) Es existiert wenigstens ein $x' \in \overline{X}$ mit

$$| \, TM(x') \, | \; = \; | \, R(x') \, | > 1 \quad \text{und} \quad \big| \, R^0(x') \, \big| > 1.$$

Damit ist der Prozess $TM(x) \subset TM$ input-substitutional ($x \in \overline{X}$). Es gibt mehrere input-effiziente Faktormengenvektoren. Das Entscheidungsproblem, das in der Auswahl einer Faktormengenkombination für $x \in \overline{X}$ besteht, lässt sich allein auf der Grundlage input-effizienter Produktionen nicht lösen; es sei denn, man wählt für $x \in \overline{X}$ willkürlich einen realisierbaren input-effizienten Faktormengenvektor aus der Menge $R^0(x)$ aus. Anderenfalls muss nach einer geeigneten Bewertung gesucht werden (vgl. Kapitel 3).

Auf ein explizites Beispiel wird an dieser Stelle verzichtet und stattdessen auf Beispiel CB2 (vgl. S. 83) sowie auf die Beispiele in den Kapiteln 4 und 5 verwiesen, in denen die hier zuletzt angesprochenen Fragen ausführlicher erörtert werden.

Ist bei einer Produktionsplanung in einem Mehrfaktor-Mehrprodukt-Produktionssystem von einem festen Faktormengenvektor $\bar{\mathbf{r}}$ auszugehen, dann erschöpft sich in Analogie zu den obigen Ergebnissen die Lösung des Planungsproblems in der Ermittlung der Menge der output-effizienten Produktmengenvektoren $X^0(\bar{\mathbf{r}})$. Nur wenn $X^0(\bar{\mathbf{r}})$ einelementig ist, d.h., der zugehörige Prozess output-limitational ist, erhält man eine eindeutige Lösung des Problems. In allen anderen Fällen sind die bezüglich $X(\bar{\mathbf{r}})$ output-effizienten Produktmengenvektoren in dem Sinne gleichwertig, dass ohne zusätzliche Bewertung jede dieser Produktmengenkombinationen beliebig als zu realisierende Kombination ausgewählt werden kann.

In verbreiteten Spezialfällen für Mehrfaktor-Einprodukt-Produktionssysteme kann davon ausgegangen werden, dass es zu jedem gegebenen $\bar{\mathbf{r}} \in R$ genau eine output-effiziente Produktquantität x^0 gibt. Das ist die Produktquantität, die maximal mit $\bar{\mathbf{r}} \in R$ herstellbar ist; sie ist damit auch output-maximal. Es liegt somit eine Produktfunktion (Produktionsfunktion) vor (vgl. Definition 2.3.4c, S. 57), so dass gilt:

$$x^0 \quad = \quad \max\left\{x \in \mathbb{R} \;\middle|\; \begin{pmatrix} -\bar{\mathbf{r}} \\ x \end{pmatrix} \in TM;\; x = f(\bar{r}_1, \ldots \bar{r}_M)\right\},$$

$$\text{d.h. } x^0 = f(\bar{r}_1, \ldots, \bar{r}_M) \quad \text{für alle } \bar{\mathbf{r}} \in \mathbb{R}.$$

Mit der Bestimmung dieser Produktquantität $x^0 \in X(\bar{\mathbf{r}})$ ist die Produktionsaufgabe gelöst (vgl. Beispiel CA2, S. 43 und Beispiel CB2, S. 83).

Die Überlegungen dieses Abschnitts lassen sich auf umweltorientierte Technologien UTM übertragen, um auf diese Weise analoge, jedoch um Umweltaspekte erweiterte Ergebnisse ableiten zu können.

3 Bewertung von Gütern und Planung von Produktionen

3.1 Bewertung von Gütern und Nebengütern

Entscheidungsprobleme ergeben sich bei einer rein mengenorientierten Produktionsplanung immer dann, wenn etwa im Vergleich zweier Produktionspunkte ein Mehr bei einem Element des Faktor- und/oder Produktmengenvektors mit einem Weniger bei mindestens einem anderen Element des gleichen Vektors verbunden ist, wenn mithin keiner der beiden Produktionspunkte den jeweils anderen dominiert. Es tritt ein Konflikt auf, der üblicherweise nur zu lösen ist, wenn die in verschiedenen Dimensionen erfassten Input- und Outputquantitäten der Produktionspunkte in irgendeiner Weise vergleichbar gemacht werden können. Es ist eine Präferenzrelation zu finden, die es etwa ermöglicht, 1 kg Koks mit 1 kg Heizöl oder auch mit 1 m^3 Heißluft zu vergleichen. Aufgrund einer derartigen Präferenzrelation lässt sich jeder Mengeneinheit eines Faktors, jeder Mengeneinheit eines Produkts sowie jeder Mengeneinheit eines nicht erwünschten bzw. erwünschten Nebenguts ein in einer gleichen Dimension gemessener skalarer Wert zuordnen. Eine solche Zuordnung wird als **Bewertung** bezeichnet.

Im Rahmen der mengenmäßigen Analyse von Produktionsprozessen wurden den Produkten sowie den erwünschten Nebengütern positive Vorzeichen zugeordnet. Dagegen wurden Faktoren sowie die nicht erwünschten Nebengüter mit negativen Vorzeichen erfasst. Kann nun jedem Element des Inputmengenvektors und des Outputmengenvektors ein in der gleichen Dimension definierter Wert zugeordnet werden, so kann man den **Erfolg** (Gesamtwert) einer Produktion, die durch einen Outputmengenvektor, welcher in einer Produktionsperiode mit einem bestimmten Inputmengenvektor hergestellt wird, charakterisiert ist, als Differenz von bewerteten Outputquantitäten (etwa Erlöse) und bewerteten Inputquantitäten (etwa Kosten) ausdrücken (vgl. KLOOCK, 1998, S. 286; DYCKHOFF, 2000, S. 189ff.).

3.1.1 Bewertung von Faktoren

Der Wert, der einer Einheit eines Faktors vielfach zugeordnet wird, ist der Faktorpreis als Quantität eines Zahlungsmittels, die für den Erwerb einer Faktoreinheit hergegeben werden muss. So bewertete Faktorverbräuche werden als **Kosten** bezeichnet. Kosten sollen die Nachteile messen, die man durch den Einsatz von Faktoren für die Produktion einer bestimmten Produktquantität in Kauf nehmen muss.

Für marktgängige Faktorarten, die in jeder benötigten Quantität am Markt beschafft werden können, werden die Wertansätze aus den Beschaffungsmarktpreisen abgeleitet. Die Kenntnis von Marktpreisen ist dann nicht hinreichend, wenn die benötigten Faktorarten nicht in ausreichenden Quantitäten zur Verfügung stehen. Dann entsteht für die Bewertung die Notwendigkeit, die alternativen Verwendungsmöglichkeiten der knappen Faktoren in den den Verbräuchen zugeordneten Wertansätzen adäquat zu erfassen. In einem Wertansatz ist dann zusätzlich der Nutzen zu berücksichtigen, den man durch einen anderweitigen Einsatz des beschränkt verfügbaren Faktors erzielen könnte und auf den man wegen der vorgesehenen Verwendungsart des Faktors verzichten muss. Dieser entgehende Nutzen wird als Opportunitätskosten oder Alternativkosten bezeichnet. Die Alternativkosten eines beschränkt verfügbaren Faktors sind gleich den entgehenden Erfolgen der besten nicht gewählten Verwendungsalternative. Dieser Wertansatz ist damit gleich der Summe aus Beschaffungspreis (Grenzausgabe) und Opportunitätskosten (entgehender Grenzerfolg) je Einheit einer Faktorart. Im Folgenden wird auf das Problem der konkreten Bestimmung der Wertansätze nicht näher eingegangen (vgl. hierzu u.a. KLOOCK, 1997, S. 58ff.; ADAM, 1998, S. 267ff.; DYCKHOFF, 2000, S. 191ff.).

Die Höhe der durch den Einsatz der Faktoren entstehenden Nachteile hängt davon ab, welche Zielsetzung der Produktion, d.h. welche Produktionsaufgabe, vorgegeben ist und welche Produktionsalternativen zur Verfügung stehen. Geht man von einem aus der allgemeinen Knappheit von Gütern sich ergebenden Bestreben nach einem möglichst geringen Einsatz von Faktormengen zur Erzeugung eines gegebenen Produktmengenvektors aus, so lässt sich das durch eine Minimierung der durch die Produktion verursachten Kosten (Faktorkosten) erreichen. Hierzu ist jedes Faktorelement eines Produktionspunktes mit dem zugehörigen Wertansatz zu multiplizieren. Die so ermittelten Kosten je Faktorart sind über alle Faktorarten zu summieren. Auf diese Weise erhält man die einem Produktionspunkt insgesamt zuzuordnenden Kosten. Die Produktionspunkte lassen sich anhand der ihnen zugeordneten Kosten bei konstantem Produktmengenvektor vollständig ordnen. Optimal ist ein Produktionspunkt, bei dem ein gegebener Vektor an Produktquantitäten mit minimalen Kosten erzeugt wird.

Im produktionstheoretischen Teil wurden nur solche Faktorverbräuche erfasst, die mit den Outputquantitäten variieren (vgl. Abschnitt 1.2.1). Auch die erfolgstheoretischen Überlegungen basieren weitgehend auf outputvariablen Faktoreinsatzmengen, d.h., das „Mengengerüst" wird nur insoweit in die Betrachtungen einbezogen, wie es vom Output abhängig ist. Kosten, die mit den Outputquantitäten variieren, werden **variable Kosten** genannt (vgl. u.a. GUTENBERG, 1983, S. 338ff.). Alle Kosten, die ausschließlich in Abhängigkeit von anderen Einflussgrößen als den Produktquantitäten variieren, sind in Bezug auf eine Veränderung des Outputs konstant. Kosten, die in einer Produktionsperiode in ihrer Höhe unabhängig von Veränderungen der Outputquantitäten sind, heißen **fixe Kosten**; sie werden nachfolgend mit K_{fix} abgekürzt (vgl. u.a. LUHMER, 1992; KLOOCK, 1997, S. 72).

Es ist zu betonen, dass diese fixen Kosten nicht generell unveränderbar sind. Sie können vielfach durch andere Entscheidungen als Produktmengenentscheidungen verändert werden. So führt etwa der Erwerb und der Einsatz eines Grundstücks als Stellfläche für die zur Produktion benötigten Aggregate eines Produktionssystems zu Kosten, da das Grundstück alternativen Verwendungsmöglichkeiten entzogen wird. Diese Kosten sind abhängig von der Entscheidung, das Grundstück zu erwerben und gerade für dieses Produktionssystem zu nutzen. In Abhängigkeit von dieser Entscheidung fallen diese Kosten an oder nicht, sie sind aber unabhängig von der Entscheidung über die Anzahl der zu erzeugenden Produktquantitäten bestimmter Produktarten in einer Produktionsperiode in dem Produktionssystem. Die Entscheidung über den Kauf eines Grundstücks ist relevant für die Produktion in vielen Produktionsperioden. Wird in einer dieser Perioden in diesem Produktionssystem nichts produziert, verändern sich die Grundstückskosten nicht.

Eine Zwischenstellung zwischen den variablen und den fixen Kosten nehmen Kosten ein, die zwar von der Produktionsentscheidung in einer Produktionsperiode abhängig sind, in ihrer Höhe jedoch nicht mit der Produktmenge variieren (vgl. KILGER, 1958, S. 81). Solche Kosten sind etwa diejenigen, die vom Einsatz der Potenzialfaktoren, wie etwa der Inbetriebnahme, des Anlaufs, des Rüstens und des Umrüstens, oder von der Beschaffung, wie zeitbezogene Miete, abhängen. Diese Kosten sind entscheidungsrelevant, falls bestimmte Produktionsprozesse in einer Periode gestartet werden bzw. falls auf die Produktion mit diesen Prozessen in dieser Periode verzichtet wird. Kosten, die prozessabhängig, aber outputmengenunabhängig in einer Produktionsperiode anfallen, werden **sprungfixe (intervallfixe) Kosten** genannt.

Wird nur die Outputmenge als Einflussgröße (Entscheidungsvariable) berücksichtigt, sind zur Lösung der Produktionsaufgabe von den Kosten einer Produktionsperiode nur die variablen Kosten von Bedeutung (relevante Kosten). Im Folgenden werden insbesondere die variablen Kosten weiter verfolgt. Ist q_m der Faktorpreis in GE/FE_m, d.h. der Wertansatz für den Faktor m, dann belaufen sich die gesamten Faktorkosten auf

$$K^F(\mathbf{r}) = \sum_{m=1}^{M} q_m r_m.$$

Um in der Lage zu sein, kostentheoretische Analysen durchzuführen, ist es zweckmäßig, die Faktorkosten auf die Quantitäten der verschiedenen Produktarten zu beziehen. In diesem Sinne ist der so genannte **Produktionskoeffizient** a_{mn} in FE_m/PE_n die jeweils pro Einheit des n-ten Produktes einzusetzende Quantität des m-ten Faktors ($m = 1, \ldots, M; n = 1, \ldots, N$) (vgl. Abschnitt 4.1.1). Bezeichnet k_n die gesamten Stückkosten (Faktorstückkosten) in GE/PE_n, dann ist

$$k_n = \sum_{m=1}^{M} q_m a_{mn} \quad (n = 1, \ldots, N).$$

Die variablen Gesamtkosten eines Produktionssystems in einer Produktionsperiode betragen bei einer Produktion von $\mathbf{x} = (x_1, \ldots, x_N)^{\mathsf{T}}$ Produktquantitäten in GE:

$$K(\mathbf{x}) = \sum_{n=1}^{N} k_n x_n = \sum_{n=1}^{N} \sum_{m=1}^{M} q_m a_{mn} x_n.$$

In Abschnitt 2.1.1 wurde gezeigt, dass es im Sinne des minimalen Einsatzes von Faktormengen nicht vorteilhaft sein kann, einen Produktionspunkt zu realisieren, der nicht input-effizient ist. Werden die Faktormengen bewertet, so muss eine kostenorientierte Lösung der Produktionsaufgabe zumindest die Eigenschaft aufweisen, dass eine für den optimalen Produktionspunkt ermittelte Faktormengenkombination auch input-effizient ist. Mit Hilfe eines Effizienztheorems der Vektoroptimierung lässt sich beweisen, dass dies dann der Fall ist, wenn alle Faktorpreise größer als Null sind (vgl. u.a. DINKELBACH/KLEINE, 1996, S. 49).

Der Produktionskoeffizient a_{mn} kann in einem Produktionssystem unabhängig von der herzustellenden Produktquantität sein. Gegebenenfalls existieren mehrere Prozesse mit unterschiedlichen Werten für a_{mn} (vgl. Kapitel 4). Es sind aber auch Produktionssysteme bekannt, in denen der Koeffizient a_{mn} eine Funktion der zu erbringenden Leistung (Produktquantität pro Zeiteinheit) ist (vgl. Kapitel 5). Entsprechend hängen die Gesamtkosten nur von der Produktquantität $\mathbf{x}$ oder von der Produktquantität $\mathbf{x}$ und einer (oder auch mehreren) weiteren Variablen (Parametern) ab.

3.1.2 Bewertung von Nebenfaktoren

Nicht erwünschte Nebenfaktoren wurden in Abschnitt 1.2.2 dadurch charakterisiert, dass ihr Einsatz in einem Produktionssystem primär zwar keine ökonomischen, aber dafür zumindest negative ökologische Konsequenzen hat. Sollen die für die Umwelt negativen Auswirkungen der nicht erwünschten Nebenfaktoren bei der Gestaltung von Produktionsprozessen berücksichtigt werden, können zum einen deren Inputquantitäten – freiwillig oder per Gesetz – begrenzt und/oder zum anderen monetär bewertet werden. Ersteres ist bei der Definition der umweltorientierten Technologie bereits durch Einführung einer Menge nicht erwünschter Nebengüter erfolgt (vgl. S. 45); letzteres ist Gegenstand dieses Abschnitts.

Die Bestimmung eines unter Umweltaspekten problemadäquaten Wertansatzes ist äußerst schwierig (vgl. u.a. PIRO, 1994, S. 19ff.). Eine Möglichkeit besteht darin, für eine Einheit eines nicht erwünschten Nebenfaktors sekundär als Preis die Kosten – auch als Umweltkosten bezeichnet – anzusetzen, die entstünden, wenn durch entsprechende Umweltschutzmaßnahmen die durch seinen Einsatz verursachten Umweltschädigungen beseitigt würden. Eine andere Möglichkeit sind politische Knappheitspreise in Form einer entsprechenden Umweltabgabe, -gebühr oder -steuer. Bezeichnet man die wie angegeben zu verstehenden Umweltkosten mit $\gamma_{q'}^{NF}$ in Geldeinheiten je Einheit des nicht erwünschten Nebenfaktors q', d.h. in $GE/NFE_{q'}$, dann erhöhen sich die insgesamt anfallenden Kosten in GE auf

$$K^{NF}(\mathbf{v}') = \sum_{q'=1}^{Q'} \gamma_{q'}^{NF} v'_{q'}.$$

Die erwünschten Nebenfaktoren haben einen positiven Einfluss auf die Durchführung von Produktionsprozessen, wenn für ihren Einsatz und damit für ihre Beseitigung ein Preis, z.B. eine Verschrottungsprämie, gezahlt wird. Die in dieser Weise bewerteten Einsatzquantitäten können als negative Kosten mit der Wirkung von Erlösen in einer Erfolgsrechnung interpretiert werden. Charakterisiert man mit $\beta_{p'}^{NF}$ diese negativen Kosten (Nebenfaktorerlöse) für den Einsatz einer Einheit des erwünschten

Nebenfaktors p' – gemessen in $GE/NFE_{p'}$ –, dann fallen Erlöse in Höhe von

$$E^{NF}(\mathbf{u}') = \sum_{p'=1}^{P'} \beta_{p'}^{NF} u'_{p'}$$

GE an (vgl. Abschnitt 3.1.3).

Bei der Festsetzung von Bewertungsgrößen für Faktoren und Nebenfaktoren wurden Koeffizienten überwiegend als mengenunabhängig unterstellt. So blieben etwa Kostensenkungsmöglichkeiten durch Produktionserweiterungen („economies of scale") unberücksichtigt (vgl. u.a. BUSSE VON COLBE, 1974, Sp. 572ff.). In einperiodigen Produktionssystemen lassen sich Kostendegressionen weniger durch Kapazitätserweiterungen als beispielsweise durch Preisrabatte bei der Beschaffung der Faktoren oder durch Lerneffekte in der Produktion (vgl. KLOOCK, 1999; DYCKHOFF, 2000, S. 199f.) begründen. Derartige Kostendegressionen führen zu – in Bezug auf die Produktquantität – nichtlinearen Kostenfunktionen, deren Berücksichtigung bei der Produktionsplanung auf der Grundlage von Technologien grundsätzlich – je nach Kostenverlauf mit oder ohne Binärvariablen – möglich ist, jedoch hier nicht weiter verfolgt wird (vgl. hierzu u.a. LAMBRECHT, 1978, S. 13ff.; LIPPOLD, 1988, S. 89ff.).

3.1.3 Bewertung von Produkten

Als Wert einer Einheit einer Produktart kann der Preis gewählt werden, den ein Käufer für den Erwerb dieser Einheit auf einem Absatzmarkt zahlen muss. Bewertete Produkteinheiten werden als **Erlöse** oder **Leistungen** bezeichnet (vgl. KLOOCK, 1997, S. 59f.). Erlöse sind ein monetärer Maßstab für die Höhe der Bedürfnisbefriedigung, die man bei der Verwertung der Produkte erzielt.

Gibt p_n den Stückerlös in GE/PE_n, d.h. den Erlös pro Einheit des n-ten Produktes, an, dann fallen insgesamt Erlöse in GE von

$$E(\mathbf{x}) = \sum_{n=1}^{N} p_n x_n$$

an. Im Mehrfaktor-Einprodukt-Produktionssystem entfällt die Summation über n, so dass man $E(x) = px$ schreiben kann.

Auf der Grundlage von Erlösen als bewertete Produktquantitäten lässt sich die Produktionsaufgabe der Bestimmung des günstigsten Einsatzes eines gegebenen Faktormengenvektors $\bar{\mathbf{r}}$ in der Weise lösen, dass derjenige Produktmengenvektor $\mathbf{x}^* \in X(\bar{\mathbf{r}})$ bestimmt wird, bei dem der zugehörige Erlös maximal wird. Der Produktmengenvektor $\mathbf{x}^*$ ist stets outputeffizient, sofern die Produktpreise positiv sind (vgl. u.a. DINKELBACH/KLEINE, 1996, S. 49).

3.1.4 Bewertung von Nebenprodukten

Nicht erwünschte Nebenprodukte sind die bekanntesten Nebengüter. Sie verursachen vielfach negative externe Effekte, um deren Internalisierung man sich vielerorts bemüht (vgl. u.a. SIEBERT, 1978; HANSMEYER, 1979; BÖVENTER, 1993; PIRO, 1994; WICKE et al., 2000).

Zum einen können mengenmäßige Regulierungen den Anfall (die Emission) etwa eines Schadstoffs eindämmen. Mengenbeschränkungen wurden bereits durch Einführung der Menge nicht erwünschter Nebengüter erfasst (vgl. S. 45) und werden in die folgenden Ausführungen zur Produktionsplanung explizit einbezogen. Zum anderen versucht man, zu umweltschonendem Verhalten durch monetäre Anreize anzuhalten, d.h. den Anfall und/oder Ausstoß nicht erwünschter Nebenprodukte monetär zu belasten. Als Wertansatz für nicht erwünschte Nebenprodukte können dann die durch ihre umweltfreundliche Umwandlung oder Beseitigung (Entsorgung) anfallenden Umweltkosten bzw. die für ihre umweltschädliche Abgabe an die Umwelt zu entrichtenden Gebühren gewählt werden. Mit $\gamma_{q''}^{NP}$ als Kosten in Geldeinheit pro Einheit nicht erwünschtes Nebenprodukt, d.h. in $GE/NPE_{q''}$, betragen die zusätzlich durch nicht erwünschte Nebenprodukte verursachten Umweltkosten in GE

$$K^{NP}(\mathbf{v}'') = \sum_{q''=1}^{Q''} \gamma_{q''}^{NP} v_{q''}''.$$

Erwünschte Nebenprodukte sind verwertbar oder verwendbar (rezyklierbar), etwa als Faktoren in irgendeinem Produktionssystem (vgl. Beispiel G3, S. 197). Ihre Bewertung kann mit dem Preis erfolgen, der auf dem Beschaffungsmarkt für einen Faktor mit den gleichen Einsatzqualitäten zu zahlen ist. Ist die Einsatzfähigkeit eines erwünschten Nebenproduktes nur durch einen Wiederaufbereitungsprozess zu erreichen, mindern die Wiederaufbereitungskosten den Wertansatz für diesen Faktor. Die Differenz von Preisäquivalent und diesen Kosten kann als Deckungsbeitrag $\beta_{p''}^{NP}$ gemessen in $GE/NPE_{p''}$ des Nebenprodukts p'' angesehen werden $(p'' = 1, \ldots, P'')$. Dieser Deckungsbeitrag pro Einheit eines erwünschten Nebenprodukts sollte positiv sein. Der Beitrag der erwünschten Nebenprodukte zum Erfolg eines Produktionsprozesses beläuft sich in GE auf

$$E^{NP}(\mathbf{u}'') = \sum_{p''=1}^{P''} \beta_{p''}^{NP} u_{p''}''.$$

Nach erfolgter wertmäßiger Beurteilung kann ein mengenbezogen als erwünscht angesehenes Nebenprodukt bei erfolgsorientierter Zielsetzung zu einem nicht erwünschten Nebenprodukt werden. Ist für dieses Nebenprodukt der erreichbare Deckungsbeitrag negativ, kann eine Entsorgung statt einer Verwertung vorteilhafter sein.

Zusammenfassend ist festzuhalten, dass Güter mit negativem Vorzeichen im Gütermengenvektor mit q_m bei den Faktoren, mit $\gamma_{q'}^{NF}$ bei den nicht erwünschten Nebenfaktoren sowie $\gamma_{q''}^{NP}$ bei den nicht erwünschten Nebenprodukten und dass Güter mit positivem Vorzeichen im Gütermengenvektor mit p_n bei den Produkten, mit $\beta_{p'}^{NF}$ bei den erwünschten Nebenfaktoren sowie mit $\beta_{p''}^{NP}$ bei den erwünschten Nebenprodukten bewertet werden.

3.2 Planung von Produktionen

In diesem Abschnitt werden Fragen der Produktionsplanung diskutiert, wobei hier unter Produktionsplanung stets eine Planung von Produktquantitäten, d.h. eine so genannte Produktmengenplanung oder auch Produktionsprogrammplanung, zu verstehen ist.

In Kapitel 2 standen Technologien (Technologiemengen) im Vordergrund der Betrachtung. Sie enthalten alle zulässigen Produktionen eines Produktionssystems. Technologien können daher entscheidungstheoretisch als **Alternativenmengen** aufgefasst werden. In Abschnitt 3.1 ging es um Bewertungen von Produktionen, d.h. von Elementen einer Technologie. Die angegebenen Bewertungen, wie Erlöse und Kosten, tangieren unmittelbar Zielsysteme von Unternehmen. Entscheidungstheoretisch sind diese Bewertungen Bestandteile von **Zielfunktionen** zur Lösung von Produktionsaufgaben. Alternativenmengen und Zielfunktionen sind konstitutive Bestandteile von Optimierungsmodellen (Entscheidungsmodellen), so dass die Planung und Steuerung eines Produktionssystems auch unter entscheidungstheoretischem Blickwinkel erfolgen kann (vgl. Anhang, S. 227).

3.2.1 Erfolgsorientierte Produktionsplanung

Bei einer erfolgsorientierten Produktionsplanung wird von einer – eindimensionalen – erfolgsorientierten Zielfunktion zf_E ausgegangen, die ausschließlich von ökonomischen Parametern abhängt. Die Zielfunktion enthält als Variable einen Faktormengenvektor $\mathbf{r}$, wenn etwa nur Kosten eine Rolle spielen; sie ist dann zu minimieren. Werden dagegen nur Erlöse als entscheidungsrelevant angesehen, gehen in die zu maximierende Zielfunktion als zielwertbestimmende Größen allein die bewerteten Produktquantitäten $\mathbf{x}$ ein. Sind Deckungsbeiträge von Interesse, sind sowohl der Faktormengenvektor $\mathbf{r}$ als auch der Produktmengenvektor $\mathbf{x}$ Variablen der Zielfunktion, die dann zu maximieren ist. Die Vektoren $\mathbf{u}$ und $\mathbf{v}$ kommen unmittelbar bei einer rein erfolgsorientierten Produktionsplanung als Variablen in der Zielfunktion nicht vor. Allgemein liegt bei einer erfolgsorientierten Produktionsplanung folgendes Optimierungsmodell mit einer zu extremierenden *(ext)* Zielfunktion vor:

$$ext\left\{ zf_E(\mathbf{r},\mathbf{x}) \;\middle|\; \begin{pmatrix} -\mathbf{r} \\ -\mathbf{v} \\ +\mathbf{u} \\ +\mathbf{x} \end{pmatrix} \in UTM \right\}$$

(zur Definition von *UTM* vgl. Definition 2.2.1, S. 45).

3.2.1.1 Kostenminimale Produktion

Im Zentrum der traditionellen betriebswirtschaftlichen Produktions- und Kostentheorie – ohne Umweltvariablen – steht die Bestimmung und Analyse von **Minimalkosten-Kombinationen** für ein Mehrfaktor-Einprodukt-Produktionssystem, d.h. die Bestimmung eines stückkostenminimalen Faktorvektors $\mathbf{r}^*$ zur Produktion einer vorgegebenen Produktquantität $\overline{x}$ der einen Produktart. Das Interesse gilt einer optimalen Lösung der folgenden Optimierungsaufgabe:

$$K^{F*} = \min\left\{ K^F(\mathbf{r}) \;\middle|\; \begin{pmatrix} -\mathbf{r} \\ +\overline{x} \end{pmatrix} \in TM \right\}.$$

Gesucht ist somit eine Kombination $\mathbf{r}^*$ von Faktorquantitäten, mit der die Produktquantität $\overline{x}$ kostenminimal bezüglich der Kostenfunktion $K^F(\mathbf{r})$ herzustellen ist. M.a.W.: Gesucht ist

$$\mathbf{r}^* \in \operatorname{argmin}\left\{ K^F(\mathbf{r}) \;\middle|\; \begin{pmatrix} -\mathbf{r} \\ +\overline{x} \end{pmatrix} \in TM \right\}.$$

Ein Faktormengenvektor $\mathbf{r}^*$ heißt **Minimalkosten-Kombination** (vgl. u.a. KLAUS, 1974, S. 55ff.; LÜCKE, 1976, S. 105ff.; DELLMANN, 1980, S. 170f.; GUTENBERG, 1983, S. 316ff.; FANDEL, 1996, S. 233ff.; STEPAN / FISCHER, 1996, S. 22ff.; SCHWEITZER / KÜPPER, 1997, S. 98ff.). Es können in bestimmten Technologien auch mehrere Minimalkosten-Kombinationen existieren. – Zur Illustration von Minimalkosten-Kombinationen dienen die folgenden Beispiele A2.1 und CB2.

Beispiel A2.1:

SCHLÜSSELWORT: Minimalkosten-Kombination

Für die in Beispiel A1 (vgl. S. 29) unter a) beschriebene Technologie konnte festgestellt werden, dass für $\overline{x} = 1$ PE lediglich der letzte Faktormengenvektor $\mathbf{r}_6$ nicht input-effizient ist. Ohne zusätzliche Bewertung sind die restlichen 5 Faktormengenvektoren in dem Sinne gleichwertig, als dass nicht bestimmt werden kann, welcher von ihnen zur Produktion von $\overline{x} = 1$ PE ausgewählt werden soll. Werden der Einsatz einer Einheit von Faktorart 1 mit Stückkosten in Höhe von $q_1 = 7\ GE/FE_1$ bzw. von Faktorart 2 mit $q_2 = 8\ GE/FE_2$ bewertet, so erhält man:

$$\begin{aligned}
K^F(\mathbf{r}_1) &= 7 \cdot 30 + 8 \cdot 40 = 530\ GE \\
K^F(\mathbf{r}_2) &= 7 \cdot 35 + 8 \cdot 38 = 549\ GE \\
K^F(\mathbf{r}_3) &= 7 \cdot 40 + 8 \cdot 32 = 536\ GE \\
K^F(\mathbf{r}_4) &= 7 \cdot 45 + 8 \cdot 30 = 555\ GE \\
K^F(\mathbf{r}_5) &= 7 \cdot 60 + 8 \cdot 24 = 612\ GE.
\end{aligned}$$

Die minimalen Kosten sind:

$$K^{F*} = \min\{530, 549, 536, 555, 612\} = 530 = K^F(\mathbf{r}_1)$$

$$\mathit{mit} \quad \mathbf{r}^* = \mathbf{r}_1 = \begin{pmatrix} 30 \\ 40 \end{pmatrix}$$

(vgl. die Kostenisoquante $7r_1 + 8r_2 = 530$ in Abb. 3.2.1). Der Faktorvektor $\mathbf{r}_1$ ist die kostenminimale und wegen $\overline{x} = 1$ zugleich auch die stückkostenminimale Faktorkombination $\mathbf{r}^*$.

Die Minimalkosten-Kombination ist nicht unabhängig von der Höhe und dem Verhältnis der Faktorbewertungen. Sinkt etwa der Preis für den Faktor 1 auf 3,2 GE/FE_1 bei Konstanz des Preises für den Faktor 2, dann sind, wie leicht nachzurechnen ist,

$$\mathbf{r}^* \in \{\mathbf{r}_3, \mathbf{r}_4, \mathbf{r}_5\} = \left\{ \begin{pmatrix} 40 \\ 32 \end{pmatrix}, \begin{pmatrix} 45 \\ 30 \end{pmatrix}, \begin{pmatrix} 60 \\ 24 \end{pmatrix} \right\}$$

die kostenminimalen Faktormengenkombinationen mit $K^{F*} = 384GE$. *Durch die Preisänderung für den Faktor 1 wird u.a. der bei der ursprünglichen Bewertung ungünstigste – da teuerste – Produktionspunkt nunmehr zum günstigsten – da kostenminimalen – Produktionspunkt. Die optimalen Faktorvektoren* $\mathbf{r}_3, \mathbf{r}_4$ *und* $\mathbf{r}_5$ *liegen auf der Kostenisoquante* $3{,}2r_1 + 8r_2 = 384$ *(vgl. Abb. 3.2.1).*

In Abbildung 3.2.1 ist die konvexe Hülle um die 6 Faktorvektoren gepunktet eingezeichnet (vgl. Anhang, S. 242). Damit wird zum einen noch einmal veranschaulicht, dass der nicht input-effiziente Faktorvektor $\mathbf{r}_6$ *bei positiven Faktorstückkosten niemals kostenminimal sein kann. Zum anderen macht die Abbildung 3.2.1 deutlich, dass der Faktorvektor*

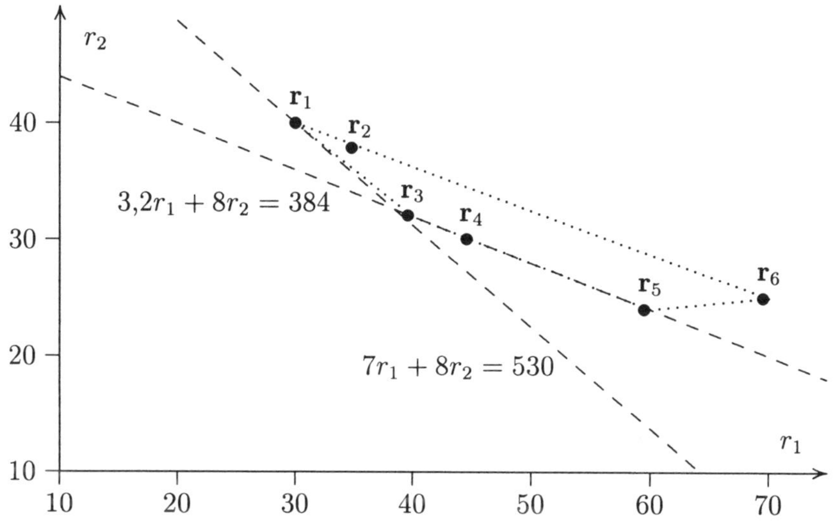

Abbildung 3.2.1: Minimalkosten-Kombinationen (Beispiel A2.1)

$\mathbf{r}_2$, *der im Gegensatz zum Faktorvektor* $\mathbf{r}_6$ *innerhalb der konvexen Hülle liegt, ebenfalls bei positiven Faktorstückkosten niemals kostenminimale Faktorkombination werden kann. Die Faktorvektoren, die input-effizient bezüglich der konvexen Hülle sind, heißen auch wesentlich effizient bzw. wesentlich input-effizient (vgl. Anhang, S. 243);* $\mathbf{r}_2$ *ist somit effizient, aber nicht wesentlich effizient (vgl. hierzu auch Beispiel E2, S. 140).*

In Abschnitt 3.1.1 wurde bereits darauf hingewiesen, dass mit positiven Wertansätzen für die Bewertung der Faktoren die Input-Effizienz gesichert ist. Wird in Fortführung des Beispiels A1 die Menge der Faktormengenvektoren $R_a(1)$ um den Faktormengenvektor $\mathbf{r}_7 = (30, 30)^{\mathsf{T}}$ erweitert, dann sind nur noch die Faktormengenvektoren $\mathbf{r}_5$ und $\mathbf{r}_7$ input-effizient (vgl. Beispiel A1, S. 29). Setzt man $\mathbf{r}_7$ zur Produktion von $\overline{x} = 1$ PE ein, so entstehen Kosten von

$$K^F(\mathbf{r}_7) = 7 \cdot 30 + 8 \cdot 30 = 450 GE.$$

Die kostenminimale Faktormengenkombination erhält man aus

$$K^{F*} = \min\left\{K^F(\mathbf{r}_5),\ K^F(\mathbf{r}_7)\right\} = \min\{612, 450\} = 450 = K^F(\mathbf{r}_7).$$

Es ist $\mathbf{r}^* \in \operatorname{argmin}\left\{K^F(\mathbf{r}_5),\ K^F(\mathbf{r}_7)\right\}$, *d.h.* $\mathbf{r}^* = \mathbf{r}_7 = \begin{pmatrix} 30 \\ 30 \end{pmatrix}$. ◇

Eine der zentralen Aufgaben einer betriebswirtschaftlichen Kostentheorie geht über die bisher behandelten Fragestellungen hinaus. Es handelt sich um den **„Einfluß von Beschäftigungsschwankungen auf die Produktionskosten“** (GUTENBERG, 1983, S. 348), wobei in diesem Zusammenhang unter Beschäftigung der Output eines Produktionssystems zu verstehen ist. Es geht mithin um die Frage, wie hoch die jeweiligen minimalen Gesamtkosten in Abhängigkeit der Produktquantitäten sind. Geht man zunächst wie üblich bei der Beantwortung dieser Frage von einem Mehrfaktor-Einprodukt-Produktionssystem aus, kann man die minimalen variablen Gesamtkosten $K^*(x)$ als Funktion von x (in Abhängigkeit des Parameters x) bestimmen. Die Funktion $K^*(x)$, im Folgenden auch **Minimalkosten-Funktion** genannt, ist gleich der optimalen Lösungsfunktion des parametrischen Optimierungsproblems

$$K^*(x) \;=\; min\left\{K(x) \;\middle|\; \begin{pmatrix} -\mathbf{r} \\ +x \end{pmatrix} \in TM\right\}$$

$$\text{für } x_{min} \leqq x \leqq x_{max}.$$

Die Minimalkosten-Kombination ist offensichtlich ein Spezialfall der Minimalkosten-Funktion, denn mit der Ermittlung der Minimalkosten-Funktion, d.h. mit der Lösung des formulierten parametrischen Optimierungsproblems, ist gleichzeitig die Minimalkosten-Kombination für jedes $\overline{x} \in [x_{min}, x_{max}]$ bestimmt. Die Kenntnis der Minimalkosten-Funktion ist für Unternehmen zur kostenminimalen Gestaltung von Produktionsprozessen von zentraler Bedeutung.

Beispiel CB2:

SCHLÜSSELWÖRTER: COBB-DOUGLAS-*Technologie, Minimalkosten-Kombination, Minimalkosten-Funktion*

Die in Beispiel CB1 (vgl. S. 61) eingeführte COBB-DOUGLAS-*Technologie wird hier um (variable) Stückkosten ergänzt, so dass im Folgenden der Frage nach stückkostenminimalen Produktionen nachgegangen werden kann. Es seien* $q_1 = 20,00\ GE/FE_1$ *und* $q_2 = 17,28\ GE/FE_2$ *sowie* $\overline{x} = 100\ PE$. *Damit gilt*

$$K^F(r_1, r_2) = 20,00\, r_1 + 17,28\, r_2.$$

Zur Ermittlung der Minimalkosten-Kombination ist nunmehr folgende Optimierungsaufgabe

$$\min \left\{ 20,00\, r_1 + 17,28\, r_2 \;\middle|\; 8\, r_1^{2/3} r_2^{1/3} = 100 \right\}$$

zu lösen. Dies geschieht im Allgemeinen – unter Vernachlässigung von Faktorrestriktionen – mit Hilfe der LAGRANGE-*Funktion*

$$L(r_1, r_2; \lambda) = 20,00\, r_1 + 17,28\, r_2 + \lambda(8\, r_1^{2/3} r_2^{1/3} - 100).$$

Aus

$$\begin{array}{lcll} \partial L(r_1, r_2; \lambda)/\partial r_1 & = & 20,00 + \lambda \cdot 8 \cdot 2/3\, r_1^{-1/3} r_2^{1/3} & \stackrel{!}{=} 0 \\ \partial L(r_1, r_2; \lambda)/\partial r_2 & = & 17,28 + \lambda \cdot 8 \cdot 1/3\, r_1^{2/3} r_2^{-2/3} & \stackrel{!}{=} 0 \\ \partial L(r_1, r_2; \lambda)/\partial \lambda & = & 8\, r_1^{2/3} r_2^{1/3} - 100 & \stackrel{!}{=} 0 \end{array}$$

folgt als kostenminimale Lösung für $x = 100$

$$r_1^* = 30/2 = 15 \quad und \quad r_2^* = 1250/144 = 8,68055$$

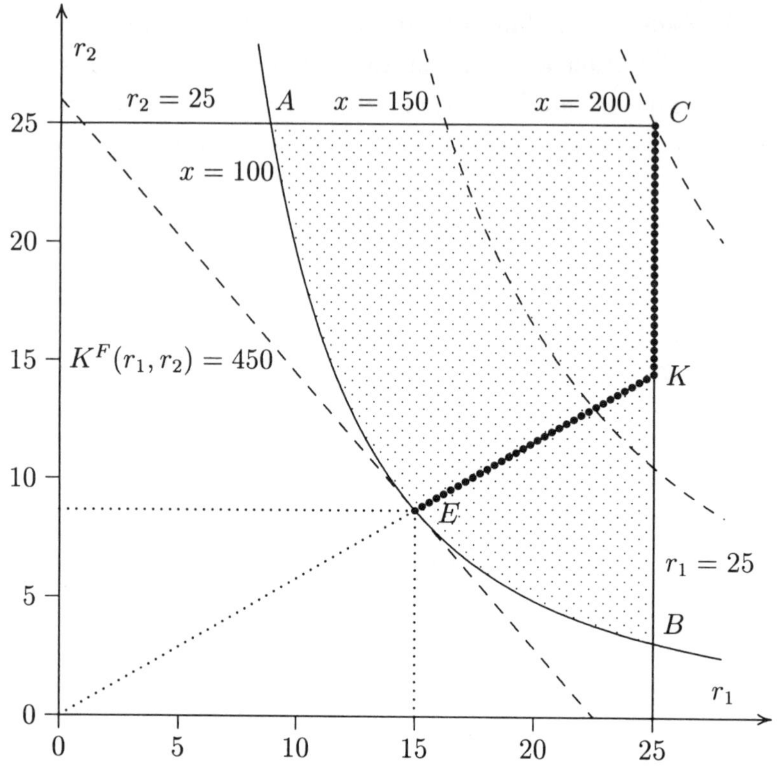

Abbildung 3.2.2: COBB-DOUGLAS-Minimalkosten-Funktion (Beispiel CB2)

mit minimalen variablen Gesamtkosten in Höhe von $K^*(100) = K^F(r_1^*, r_2^*) = 450$ *GE (vgl. die dazu gehörende Kostenisoquante in Abb. 3.2.2). Zur Ermittlung der Minimalkosten-Funktion geht man üblicherweise von der* LAGRANGE*-Funktion diesmal jedoch mit der parametrisch variierbaren Produktquantität* x *anstatt der gegebenen Produktquantität* $\overline{x} = 100$ *PE aus. Dabei zeigt sich, dass das Verhältnis* $r_2/r_1 = 0,5787$ *zunächst konstant, d.h. unabhängig von* x *ist. Der erste Teil der Minimalkosten-Funktion, d.h. bis zur Ausschöpfung des vorhandenen Bestandes des ersten Faktors (vgl. Punkt* K *in Abb. 3.2.2), wird durch* $K_1^*(x) = 4,5x$ *beschrieben. Eine Erhöhung der Produktquantitäten ist entlang der Strecke* KC*, d.h. mit* $r_1 = 25$*, bis zur maximalen Produktquantität* $x_{max} = 200$ *PE durch systematische Erhöhung des Verbrauchs von Fak-*

tor 2 möglich (vgl. den entsprechenden Anpassungspfad von E über K nach C in Abb. 3.2.2). Der zweite Teil der Minimalkosten-Funktion lautet $K_2^*(x) = 500 + 0{,}000054x^3$. *Die beiden Ergebnisse werden wie folgt zusammengefasst:*

$$K^*(x) = \begin{cases} 4{,}5x & \text{für } 100 \leqq x \leqq 166\frac{2}{3} \\ 500 + 0{,}000054x^3 & \text{für } 166\frac{2}{3} \leqq x \leqq 200. \end{cases} \qquad \diamond$$

3.2.1.2 Erlösmaximale Produktion

Ist ein Faktormengenvektor gegeben, d.h., für die Produktion steht in jeder Faktorart nur eine bestimmte Faktorquantität zur Verfügung, dann sind die mit einer Produktion verbundenen gesamten Faktorkosten konstant und haben damit keinen Einfluss auf die Bestimmung eines erfolgsmaximalen Produktionspunktes. Die Optimierung lässt sich damit auf die Suche nach dem erlösmaximalen Produktionspunkt bzw. auf die Bestimmung der Maximalerlös-Kombination $E^*(\mathbf{x})$ fokussieren. Somit gilt:

$$E^* = \max \left\{ E(\mathbf{x}) \;\middle|\; \begin{pmatrix} -\bar{\mathbf{r}} \\ +\mathbf{x} \end{pmatrix} \in TM \right\}.$$

Gesucht ist die Kombination von Produktquantitäten $\mathbf{x}^*$, die mit einem gegebenen Faktormengenvektor $\bar{\mathbf{r}}$ erlösmaximal herzustellen ist.

Beispiel B2.1:

SCHLÜSSELWORT: Erlösmaximale Produktion

Reduziert man die in Beispiel B2 (vgl. S. 41) gegebene Technologie auf die beiden Produktionen $\mathbf{y}_2$ *und* $\mathbf{y}_4$, *dann erzielt man mit den beiden Faktormengen* $\bar{r}_1 = 2\ FE_1$ *und* $\bar{r}_2 = 2\ FE_2$ *den maximalen Erfolg, und zwar wenn man aus der Technologie die Produktion bestimmt, welcher der mit den Stückerlösen* $p_1 = 3{,}10\ GE/PE_1$ *und* $p_2 = 2{,}50\ GE/PE_2$ *berechnete höchste zu erzielende Gesamterlös zuzuordnen ist.*

$$\begin{aligned} E^* &= \max\{E(\mathbf{x}_2),\, E(\mathbf{x}_4)\} \\ &= \max\{3{,}10\cdot 4 + 2{,}50\cdot 5\,,\ 3{,}10\cdot 5 + 2{,}50\cdot 4\} \\ &= \max\{24{,}90\,,\ 25{,}50\} \\ &= 25{,}50 GE. \end{aligned}$$

Damit ist das erlösmaximale Produktionsprogramm:

$$\mathbf{x}^* \in \operatorname{argmax}\{E(\mathbf{x}_2),\, E(\mathbf{x}_4)\}\,,\ \textit{d.h. } \mathbf{x}^* = \mathbf{x}_4 = (5,\, 4)^{\mathsf{T}}\,.$$

3.2.1.3 Deckungsbeitragsmaximale Produktion

Sind weder ein Faktorvektor $\mathbf{r}$ noch ein Produktvektor $\mathbf{x}$ vorgegeben, so erweitert sich die Aufgabenstellung auf die Ermittlung einer Produktion $\mathbf{y}$, die den Erfolg als Differenz von Erlös und Kosten maximiert. Werden als Kosten nur die variablen Kosten K^F berücksichtigt, dann wird der Erfolg als Deckungsbeitrag D bezeichnet. In diesem Fall ist eine den Gesamtdeckungsbeitrag maximierende Produktion zu bestimmen, d.h. eine Produktion, die optimale Lösung der folgenden Optimierungsaufgabe ist:

$$\max\left\{ E(\mathbf{x}) - K^F(\mathbf{r}) \;\middle|\; \begin{pmatrix} -\mathbf{r} \\ +\mathbf{x} \end{pmatrix} \in TM \right\}.$$

Die Variablen (Entscheidungsvariablen) $\mathbf{r}$ und $\mathbf{x}$ können selbstverständlich nicht unabhängig voneinander variieren. Sie sind durch Produkt- bzw. Faktorfunktionen (vgl. Definition 2.3.4., S. 57) verbunden, die im Wesentlichen den effizienten Rand der Technologie TM bestimmen. Lassen sich die variablen Gesamtkosten als Funktion von $\mathbf{x}$ bestimmen, richtet sich das Interesse auf die Optimierungsaufgabe

$$\max\left\{ E(\mathbf{x}) - K(\mathbf{x}) \;\middle|\; \begin{pmatrix} -\mathbf{r} \\ +\mathbf{x} \end{pmatrix} \in TM \right\}.$$

Mit einer optimalen Lösung $\mathbf{x}^*$, d.h. mit

$$\mathbf{x}^* \in \operatorname{argmax}\left\{ E(\mathbf{x}) - K(\mathbf{x}) \;\middle|\; \begin{pmatrix} -\mathbf{r} \\ +\mathbf{x} \end{pmatrix} \in TM \right\},$$

sind nicht nur die deckungsbeitragsmaximalen Produktquantitäten, sondern auch die zugehörigen Faktorquantitäten bestimmt. Der maximale Deckungsbeitrag beträgt $D^* = D(\mathbf{x}^*) = E(\mathbf{x}^*) - K(\mathbf{x}^*)$.

Mit gegebenen fixen Kosten K_{fix} erhält man den maximalen Gewinn

$$G^* = D(\mathbf{x}^*) - K_{fix} = E(\mathbf{x}^*) - K(\mathbf{x}^*) - K_{fix}.$$

Die fixen Kosten haben keinen Einfluss auf die deckungsbeitragsmaximale Lösung. Das deckungsbeitragsmaximale Produktionsprogramm $\mathbf{x}^*$ ist damit auch stets gewinnmaximal.

Beispiel B2.2:

SCHLÜSSELWORT: Deckungsbeitragsmaximale Produktion

Von den in Beispiel B2 (vgl. S. 41) die Technologie TM bestimmenden Produktionen $\mathbf{y}_1, \mathbf{y}_2, \mathbf{y}_3, \mathbf{y}_4, \mathbf{y}_5$ *und* $\mathbf{y}_6$ *sind* $\mathbf{y}_2, \mathbf{y}_4$ *und* $\mathbf{y}_6$ *effizient. Für die Bewertung der Faktoren und Produkte gelten die Kostensätze* $q_1 =$ 2,00 GE/FE_1 *und* $q_2 =$ 3,00 GE/FE_2 *sowie die Stückerlöse* $p_1 =$ 3,10 GE/PE_1 *und* $p_2 =$ 2,50 GE/PE_2. *Damit ergeben sich die mit den effizienten Produktionspunkten verbundenen Deckungsbeiträge*

$$\begin{aligned} D(\mathbf{y}_2) &= 3{,}10 \cdot 4 + 2{,}50 \cdot 5 - (2{,}00 \cdot 2 + 3{,}00 \cdot 2) = 14{,}90\ GE \\ D(\mathbf{y}_4) &= 3{,}10 \cdot 5 + 2{,}50 \cdot 4 - (2{,}00 \cdot 2 + 3{,}00 \cdot 2) = 15{,}50\ GE \\ D(\mathbf{y}_6) &= 3{,}10 \cdot 6 + 2{,}50 \cdot 6 - (2{,}00 \cdot 3 + 3{,}00 \cdot 3) = 18{,}60\ GE. \end{aligned}$$

Der Produktionspunkt, mit dessen Realisierung ein maximaler Gesamtdeckungsbeitrag zu erzielen ist, ergibt sich aus

$$\begin{aligned} D^* &= \max\left\{D(\mathbf{y}_2),\ D(\mathbf{y}_4),\ D(\mathbf{y}_6)\right\} \\ &= \max\left\{14{,}90,\ 15{,}50,\ 18{,}60\right\} = 18{,}60\ GE. \end{aligned}$$

Damit ist $\mathbf{y}^* = \mathbf{y}_6 = (-3, -3, +6, +6)^\mathsf{T}$ *die deckungsbeitragsmaximale Produktion.* ◊

3.2.2 Umweltorientierte Produktionsplanung

Von einer umweltorientierten Produktionsplanung wird hier gesprochen, wenn von einer – eindimensionalen – Zielfunktion zf_U ausgegangen wird, die ausschließlich durch umweltorientierte Parameter – z.B. Schadstoffanfall pro Produkteinheit – determiniert wird und in jedem Fall den Vektor **v** der nicht erwünschten Nebengüter und gegebenenfalls auch den Vektor **u** der erwünschten Nebengüter als Variablen enthält, aber nicht unbedingt die Variablen **r** und **x**. Ob die Zielfunktion zu maximieren oder zu minimieren ist, hängt von der speziellen Problemstellung ab. Das Optimierungsmodell

$$ext \left\{ zf_U(\mathbf{v}, \mathbf{u}) \;\middle|\; \begin{pmatrix} -\mathbf{r} \\ -\mathbf{v} \\ +\mathbf{u} \\ +\mathbf{x} \end{pmatrix} \in UTM \right\}$$

bildet damit ein umweltorientiertes Produktionsplanungsproblem ab (vgl. u.a. Beispiel CB3, S. 94 und Beispiel A8, S. 151). Der Faktorvektor **r** und der Produktvektor **x** können indirekt über Restriktionen in einer umweltorientierten Technologie erfasst werden. Dass und vor allem wie diese Vektoren durch Nebenbedingungen beschränkt werden können, ist in diesem Zusammenhang von untergeordneter Bedeutung. Um Triviallösungen zu vermeiden, sind allerdings zumindest positive Untergrenzen für die Produktquantitäten zu beachten.

3.2.3 Erfolgs- und umweltorientierte Produktionsplanung

Liegen dem definierten erfolgs- und umweltorientierten Optimierungsmodell identische Technologien zu Grunde, so stehen erfolgsoptimale und umweltoptimale Lösungen in einer gewissen Abhängigkeit oder möglicherweise sogar in einer konfliktären Beziehung zueinander, was immer dann der Fall ist, wenn die individuellen Optima der beiden Zielfunktionen auseinanderfallen. Gewinnmaximierung und Schadstoffminimierung führen beispielsweise im Allgemeinen zu unterschiedlichen Lösungen und damit zu einem Zielkonflikt. Zur Analyse und eventuellen Lösung dieses Problems liegt es nahe, in einem ersten Schritt die zwei eingeführten Zielfunktionen in einem vektoriellen Entscheidungsmodell (einem Vektormaximierungsmodell) zusammenfassend aufzunehmen (vgl. Anhang, S. 230):

$$max/min \left\{ \begin{pmatrix} zf_E(\mathbf{r},\mathbf{x}) \\ zf_U(\mathbf{v},\mathbf{u}) \end{pmatrix} \middle| \begin{pmatrix} -\mathbf{r} \\ -\mathbf{v} \\ +\mathbf{u} \\ +\mathbf{x} \end{pmatrix} \in UTM \right\}.$$

In Abschnitt 2.1 wurde mit der Definition 2.1.4 (vgl. S. 39) Effizienz allgemein nach KOOPMANS eingeführt. Hierauf aufbauend wurden in Abschnitt 2.2 speziell umweltorientiert-effiziente Produktionen (vgl. Definition 2.2.3, S. 47 und schadstofforientiert-effiziente Produktionen (vgl. Definition 2.2.4, S. 48) als erster Zugang zur Bewertung von Produktionen aus umweltorientierter Sicht vorgestellt. Bei dem hier eingeführten multikriteriellen Optimierungsmodell liegt es auf der Hand, effiziente Produktionen – selbstverständlich wieder nach KOOPMANS – unter Verwendung der zwei Zielfunktionen zf_E und zf_U zu definieren.

Da die Menge der bezüglich der zwei Zielfunktionen zf_E und zf_U effizienten Produktionen sehr umfangreich sein kann, muss darüber hinaus das Unternehmen in diesen Fällen versuchen, irgendwie zu einer realisierbaren Kompromisslösung zu kommen. Hierzu hat zum einen die multikriterielle Entscheidungstheorie u.a. Kompromissmodelle zur Bestimmung von kompromissoptimalen Lösungen entwickelt, wobei unter einem Kompromissmodell ein skalares Entscheidungsmodell zu verstehen ist, d.h. ein solches mit nur einer Zielfunktion, das in der Zielfunktion und/oder in den Nebenbedingungen die Präferenzvorstellungen des Entscheidungsträgers bezüglich der konkurrierenden Zielfunktionen zusammenfasst (vgl. hierzu u.a. DINKELBACH/KLEINE, 1996, S. 44ff.).

Zum anderen lassen sich umweltpolitische Instrumente heranziehen, wie sie in der Umweltökonomie entwickelt wurden (vgl. u.a. BONUS, 1990; HANSMEYER, 1993; WEIMANN, 1995). Eine der in diesem Zusammenhang zu beantwortenden Fragen ist, welches der umweltpolitischen Instrumente für ein Unternehmen mit welchen Konsequenzen relevant werden kann. Ist es möglich, eines oder mehrere dieser Instrumente vordenkend in betriebliche Planungsüberlegungen einzubeziehen? Inwieweit eignen sich diese Instrumente im Hinblick auf das Vermeidungsziel aus der Sicht eines Unternehmens?

Die konstitutiven Komponenten eines Entscheidungsmodells sind bekanntlich Alternativenmenge und Zielfunktionen. Im Folgenden werden zunächst umweltpolitische Instrumente betrachtet, die allein eine Lösung über Zielfunktionen erreichen wollen. Danach werden Instrumente formuliert und diskutiert, die sich auf Technologien als Mengen verfügbarer Alternativen beziehen. Schließlich werden solche Ansätze behandelt, die Instrumente enthalten, die sowohl auf Zielfunktionen als auch auf Alternativenmengen einwirken. Dieser Systematik entsprechend werden im Folgenden umweltpolitische Instrumente als Kompromissmodelle im Sinne der multikriteriellen Entscheidungstheorie aufgefasst, interpretiert und diskutiert. Die Ergebnisse dieser Überlegungen sind für Unternehmen insofern relevant, als sie ihnen ermöglichen, grundsätzliche Wirkungen von umweltpolitischen Instrumenten, mit deren Einsatz in Zukunft zu rechnen ist, aufzudecken.

3.2.3.1 Abgabensteuerung

Das vielleicht bekannteste umweltpolitische Instrument ist die Erhebung von Umweltabgaben (Abgabensteuerung, Preissteuerung), die unmittelbar die erfolgsorientierte Zielfunktion eines Unternehmens tangiert. Sie ist dadurch charakterisiert, dass nicht erwünschte Nebengüter monetär belastet werden, wobei man je nach spezieller Ausprägung und je nach Standort von einer (Umwelt-)Abgabe, einer (Umwelt-)Gebühr oder einer (Umwelt- oder Öko-)Steuer spricht (vgl. u.a. MACKSCHEIDT et al., 1994). Auf diese Weise erhalten Produzenten oder Emittenten von Schadstoffen Anreize, entweder ihren Schadstoffausstoß etwa durch Produktionsrückgang oder durch Änderung der Produktionsverfahren zu reduzieren. Da die genaue Verknüpfung einer Umweltabgabe mit der erfolgsorientierten Zielfunktion zunächst offen bleibt, erhält die Zielfunktion des

Kompromissmodells den Index *„exogen"*, der zum Ausdruck bringen soll, dass die Zielfunktion des Unternehmens nunmehr exogene Komponenten enthält:

$$ext\left\{ zf_{U,exogen}(\mathbf{r},\mathbf{v},\mathbf{u},\mathbf{x}) \;\middle|\; \begin{pmatrix} -\mathbf{r} \\ -\mathbf{v} \\ +\mathbf{u} \\ +\mathbf{x} \end{pmatrix} \in UTM \right\}.$$

Nach welchen Kriterien Abgaben der erwähnten Art festgesetzt werden, ist in diesem Zusammenhang ohne Belang. Wichtig ist jedoch, dass jedes einzelne Unternehmen derartige Abgaben rechtzeitig zur Kenntnis nehmen und versuchen muss, seinen Produktionsprozess so anzupassen, dass es unter den geänderten Rahmenbedingungen weiterhin „möglichst wirtschaftlich" produzieren kann.

Eine (Umwelt-)Abgabe führt bei input-substitutionalen Technologien im Allgemeinen zu einer Reduktion des Schadstoffanfalls verbunden mit einem Anstieg der Gesamtkosten (vgl. Beispiel CB3, S. 94). Bei input-limitationalen Technologien, bei denen eine gegebene Produktquantität nur mit einer einzigen Faktormengenkombination herzustellen ist, führt eine Abgabe zwar zu erhöhten Kosten des Unternehmens und zu erhöhten Einnahmen des Staates, aber nicht zu einer Einschränkung des Schadstoffanfalls. Ist das Unternehmen unter erfolgsorientierten Gesichtspunkten jedoch gezwungen, die Produktion aufzugeben, so wird zwar die Schadstoffmenge reduziert, gleichzeitig verringern sich aber auch die Einnahmen des Staates.

3.2.3.2 Mengensteuerung

Umweltpolitische Instrumente, die nicht auf die Zielfunktion, sondern auf die Alternativenmenge einwirken, werden unter dem Begriff der Mengensteuerung subsumiert. Eine umweltpolitische Behörde legt in diesem Fall beispielsweise für bestimmte Schadstoffe Obergrenzen für Mengen fest, die kontrolliert zu entsorgen sind oder unkontrolliert an die natürliche Umwelt abgegeben werden dürfen. Dadurch wird die erfolgsorientierte Zielfunktion eines entsprechend zu formulierenden Optimierungsmodells nicht verändert, während die Technologie durch zusätzliche, die Obergrenzen abbildende Restriktionen – gegebenenfalls – eingeschränkt wird. Diese umweltbezogenen Veränderungen der Technologie sind in der Alternativenmenge UTM_{exogen} erfasst:

$$ext\left\{ zf_E(\mathbf{r},\mathbf{x}) \;\middle|\; \begin{pmatrix} -\mathbf{r} \\ -\mathbf{v} \\ +\mathbf{u} \\ +\mathbf{x} \end{pmatrix} \in UTM_{exogen} \right\}.$$

Bei einer Mengensteuerung erfolgt die Lösung des beschriebenen Zielkonfliktes etwa dadurch, dass lediglich die erfolgsorientierte Zielfunktion zf_E extremiert und die umweltorientierte Zielfunktion zf_U in Form einer Ungleichung (Obergrenze) in die Beschreibung der Alternativenmenge bzw. der Technologie aufgenommen wird. Auch diese Vorgehensweise stellt in der multikriteriellen Entscheidungstheorie ein gängiges Kompromissmodell dar (vgl. u.a. COHON, 1978, S. 115ff.; HWANG/MASUD, 1979, S. 43f.). Es wäre ein entsprechendes Ergebnis auch erreichbar, wenn das Unternehmen von vornherein nicht die Schadstoffquantitäten minimieren möchte, sondern für diese eine Obergrenze – als Anspruchsniveau im Sinne eines Satisfizierungsziels – setzen würde, die bei einer Erfolgsmaximierung nicht überschritten werden darf.

3.2.3.3 Zertifikatssteuerung

Abschließend wird ein umweltpolitisches Instrument vorgestellt, das sowohl auf die Zielfunktion als auch auf Alternativenmenge des Optimierungsmodells Einfluss nimmt, wobei jedoch Abgaben (Abgabensteuerung) wie auch Obergrenzen (Mengensteuerung) nicht mehr als unveränderbare Größen vorgegeben sind, sondern im Rahmen der Produktionsplanung von den Unternehmen innerhalb gewisser Grenzen gegeneinander ausgetauscht werden können. Es handelt sich um die Zertifikatssteuerung.

Ein Emissionszertifikat (Umweltzertifikat) ist ein auf einem Markt erwerbbares Recht, pro festgelegter Periode eine bestimmte Quantität einer bestimmten Schadstoffart an die natürliche Umwelt abgeben zu können. Eine umweltpolitische Behörde gibt etwa für eine geographisch abgegrenzte Region eine geeignete Anzahl von Emissionszertifikaten aus (vgl. u.a. SCHMIDTCHEN, 1980, S. 342; STREBEL, 1980, S. 72; HEISTER/MICHAELIS, 1991, S. 5ff.; CROPPER/OATES, 1992, S. 689ff.; VENTZKE, 1994, S. 25ff.; BOGASCHEWSKY, 1995, S. 208ff.; CANSIER, 1996, S. 187ff.; DUTSCHKE/MICHAELOWA, 1998).

Da sowohl die erfolgsorientierte Zielfunktion über die Beschaffungskosten als auch die Technologie über ihre Erweiterungsmöglichkeit von Emissionszertifikaten betroffen sind, werden sowohl Zielfunktion als auch Technologie jeweils durch den Index *„exogen“* gekennzeichnet. Im Rahmen eines Optimierungsmodells muss nun auch über die Anzahl der zu erwerbenden oder gegebenenfalls der zu verkaufenden Zertifikate entschieden werden. Dementsprechend werden Zielfunktion und Technologie um einen Variablenvektor $\boldsymbol{\delta}$, dessen Komponenten die Anzahl der zu beschaffenden oder abzugebenden Zertifikate einer bestimmten Art angeben, erweitert:

$$ext \left\{ zf_{E,exogen}(\mathbf{r}, \mathbf{v}, \mathbf{u}, \mathbf{x}, \boldsymbol{\delta}) \;\middle|\; \begin{pmatrix} -\mathbf{r} \\ -\mathbf{v} \\ +\mathbf{u} \\ +\mathbf{x} \\ \boldsymbol{\delta} \end{pmatrix} \in UTM_{exogen} \right\}.$$

Eine umweltorientierte Steuerung mit Emissionszertifikaten kann in der Weise beginnen, dass alle in der Region in Frage kommenden Unternehmen eine kostenlose Grundausstattung (*grandfathering*) erhalten. Reicht diese „Emissionskapazität“ für ein Unternehmen infolge zu hohen Schadstoffanfalls nicht aus, um die aus dem Produktionsprozess zu erwartende Schadstoffmenge zu bewältigen, kann es weitere Emissionszertifikate auf dem Markt erwerben oder den Produktionsprozess in Hinblick auf einen geringeren Anfall an Schadstoffen, sofern dies technologisch möglich ist, anpassen. Letzteres kann gegebenenfalls so weit getrieben werden, dass dann nicht mehr benötigte Emissionszertifikate wieder veräußert werden können. Durch Verknappung der Zertifikate kann die zuständige Behörde eine Reduktion des Gesamtanfalls eines Schadstoffs in einer Region bewirken.

Bei der Zertifikatssteuerung kann der Fall auftreten, dass – unter der Voraussetzung der Nichtteilbarkeit der Zertifikate – die erworbene „Schadstoffkapazität“ nicht voll ausgeschöpft wird. Diese „Restkapazität“ stellt gewissermaßen einen „Gewinn der Umwelt“ dar, wenn das Recht, diese „Restkapazität“ veräußern zu dürfen, nicht gegeben ist. Dieser umweltpolitische Nutzen geht mit zunehmender Teilbarkeit der Emissionszertifikate verloren.

Wenn, wie gezeigt, eine Abgabe als eine zusätzliche Kostenart und eine Obergrenze für einen Schadstoffausstoß als Kapazitätsgrenze eines Potenzialfaktors interpretiert werden kann, liegt es nahe, eine Zertifikatssteuerung als quantitative Anpassung im Sinne Gutenbergs aufzufassen (vgl. GUTENBERG, 1983, S. 380ff.). Mit dem Erwerb eines Zertifikats wird wie beim Kauf oder der Wiederinbetriebnahme einer Maschine ein vorliegender Engpass um eine feste Quantität – gemessen in entsprechenden Kapazitätseinheiten – erweitert (vgl. DINKELBACH, 1994). Hierbei ist es formal unerheblich, ob der für die Erweiterung aufzuwendende finanzielle Betrag Kosten der Wiederinbetriebnahme einer schon vorhandenen Maschine, Investitionsausgaben für die Beschaffung einer neuen Maschine oder eben den Preis für ein Emissionszertifikat darstellt.

Nachfolgend werden die vorgestellten umweltpolitischen Instrumente anhand einer COBB-DOUGLAS-Technologie beispielhaft veranschaulicht (vgl. auch Beispiel A8, S. 151 sowie G5, S. 213 und G6, S. 217)

Beispiel CB3:

SCHLÜSSELWÖRTER: Umweltorientierte COBB-DOUGLAS-*Technologie, Minimalschadstoff-Kombination, Minimalschadstoff-Funktion, Abgabensteuerung, Mengensteuerung, Zertifikatssteuerung*

Die COBB-DOUGLAS-*Technologie (vgl. Beispiele CB1, S. 61, und CB2, S. 83) bietet sich auch zur anschaulichen Integration von umweltpolitischen Instrumenten an. Hierzu werden in diesem Beispiel zunächst zwei Schadstoffe (nicht erwünschte Nebenprodukte)* S_1 *und* S_2 *definiert,* *die proportional zu den Einsatzmengen r_1 und r_2 der einzelnen Faktoren entstehen. Im Einzelnen gilt:*

$$v_1 = 6{,}25 r_1 \;\; SE_1 \;\; \text{und} \;\; v_2 = 1{,}6 r_2 \;\; SE_2$$

(vgl. auch BOGASCHEWSKY, *1995, S. 79ff.;* SEELBACH/DETHLOFF, *1998, S. 46ff.). Die entsprechend erweiterte umweltorientierte* COBB-DOUGLAS-*Technologie lautet damit*

$$UCDT = \left\{ \begin{pmatrix} -r_1 \\ -r_2 \\ -v_1 \\ -v_2 \\ +x \end{pmatrix} \in \mathbb{R}^5 \;\middle|\; \begin{array}{ll} x = 8\, r_1^{2/3} r_2^{1/3} & \\ 0 \leqq r_1 \leqq 25 & 0 \leqq r_2 \leqq 25 \\ x \geqq 100 & \\ v_1 = 6{,}25 r_1 & v_2 = 1{,}6 r_2 \end{array} \right\}.$$

Für umweltorientierte Zielfunktionen existieren keine allseits bekannten und bewährten Konkretisierungen. Ohne Einbezug monetärer Bewertungen könnte beispielsweise eine Zielsetzung sein, die insgesamt anfallenden Schadstoffquantitäten zu minimieren, wobei bei mehreren Schadstoffen – dimensionsbehaftete – Gewichtungen vorgenommen werden müssen, um zu einer einheitlichen Dimension, z.B. Schadstoffeinheiten SE, zu kommen. Im Folgenden steht die Summe der mit 1 SE/SE_1 und 1 SE/SE_2 gewichteten Schadstoffquantitäten, d.h.

$$v_1 + v_2 = 1 \cdot 6{,}25 r_1 + 1 \cdot 1{,}6 r_2 = S(r_1, r_2),$$

für die zu minimierende umweltorientierte Zielfunktion S im Mittelpunkt. Mit der Zielfunktion S lassen sich eine Minimalschadstoff-Kombination für $x = 100$ PE (vgl. Punkt U in Abb. 3.2.3) und eine Minimalschadstoff-Funktion in gleicher Weise ermitteln wie die Minimalkosten-Kombination bzw. Minimalkosten-Funktion im Beispiel CB2 (vgl. S. 83). Der schadstoffminimale Anpassungspfad verläuft in Abbildung 3.2.3 von U über V nach C.

Der Schadstoffanfall ist mit $S = 93,75$ SE in U minimal, die Faktorkosten betragen in diesem Produktionspunkt $K^F = 537,50$ GE. Die minimalen Faktorkosten ohne Berücksichtigung des Schadstoffanfalls entstehen im Punkt E mit 450 GE (vgl. Beispiel CB2, S. 83). Die hierbei

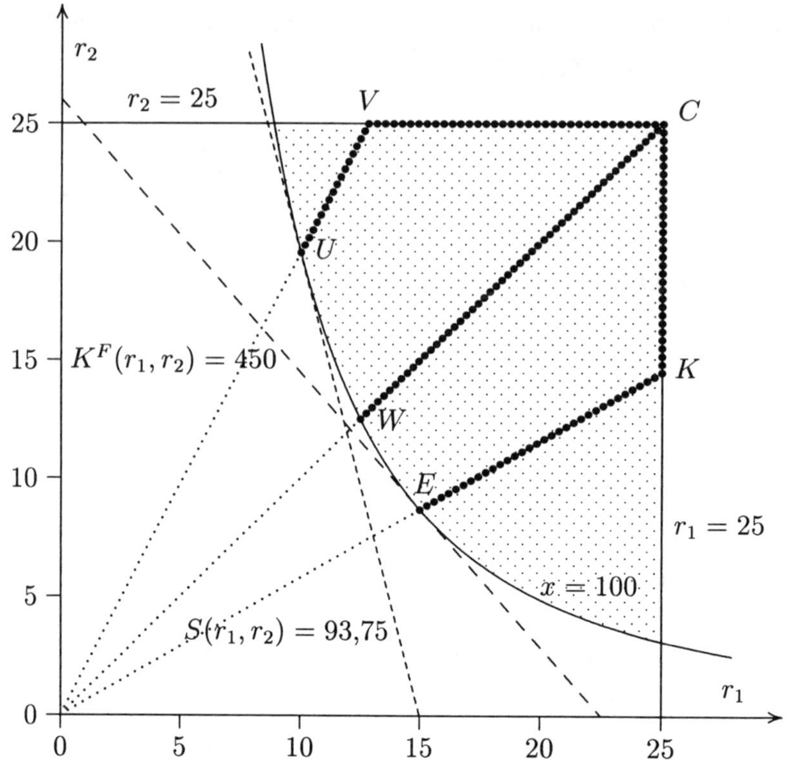

Abbildung 3.2.3: Abgabensteuerung bei COBB-DOUGLAS-Technologien (Beispiel CB3)

anfallenden Schadstoffmengen betragen 107,64 SE. Vergleicht man die Werte für die Punkte U und E, ergeben sich die Differenzen von 87,50 GE bei den Kosten und von 13,89 SE für den Schadstoffanfall. Der Zielkonflikt zwischen Kosten- und Schadstoffminimierung wird damit offensichtlich.

Mit dieser Ergänzung der bisher nur kostenorientiert analysierten COBB-DOUGLAS-Technologie werden zunächst einmal die durch die alternative Vorgabe von erfolgs- und umweltorientierten Zielfunktionen möglichen Konflike für Unternehmen aufgezeigt. Die zielspezifischen Anpassungspfade haben lediglich den Punkt C bei maximaler Produktquantität gemeinsam. Zur Lösung des offengelegten Zielkonflikts werden im Folgen-

den drei der bekannteren umweltpolitischen Instrumente auf die umweltorientierte COBB-DOUGLAS-*Technologie angewandt.*

a) Abgabensteuerung

Der einfachste Fall einer Abgabensteuerung besteht etwa darin, dass alle Schadstoffe eines Produktionssystems mit einer gleich hohen Abgabe h GE/SE belastet werden, so dass die gesamten Abgaben $h \cdot S\ (r_1, r_2)$ zu der Kostenfunktion $K^F(r_1, r_2)$ addiert werden können. Der Zielkonflikt ist somit entscheidungstheoretisch durch eine Zielgewichtung mit 1 (dimensionslos) als Gewichtungsfaktor für die Kostenfunktion und mit h als Gewichtungsfaktor für die Schadstoff-Funktion gelöst. Die Kompromisszielfunktion lautet:

$$\begin{aligned}\psi(r_1, r_2, x; h) &= 1 \cdot zf_E(\mathbf{r}) + h \cdot zf_U(\mathbf{v}) \\ &= 1 \cdot K^F(r_1, r_2) + h \cdot S(r_1, r_2) \\ &= 1 \cdot (20r_1 + 17{,}28r_2) + h \cdot (6{,}25r_1 + 1{,}6r_2).\end{aligned}$$

Damit lautet das Kompromissmodell zur Bestimmung bezüglich einer Abgabensteuerung optimaler Faktorquantitäten für alle zulässigen Produktquantitäten:

$$\min \left\{ \psi(r_1, r_2, x; h) \;\middle|\; \begin{pmatrix} -r_1 \\ -r_2 \\ +x \end{pmatrix} \in CDT \right\}$$

$$\text{mit} \quad CDT = \left\{ \begin{pmatrix} -r_1 \\ -r_2 \\ +x \end{pmatrix} \in \mathbb{R}^3 \;\middle|\; \begin{array}{l} x = 8\, r_1^{2/3} r_2^{1/3} \\ 0 \leqq r_1 \leqq 25 \\ 0 \leqq r_2 \leqq 25 \\ x \geqq 100 \end{array} \right\} \quad \text{(vgl. CB1, S. 61)}$$

$$0 \leqq h < \infty$$

$$\text{für} \quad 100 \leqq x \leqq 200.$$

Geht man von $x = 100$ aus, ist bei $h = 0$ der Punkt E zu realisieren; geht $h \to \infty$, ist der Punkt U optimale Lösung bezüglich dieses Kompromissmodells. Wählt man beispielsweise $h = 4{,}8$, ist der Punkt W kompromissoptimal. Die Anpassungsprozesse enden alle im Punkt C (vgl. Abb. 3.2.3).

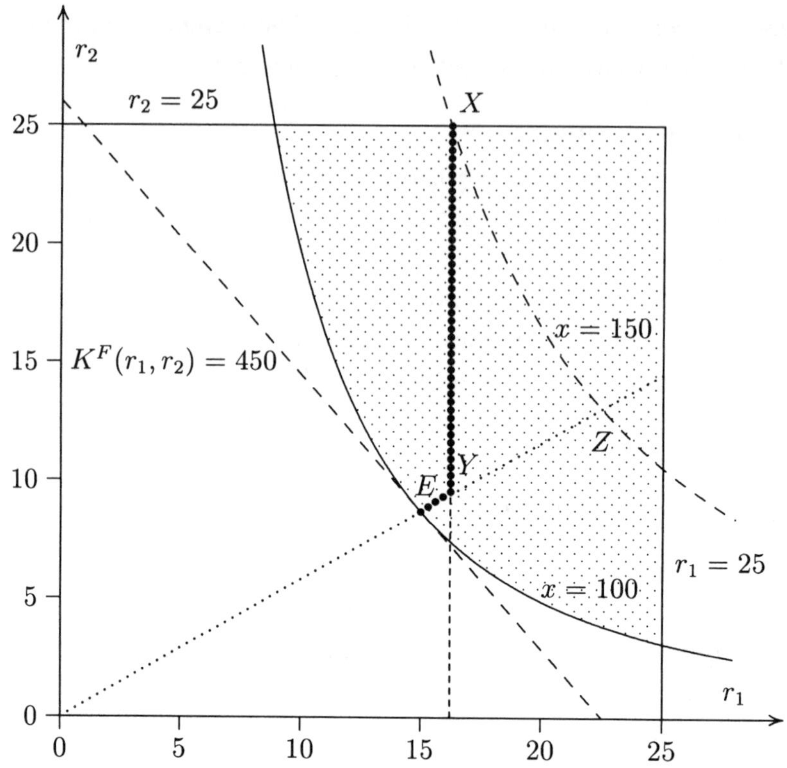

Abbildung 3.2.4: Mengensteuerung bei COBB-DOUGLAS-Technologien (Beispiel CB3)

b) Mengensteuerung

Bei einer Mengensteuerung werden bezüglich der anfallenden Schadstoffquantitäten exogen Obergrenzen vorgegeben. Ein sehr einfacher Fall liegt etwa dann vor, wenn etwa die Schadstoffquantität von S_1 *auf* $v_1 \leqq 101{,}5$ SE_1 *zu beschränken ist. Das führt umgerechnet zu* $r_1 \leqq 16{,}24$*. Die Technologie* CDT *wird um die Nebenbedingung* $r_1 \leqq 16{,}24$ *ergänzt. Die Zielfunktion entspricht der bei einer Abgabensteuerung mit* $h = 0$*. Die Minimalkosten-Kombination für* $x = 100$ *liegt wie bisher im Punkt* E *(vgl. Abb. 3.2.4). Der Anpassungspfad steigt dann über* Y *nach* X*. In* X *können nur 150 PE hergestellt werden, und diese zudem noch mit höheren Kosten als ohne Mengensteuerung, denn die minimalen Kosten* *für dic Menge $x = 150$ führen zum Punkt Z (vgl. Abb. 3.2.4), der aber aufgrund der Mengenbeschränkung nicht realisiert werden kann.*

c) Zertifikatssteuerung

Da von beiden Schadstoffen S_1 und S_2 etwa die gleiche Verschmutzung der Umwelt ausgeht, hat die zuständige Umweltbehörde die Summe der jeweils mit 1 gewichteten Schadstoffquantitäten v_1+v_2 auf 145 SE (Grundausstattung) beschränkt, so dass gilt

$$S(r_1, r_2) = 6{,}25r_1 + 1{,}6r_2 \leqq 145.$$

Da es sich hierbei um eine sehr einschränkende Maßnahme handelt, kann das Unternehmen Emissionszertifikate zum Stückpreis von 50 GE kaufen, die es ihm erlauben, in der jeweiligen Planungsperiode je erworbenes Zertifikat zusätzlich 40 SE/Stück zu emittieren. Damit lautet die um Emissionszertifikate erweiterte umweltorientierte COBB-DOUGLAS-*Technologie:*

$$UCDT_{Zerti} = \left\{ \begin{pmatrix} -r_1 \\ -r_2 \\ +x \\ \delta \end{pmatrix} \in \mathbb{R}^3 \times \mathbb{N}_0 \;\middle|\; \begin{array}{ll} x = 8\, r_1^{2/3}\, r_2^{1/3} & \\ 0 \leqq r_1 \leqq 25 & 0 \leqq r_2 \leqq 25 \\ x \geqq 100 & \\ 6{,}25r_1 + 1{,}6r_2 \leqq 145 + 40\delta & \end{array} \right\}.$$

Bei der Gewinnfunktion sind der Stückerlös $p = 10$ GE sowie fixe Kosten $K_{fix} = 815$ GE zu berücksichtigen. Damit gilt

$$G_{Zerti}(r_1, r_2, x, \delta) = 10x - 20r_1 - 17,28r_2 - 815 - 50\delta,$$

wobei x wieder als Parameter betrachtet wird, um den optimalen Anpassungsprozess zu ermitteln. In der Abbildung 3.2.5 ist die von der Behörde vorgeschriebene Obergrenze $S = 145$ SE für die Schadstoffquantitäten eingezeichnet, die zeigt, dass die bisherige kostenminimale Anpassung bis $x = 134,71$ PE nicht tangiert wird (vgl. Punkt D in Abb. 3.2.5 und Tab. 3.2.1). Ab Punkt D ist eine Erhöhung der Produktquantität bei Konstanz des Schadstoffausstoßes entlang der Schadstoffisoquante $S = 145$ SE bis zum Punkt F bei $x = 151,51$ PE und darüber hinaus möglich.

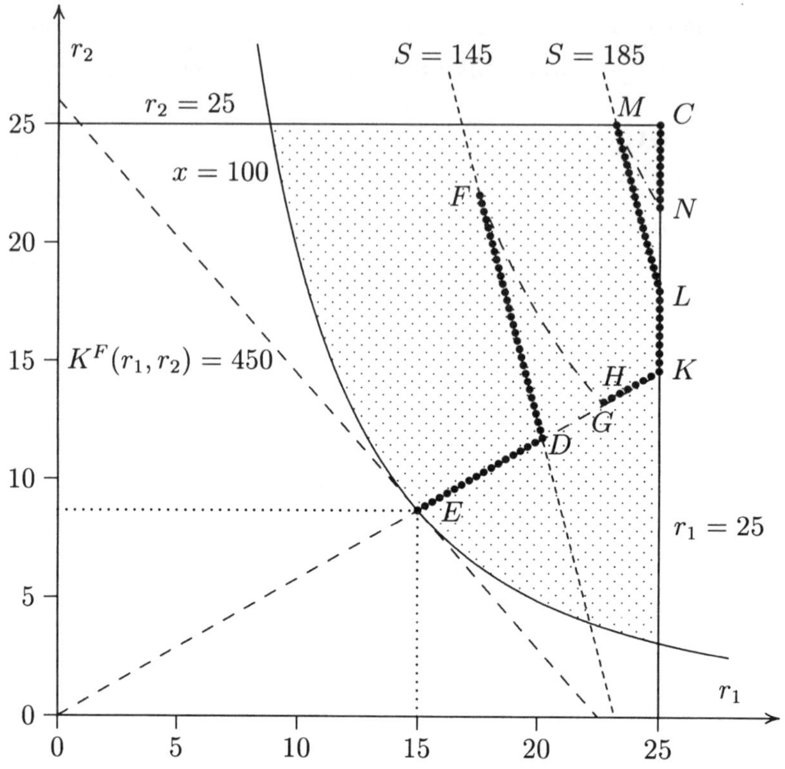

Abbildung 3.2.5: Zertifikatssteuerung bei COBB-DOUGLAS-Technologien (Beispiel CB3)

Hierbei übersteigen allerdings die variablen Kosten ab $x = 151,51$ PE entlang der Schadstoffisoquante $S = 145$ SE die um 50 GE erhöhten variablen Kosten bei kostenminimaler Anpassung. M.a.W.: Ab dieser Produktquantität ist es kostengünstiger, ein Emissionszertifikat zu erwerben.

Eine weitere Erhöhung der Produktquantität kann entlang des bereits bekannten Anpassungspfades erfolgen, bis bei $x = 179,15$ PE (vgl. Punkt L in Abb. 3.2.5) die zusätzlich erworbene Emissionskapazität erreicht ist. Danach ist es kostenminimal, sich zunächst auf der Schadstoffisoquante $S = 185$ SE bis $x = 190,28$ PE (vgl. Punkt M) und anschließend danach auf der Faktorisoquante $r_1 = 25$ FE_1 ab Punkt N durch erhöhten Einsatz

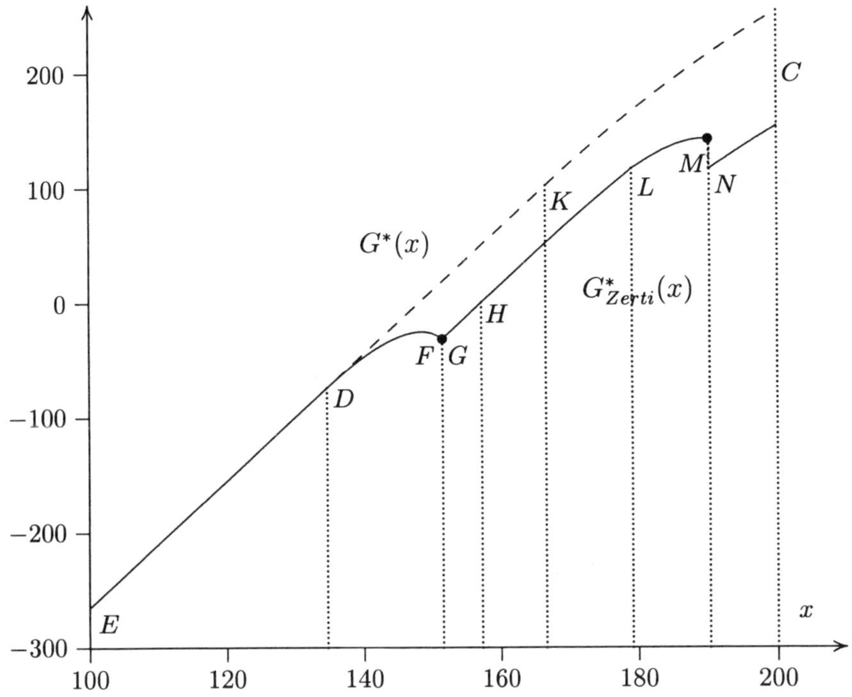

Abbildung 3.2.6: Zertifikatssteuerung bei COBB-DOUGLAS-Technologien (Beispiel CB3)

des Faktors 2 bis zur maximal erzeugbaren Produktquantität $x = 200$ *PE (vgl. Punkt* C*) anzupassen.*

Die Minimalkosten-Funktion besteht aus 6 Abschnitten (vgl. Abb. 3.2.6); für diese sind in Tabelle 3.2.1 ausgewählte Ergebnisse zusammengestellt.

Festzuhalten ist, dass die von der Umweltbehörde zugestandene Grundausstattung in Höhe von $S = 145$ *SE in diesem Beispiel zunächst einmal ohne Belang ist, weil der Schadstoffanfall zwischen den Punkten E und D die Grundausstattung von 145 SE nicht übersteigt (vgl. Abb. 3.2.5 und Tab. 3.2.1). Erst ab dem Punkt D zeigt die Einführung des umweltpolitischen Instrumentariums erste Wirkung der Art, dass sich das Unternehmen entlang der Schadstoffisoquante* $S = 145$*, d.h. bei konstantem Schadstoffausstoß, faktormäßig, d.h. Substitution von mehr* r_2 *gegen*

x	r_1	r_2	δ	$K^{F*}(x)$	$G^*_{Zerti}(x)$	$S_{G^*_{Zerti}}(x)$	Abb.
100,00	15,00	8,68	0	450,00	−265,00	107,64	*E*
134,71	20,21	11,69	0	606,19	−74,10	145,00	*D*
151,51	17,56	22,02	0	731,77	−31,72	145,00	*F*
	22,73	13,15	1	681,77		163,08	*G*
157,27	23,59	13,65	1	707,73	0,00	169,29	*H*
166,67	25,00	14,47	1	750,00	51,67	179,40	*K*
179,15	25,00	17,97	1	810,50	116,02	185,00	*L*
190,28	23,20	25,00	1	896,00	141,81	185,00	*M*
	25,00	21,53	2	872,03	115,79	190,70	*N*
200,00	25,00	25,00	2	932,00	**153,00**	196,25	*C*

Tabelle 3.2.1: Einige Ergebnisse einer Zertifikatssteuerung

weniger r_1, anpassen muss. Dies führt zu steigenden Kosten, so dass es geboten ist, bereits vor Erreichung der Faktorgrenze $r_2 = 25$ FE_2 ein Zertifikat zu kaufen und den Anpassungsprozess im Punkt G bei stetigem Gewinnübergang, jedoch steigender Schadstoffemission fortzusetzen (vgl. Abb. 3.2.5 und 3.2.6 sowie Tab. 3.2.1). Es ist somit nicht ökologisch, wohl aber ökonomisch sinnvoll, den Anpassungspfad im Punkt G fortzusetzen. Ab diesem Punkt erfolgt der Anpassungsprozess kostenminimal (zuzüglich 50 GE für ein Zertifikat) bis in Punkt L die Grenze des zulässigen Schadstoffausstoßes (Grundausstattung zuzüglich ein Zertifikat) erreicht wird. Die Anpassung entlang der Schadstoffisoquante $S = 185$ SE endet an der Faktorgrenze $r_2 = 25$ FE_2. Die Frage, ob durch Kauf eines zweiten Zertifikats der Gewinn weiter erhöht werden kann, ist positiv zu beantworten (vgl. Abb. 3.2.5 und 3.2.6 sowie Tab. 3.2.1).

Dem Unternehmen stehen zunächst 145 SE als Grundausstattung zur Verfügung, es werden weitere $2 \cdot 40$ SE gekauft, so dass das Unternehmen insgesamt bis zu 225 SE emittieren kann. Bei maximaler Produktion von 200 PE werden nur 196,25 SE in Anspruch genommen, so dass 28,75 SE in dem Sinne verfallen, dass sie hätten kostenfrei in Anspruch genommen werden können, was jedoch technologiebedingt nicht möglich ist. Auf *diese Weise können auch die mit der Ganzzahligkeitsproblematik verbundenen „Gewinne der Umwelt“ anhand dieses Beispiels nachvollzogen werden.* ◇

4 Leontief-Technologien

4.1 Technologien auf der Basis von linearen Prozessen

In Kapitel 2 wurden Technologien in relativ allgemeiner Form definiert und untersucht. Cobb-Douglas-Technologien fanden Eingang in Kapitel 3 zur Veranschaulichung von Planungsproblemen. In den folgenden Kapiteln 4 und 5 werden nunmehr weitere Technologien mit speziellen Eigenschaften beschrieben und analysiert. Abschnitt 4.1 beschäftigt sich mit Leontief-Technologien als speziellen Technologien. Insbesondere werden effiziente Produktionen und effiziente Prozesse in Leontief-Technologien, und zwar ohne und mit Nebengütern, definiert und diskutiert.

4.1.1 Lineare und diskrete Prozesse

Die Definition eines linearen Prozesses setzt u.a. voraus, dass die Güter der Technologie TM beliebig teilbar sind. Diese Voraussetzung trifft ohne Zweifel für zahlreiche Technologien zu. Man denke etwa an die Herstellung von Fließgütern, die als beliebig teilbar unterstellt werden können. In Kapitel 2 wurde ein linearer Prozess in seiner allgemein verbreiteten Form definiert (vgl. Definition 2.3.2, S. 52). Diese Definition wird hier wiederholt und weiter entwickelt.

Definition 4.1.1:

Gegeben sei ein Produktionssystem PS mit M Faktoren und N Produkten mit einer (unbeschränkten) Technologie $TM \subset \mathbb{R}^{M+N}$ sowie ein Prozess $Y \subset TM$.

Der Prozess Y heißt **linear**, wenn aus $\mathbf{y} \in Y$ folgt, dass auch $\mathbf{y}\lambda \in Y$ für $\lambda \in \mathbb{R}_+$ gilt.

Für Stückgüter, die sich gerade dadurch auszeichnen, dass sie nicht beliebig teilbar sind, ist die Definition 4.1.1 nicht geeignet. Ein Fahrrad beispielsweise besteht aus 1 Rahmen, 2 Rädern, 1 Sattel usw. Setzt ein Fahrradproduzent 7 Rahmen, 14 Räder, 7 Sättel usw. ein, wird er 7 Fahrräder herstellen können. Um Prozesse, die Stückgüter als Faktoren und/oder Produkte umfassen, analog den linearen Prozessen darstellen und untersuchen zu können, wird die Definition eines linearen Prozesses folgendermaßen modifiziert.

Definition 4.1.2:

Gegeben sei ein Produktionssystem PS mit M Faktoren und N Produkten mit einer (unbeschränkten) Technologie $TM \subset \mathbb{Z}^{M+N}$ sowie ein Prozess $Y_D \subset TM$.

Der Prozess Y_D heißt **diskret**, wenn aus $\mathbf{y} \in Y_D$ folgt, dass auch $\mathbf{y}\kappa \in Y_D$ für $\kappa \in \mathbb{N}_0$ gilt. □

Bei einer axiomatischen Begründung von Technologien werden lineare Prozesse auf der Grundlage des Proportionalitätsaxioms wie in Definition 4.1.1 definiert. Damit werden aber diskrete Prozesse, die aus betriebswirtschaftlicher Sicht eine wenigstens ebenso große Bedeutung haben wie lineare Prozesse, von vornherein aus der Betrachtung ausgeschlossen.

Bei der Analyse von Mehrfaktor-Einprodukt-Produktionssystemen ist es häufig zweckmäßig, die Definition von linearen und diskreten Prozessen auf der Grundlage von so genannten Basisproduktionen und Basisprozessen vorzunehmen.

Definition 4.1.3:

Gegeben sei ein Produktionssystem PS mit einer Technologiemenge $TM \subset \mathbb{R}^{M+1}$ sowie ein linearer Prozess $Y \subset TM$.

Eine Produktion $\mathbf{y}_B \in Y$ mit $x = 1$ heißt **Basisproduktion** (Basisproduktionspunkt). Der zugehörige lineare Prozess

$$Y_B = \{\mathbf{y} \in TM \mid \mathbf{y} = \mathbf{y}_B\lambda \quad (\lambda \in \mathbb{R}_+)\}$$

heißt **linearer Basisprozess**. □

Entsprechend ist eine Basisproduktion für diskrete Prozesse zu definieren.

Definition 4.1.4:

Gegeben sei ein Produktionssystem PS mit einer Technologiemenge $TM \subset \mathbb{Z}^{M+1}$ sowie ein diskreter Prozess $Y_D \subset TM$.

Eine Produktion $\mathbf{y}_B \in Y_D$ mit $x = 1$ heißt **Basisproduktion** (Basisproduktionspunkt). Der zugehörige diskrete Prozess

$$Y_{DB} = \{\mathbf{y} \in TM \mid \mathbf{y} = \mathbf{y}_B\,\kappa \quad (\kappa \in \mathbb{N}_0)\}$$

heißt **diskreter Basisprozess**. □

Bei gegebenen Basisproduktionen werden die – konstanten – Faktorquantitäten des k-ten linearen bzw. diskreten Prozesses im Allgemeinen mit a_{mk} bezeichnet, d.h., es ist

$$\mathbf{y}_{Bk} = \begin{pmatrix} -a_{1k} \\ \vdots \\ -a_{Mk} \\ 1 \end{pmatrix}.$$

Die nichtnegativen Größen $a_{1k}, \ldots, a_{Mk}$ heißen auch **Produktionskoeffizienten** (vgl. Abschnitt 3.1.1). Sie geben an, wie viele Faktoreinheiten des Faktors m zur Herstellung einer Produkteinheit des Produkts in Prozess k erforderlich sind ($m = 1, \ldots, M; k = 1, \ldots, K$). Produktionskoeffizienten gehen bei der Produktionsplanung in die Stücklisten für die verschiedenen, herzustellenden Erzeugnisse ein (vgl. u.a. GLASER et al., 1992, S. 14ff.).

4.1.2 Lineare und diskrete Technologien

Üblicherweise verfügen Unternehmen über mehrere Produktionsprozesse (Prozesse), mit denen das Produktions- und Absatzprogramm erzeugt werden kann. Es ist in diesem Zusammenhang unerheblich, ob es sich bei diesen Produktionsprozessen um mehrere, nicht notwendig identische Produktionsanlagen (Maschinen) handelt oder um unterschiedliche Fahrweisen ein und derselben Produktionsanlage. Für die weiteren Betrachtungen ist es ebenfalls unerheblich, ob in einer Periode jeweils nur ein einzelner Produktionsprozess oder gleichzeitig mehrere Produktionsprozesse zum Einsatz kommen. Mit diesen Vorüberlegungen wird nunmehr zunächst eine Technologie TM_L spezifiziert, die mehrere Prozesse und deren nichtnegative Linearkombinationen enthält. Zu diesem Zweck wird zunächst mit Hilfe von linearen Prozessen eine lineare Technologie, wie sie allgemein in der Literatur zu finden ist, definiert.

Definition 4.1.5:

Gegeben seien K lineare Prozesse $Y_k \subset \mathbb{R}^{M+N}$ sowie Produktionen $\mathbf{y}_k \in Y_k$ $(k = 1, \ldots, K)$.

Die Menge

$$TM_L := \left\{ \mathbf{y} \in \mathbb{R}^{M+N} \;\middle|\; \mathbf{y} = \sum_{k=1}^{K} \mathbf{y}_k \lambda_k, \quad (\lambda_1, \ldots, \lambda_K)^{\mathsf{T}} \in \mathbb{R}_+^K \right\}$$

heißt **lineare Technologie**.

(Vgl. u.a. WITTMANN, 1968, S. 102; KAMPKÖTTER, 1981, S. 101; FANDEL, 1996, S. 43). □

Lineare Technologien werden häufig für Mehrfaktor-Einprodukt-Produktionssysteme definiert (vgl. u.a. KISTNER, 1993, S. 64ff.). Mit der Definition einer linearen Technologie wird implizit vorausgesetzt, dass zwei oder mehr Produktionen – nichtnegativ gewichtet oder nicht – addierbar sind. Zwei Produktionen $\mathbf{y}' \in TM_L$ und $\mathbf{y}'' \in TM_L$ heißen – wie sich unmittelbar aus Definition 4.1.5 ergibt – addierbar, wenn $\mathbf{y}' + \mathbf{y}'' \in TM_L$ gilt. Zusammen mit der Linearitätseigenschaft lässt sich auch sagen, dass mit $\mathbf{y}' \in TM_L$ und $\mathbf{y}'' \in TM_L$ auch jede nichtnegative Linearkombination und somit auch jede Konvexkombination von $\mathbf{y}'$ und $\mathbf{y}''$ eine Produktion aus TM_L ist. Nichtnegative Linearkombinationen und damit auch Konvexkombinationen linearer Prozesse heißen auch **gemischte Prozesse**. Die eine lineare Technologie definierenden linearen Prozesse heißen in diesem Zusammenhang dann **reine Prozesse**. Damit wird konsequenterweise unterstellt, dass sich auch zwei oder mehrere lineare Prozesse – nichtnegativ gewichtet oder nicht – addieren lassen, d.h., aus $Y' \subset TM_L$ und $Y'' \subset TM_L$ folgt $\{\mathbf{y}' + \mathbf{y}'' \mid \mathbf{y}' \in Y', \mathbf{y}'' \in Y''\} \subset TM_L$ (vgl. u.a. KOOPMANS, 1951b, S. 36; HILDENBRAND/HILDENBRAND, 1975, S. 28; EICHHORN, 1978, Sp. 1060). Im übrigen stellt jede lineare Technologie TM_L einen konvexen Kegel dar (vgl. Anhang, S. 232).

Auf der Grundlage der in Definition 4.1.2 eingeführten diskreten Prozesse lässt sich eine diskrete Technologie analog zur linearen Technologie definieren:

Definition 4.1.6:

Gegeben seien K diskrete Prozesse $Y_{Dk} \subset \mathbb{Z}^{M+N}$ sowie Produktionen $\mathbf{y}_{Dk} \in Y_{Dk}$ $(k = 1, \ldots, K)$.

Die Menge

$$TM_D := \left\{ \mathbf{y} \in \mathbb{Z}^{M+N} \;\middle|\; \mathbf{y} = \sum_{k=1}^{K} \mathbf{y}_{Dk}\kappa_k, \quad (\kappa_1, \ldots, \kappa_K)^{\mathsf{T}} \in \mathbb{N}_0^K \right\}$$

heißt **diskrete Technologie**.

(vgl. FRANK, 1969, S. 90ff.; DYCKHOFF, 2000, S. 59f.; DINKELBACH/KLEINE, 2001, S. 62ff.). □

Diskrete Technologien weisen weniger angenehme Eigenschaften auf als lineare Technologien. Ihrer relativ größeren Nähe zur Praxis können erhebliche numerische Schwierigkeiten bei der Bestimmung optimaler Lösungen entgegenstehen.

Enthält eine lineare bzw. diskrete Technologie nur einen linearen bzw. diskreten Prozess, ist somit $K = 1$, dann entfällt die Suche nach einem geeigneten Prozess im Rahmen der Produktionsaufgabe. Anderenfalls stellt sich die Frage nach effizienten Produktionen (vgl. Definition

2.1.4, S. 39). Die Definition 2.1.4 gilt uneingeschränkt sowohl für lineare Technologien TM_L als auch für diskrete Technologien TM_D (vgl. auch Anhang, S. 231 und S. 243). Für lineare bzw. diskrete Technologien in Mehrfaktor-Einprodukt-Produktionssystemen gilt speziell:

Definition 4.1.7:

Es sei $TM_L \subset \mathbb{R}^{M+1}$ eine durch K Basisproduktionen $\mathbf{y}_{B1}, \ldots, \mathbf{y}_{BK}$ definierte lineare Technologie. Eine Basisproduktion $\mathbf{y}_{Bk^0} \in TM_L$ ($k^0 \in \{1, \ldots, K\}$) heißt genau dann **effizient bezüglich TM_L**, wenn weder eine Basisproduktion noch eine Konvexkombination von Basisproduktionen $y'_B \in TM_L$ existiert mit

$$\begin{array}{rcll} r'_m & \leqq & a_{mk^0} & \text{für alle } m = 1, \ldots, M \\ r'_\mu & < & a_{\mu k^0} & \text{für mindestens ein } \mu \in \{1, \ldots, M\}. \end{array}$$

Mit TM_L^0 wird die Menge aller bezüglich TM_L effizienten Basisproduktionen bezeichnet. □

Definition 4.1.8:

Es sei $TM_L \subset \mathbb{R}^{M+1}$ eine durch K Basisproduktionen $\mathbf{y}_{B1}, \ldots, \mathbf{y}_{BK}$ definierte lineare Technologie. Eine Basisproduktion $\mathbf{y}_{Bk^0} \in TM_L$ **dominiert** genau dann eine Basisproduktion oder eine Konvexkombination von Basisproduktionen $y'_B \in TM_L$ **bezüglich TM_L**, wenn gilt:

$$\begin{array}{rcll} r'_m & \geqq & a_{mk^0} & \text{für alle } m = 1, \ldots, M \\ r'_\mu & > & a_{\mu k^0} & \text{für mindestens ein } \mu \in \{1, \ldots, M\}. \end{array}$$

□

Eine effiziente Produktion heißt auch nichtdominiert; eine dominierende Produktion ist nicht notwendig effizient. Für diskrete Technologien gelten die Definitionen 4.1.7 und 4.1.8 entsprechend. Durch paarweisen Vergleich der bei einer linearen bzw. diskreten Technologie gegebenen Produktionen $\mathbf{y}_k$ bzw. Basisproduktionen $\mathbf{y}_{Bk}$ ($k = 1, \ldots, K$) ist es häufig möglich, durch direkten Koeffizientenvergleich dominierte bzw.

insbesondere auch effiziente Produktionen zu identifizieren. Bei der Betrachtung von Basisproduktionen aus linearen Mehrfaktor-Einprodukt-Technologien, die in der Literatur wie auch hier besonders ausführlich analysiert werden, fallen Effizienz und Input-Effizienz zusammen, so dass in diesem Zusammenhang vielfach auch verkürzt von Effizienz gesprochen wird, wenn – genau genommen – Input-Effizienz gemeint ist. Hierauf und auf weitere spezielle Aspekte zur Bestimmung effizienter Produktionen in linearen und diskreten Technologien wird in den folgenden Beispielen A3, B3 und E1 eingegangen (vgl. auch Testprogramm, S. 237).

Beispiel A3:

SCHLÜSSELWÖRTER: Lineare Technologie, effiziente Prozesse

In Fortführung des Beispiels A1 (vgl. S. 29) wird hier für ein Zweifaktor-Einprodukt-Produktionssystem eine lineare Technologie TM_L mit den folgenden sechs Basisproduktionen betrachtet:

$$\mathbf{y}_{B1} = \begin{pmatrix} -30 \\ -40 \\ +1 \end{pmatrix}, \ \mathbf{y}_{B2} = \begin{pmatrix} -35 \\ -38 \\ +1 \end{pmatrix}, \ \mathbf{y}_{B3} = \begin{pmatrix} -40 \\ -32 \\ +1 \end{pmatrix},$$

$$\mathbf{y}_{B4} = \begin{pmatrix} -45 \\ -30 \\ +1 \end{pmatrix}, \ \mathbf{y}_{B5} = \begin{pmatrix} -60 \\ -24 \\ +1 \end{pmatrix}, \ \mathbf{y}_{B6} = \begin{pmatrix} -70 \\ -25 \\ +1 \end{pmatrix}.$$

Damit ist

$$TM_L = \left\{ \mathbf{y} \in \mathbb{R}^3 \;\middle|\; \mathbf{y} = \begin{pmatrix} -r_1 \\ -r_2 \\ \sum\limits_{k=1}^{6} \lambda_k \end{pmatrix}, \ \lambda_1, \ldots, \lambda_6 \geqq 0 \right\}$$

mit

$$\begin{aligned} r_1 &= 30\lambda_1 + 35\lambda_2 + 40\lambda_3 + 45\lambda_4 + 60\lambda_5 + 70\lambda_6 \\ r_2 &= 40\lambda_1 + 38\lambda_2 + 32\lambda_3 + 30\lambda_4 + 24\lambda_5 + 25\lambda_6. \end{aligned}$$

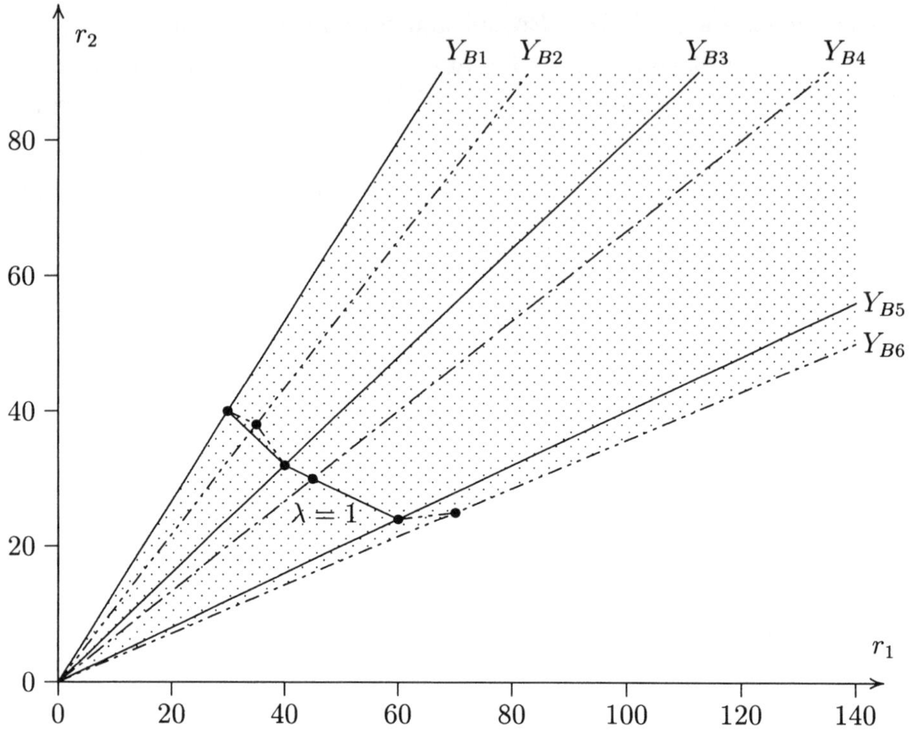

Abbildung 4.1.1: Lineare Technologie (Beispiel A3)

In Abbildung 4.1.1 sind die reinen Basisprozesse

$$Y_{Bk} = \{\mathbf{y} \in \mathbb{R}^3 \mid \mathbf{y} = \mathbf{y}_{Bk}\lambda_k, \ \ \lambda_k \geqq 0\} \qquad (k = 1, \ldots, 6),$$

in den Koordinaten r_1 *und* r_2 *eingezeichnet. Eine Betrachtung der Basisproduktionen zeigt, dass* $\mathbf{y}_{B1}, \mathbf{y}_{B3}, \mathbf{y}_{B4}$ *und* $\mathbf{y}_{B5}$ *effizient bezüglich der zugehörigen linearen Technologie* TM_L*, hingegen* $\mathbf{y}_{B2}$ *und* $\mathbf{y}_{B6}$ *nicht effizient bezüglich* TM_L *sind. Zum einen wird* $\mathbf{y}_{B6}$ *von* $\mathbf{y}_{B5}$ *und zum anderen* $\mathbf{y}_{B2}$ *von* $0,5\mathbf{y}_{B1} + 0,5\mathbf{y}_{B3}$ *dominiert. Die Basisproduktion* $\mathbf{y}_{B4}$ *kann als Konvexkombination von* $\mathbf{y}_{B3}$ *und* $\mathbf{y}_{B5}$ $(\mathbf{y}_{B4} = 0,75\mathbf{y}_{B3} + 0,25\mathbf{y}_{B5})$ *dargestellt und daher vernachlässigt werden. M.a.W.: Alle nichtnegativen*

Linearkombinationen von Produktionen aus den Basisprozessen $\mathbf{y}_{B1}$ *und* $\mathbf{y}_{B3}$ *bzw.* $\mathbf{y}_{B3}$ *und* $\mathbf{y}_{B5}$ *sind (input-)effizient bezüglich* TM_L*, d.h., es ist:*

$$TM_L^0 = \left\{ \mathbf{y} \in \mathbb{R}^3 \middle| \begin{array}{c} \mathbf{y} = \mathbf{y}_{B1}\lambda_1 + \mathbf{y}_{B3}\lambda_3 \\ \lambda_1, \lambda_3 \geqq 0 \end{array} \right\} \cup \left\{ \mathbf{y} \in \mathbb{R}^3 \middle| \begin{array}{c} \mathbf{y} = \mathbf{y}_{B3}\lambda_3 + \mathbf{y}_{B5}\lambda_5 \\ \lambda_3, \lambda_5 \geqq 0 \end{array} \right\}.$$

Für $\lambda_k = 1$ *ergeben sich die eingezeichneten Basisproduktionen. Für* $\lambda_k > 1$ *befindet man sich auf dem Basisprozessstrahl oberhalb, für* $\lambda_k < 1$ *unterhalb der Basisproduktionen* ($k \in \{1, \ldots, 6\}$)*. Die nicht effizienten Basisprozesse* Y_{B2} *und* Y_{B6} *sowie der redundante Basisprozess* Y_{B4} *sind gestrichelt dargestellt.*

Warum muss die effiziente lineare Technologie TM_L^0 *als Vereinigung zweier Mengen formuliert werden? Weil nur Kombinationen von „benachbarten" effizienten Basisproduktionen wieder zu effizienten Produktionen führen (vgl. Abb. 4.1.1). Es ist leicht nachzuvollziehen, dass alle (echten) Konvexkombinationen der Basisproduktionen* $\mathbf{y}_{B1}$ *und* $\mathbf{y}_{B5}$*, d.h. alle Produktionen* $\mathbf{y}_{B1}\lambda_1 + \mathbf{y}_{B5}\lambda_5$ *für* $\lambda_1, \lambda_5 > 0$*, u.a. von Konvexkombinationen aus* $\mathbf{y}_{B1}$ *und* $\mathbf{y}_{B3}$ *sowie aus* $\mathbf{y}_{B3}$ *und* $\mathbf{y}_{B5}$ *dominiert werden.* ◇

Beispiel B3:

SCHLÜSSELWÖRTER: Lineare Technologie, effiziente Produktionen

Die sechs Produktionen (Produktionspunkte, Aktivitäten) der Technologie TM aus Beispiel B2 (vgl. S. 41) bilden in diesem Beispiel den Ausgangspunkt zur Definition von sechs linearen Prozessen. Es seien

$$Y_1 = \left\{ \begin{pmatrix} -3 \\ -4 \\ +6 \\ +4 \end{pmatrix} \lambda_1 \right\}, \; Y_2 = \left\{ \begin{pmatrix} -2 \\ -2 \\ +4 \\ +5 \end{pmatrix} \lambda_2 \right\}, \; Y_3 = \left\{ \begin{pmatrix} -4 \\ -3 \\ +6 \\ +4 \end{pmatrix} \lambda_3 \right\},$$

$$Y_4 = \left\{ \begin{pmatrix} -2 \\ -2 \\ +5 \\ +4 \end{pmatrix} \lambda_4 \right\},\ Y_5 = \left\{ \begin{pmatrix} -4 \\ -3 \\ +4 \\ +5 \end{pmatrix} \lambda_5 \right\},\ Y_6 = \left\{ \begin{pmatrix} -3 \\ -3 \\ +6 \\ +6 \end{pmatrix} \lambda_6 \right\}$$

mit $\lambda_1, \ldots, \lambda_6 \geqq 0$. *Die zugehörige lineare Technologie* TM_L *lautet damit:*

$$TM_L = \left\{ \mathbf{y} \in \mathbb{R}^4 \;\middle|\; \mathbf{y} = \sum_{k=1}^{6} \mathbf{y}_k \lambda_k,\ \ (\lambda_1, \ldots, \lambda_6) \in \mathbb{R}^6_+ \right\}.$$

a) Lassen sich einige der – reinen – Prozesse $Y_1, \ldots, Y_6$ *möglicherweise als nicht effizient bezüglich* TM_L *identifizieren und dann bei einer weiteren Analyse dieses Beispiels vernachlässigen? Aufgrund der Ergebnisse des Beispiels B2 ist unmittelbar festzuhalten* $(\lambda_1, \lambda_3, \lambda_5, \lambda_6 > 0)$*:*

$$\begin{array}{llllll} Y_1 & \text{wird von} & Y_6 & \text{mit} & \lambda_1/\lambda_6 = 1 & \text{dominiert,} \\ Y_3 & \text{wird von} & Y_6 & \text{mit} & \lambda_3/\lambda_6 = 1 & \text{dominiert,} \\ Y_5 & \text{wird von} & Y_6 & \text{mit} & \lambda_5/\lambda_6 = 1 & \text{dominiert.} \end{array}$$

Damit können die linearen Prozesse Y_1, Y_3 *und* Y_5 *im Folgenden außer Betracht bleiben.*

b) Wie lautet die effiziente Teilmenge TM_L^0 *von* TM_L*? Nachdem die Prozesse* Y_1, Y_3 *und* Y_5 *als dominiert und damit als nicht effizient ausgeschieden wurden, verbleiben die Prozesse* Y_2, Y_4 *und* Y_6 *(vgl.* TM^0 *in Beispiel B2). Unter a) wurden nur reine Prozesse mit reinen Prozessen verglichen. Die lineare Technologie* TM_L *enthält aber auch gemischte Prozesse. Addiert man das* $\frac{2}{3}$*-fache von* Y_2 *zum* $\frac{2}{3}$*-fachen von* Y_4 *und vergleicht dieses Ergebnis mit* Y_6*, dann ergibt sich für* $\lambda_2 = \lambda_4 = \lambda' = \lambda_6 > 0$*:*

$$\frac{2}{3} \begin{pmatrix} -2 \\ -2 \\ +4 \\ +5 \end{pmatrix} \lambda_2 + \frac{2}{3} \begin{pmatrix} -2 \\ -2 \\ +5 \\ +4 \end{pmatrix} \lambda_4 = \begin{pmatrix} -\frac{8}{3} \\ -\frac{8}{3} \\ +6 \\ +6 \end{pmatrix} \lambda' \geq \begin{pmatrix} -3 \\ -3 \\ +6 \\ +6 \end{pmatrix} \lambda_6.$$

Der lineare Prozess Y_6 *wird somit von einer Linearkombination der linearen Prozesse* Y_2 *und* Y_4*, d.h. von einem gemischten Prozess, dominiert.*

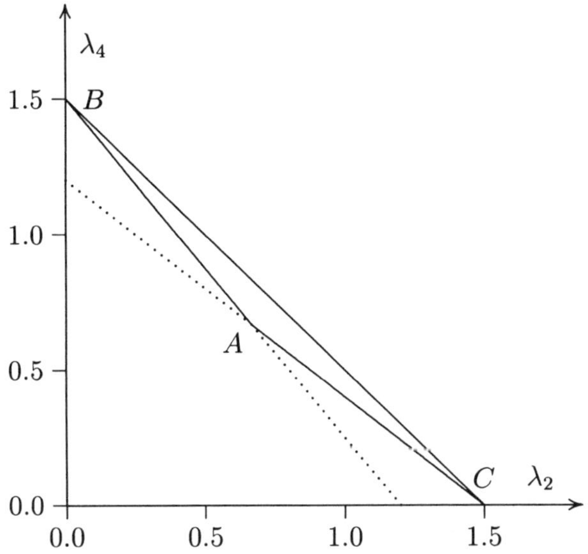

Abbildung 4.1.2: (λ_2, λ_4)-Kombinationen für dominierende Prozesse (Beispiel B3)

Da offensichtlich jede nichtnegative Linearkombination von $\mathbf{y}_2$ *und* $\mathbf{y}_4$ *effizient bezüglich* TM_L *ist, lautet die gesuchte effiziente Technologie*

$$TM_L^0 = \left\{ \mathbf{y} \in \mathbb{R}^4 \mid \mathbf{y} = \mathbf{y}_2\lambda_2 + \mathbf{y}_4\lambda_4, \quad \lambda_2, \lambda_4 \geqq 0 \right\}.$$

Die intuitiv gefundene Linearkombination ist möglicherweise nicht die einzige, mit der die Nichteffizienz des linearen Prozesses Y_6 *gezeigt werden kann. Um alle* (λ_2, λ_4)*-Kombinationen zu finden, die zu Prozessen führen, welche* Y_6 *dominieren, ist die Lösungsmenge (Menge der zulässigen Lösungen) des folgenden Ungleichungssystems zu analysieren:*

$$\mathbf{y}_2\lambda_2 + \mathbf{y}_4\lambda_4 = \begin{pmatrix} -2\lambda_2 & - & 2\lambda_4 \\ -2\lambda_2 & - & 2\lambda_4 \\ +4\lambda_2 & + & 5\lambda_4 \\ +5\lambda_2 & + & 4\lambda_4 \end{pmatrix} \geqq \begin{pmatrix} -3 \\ -3 \\ +6 \\ +6 \end{pmatrix} \lambda_6 .$$

Die gesuchte Lösungsmenge ist in Abbildung 4.1.2 durch das Dreieck ABC *dargestellt. Da in jedem Punkt des Dreiecks* ABC *wenigstens eine*

Ungleichung echt als Ungleichung erfüllt ist, führen in der Tat alle Paare (λ_2, λ_4) *des Dreiecks* ABC *(einschließlich der Randpunkte) zu einem gemischten Prozess, der den linearen Prozess* Y_6 *dominiert.*

c) Ist die Produktion $\mathbf{y}_A = (-60, -60, 133, 130)^{\mathsf{T}}$, *die von einer Planungsabteilung vorgeschlagen wird, unter den Gegebenheiten dieses Beispiels effizient bezüglich* TM_L? *Offensichtlich dominiert* $\mathbf{y}_A$ *das 20fache von* $\mathbf{y}_6$, *denn es gilt*

$$\begin{pmatrix} -60 \\ -60 \\ +133 \\ +130 \end{pmatrix} \geq \begin{pmatrix} -3 \\ -3 \\ +6 \\ +6 \end{pmatrix} \cdot 20 = \begin{pmatrix} -60 \\ -60 \\ +120 \\ +120 \end{pmatrix}.$$

Daraus folgt jedoch nicht, dass $\mathbf{y}_A$ *effizient bezüglich* TM_L *ist. Element der Lösungsmenge des Ungleichungssystems*

$$\mathbf{y}_2\lambda_2 + \mathbf{y}_4\lambda_4 = \begin{pmatrix} -2\lambda_2 & - & 2\lambda_4 \\ -2\lambda_2 & - & 2\lambda_4 \\ +4\lambda_2 & + & 5\lambda_4 \\ +5\lambda_2 & + & 4\lambda_4 \end{pmatrix} \geqq \begin{pmatrix} -60 \\ -60 \\ +133 \\ +130 \end{pmatrix}$$

ist beispielsweise $\lambda_2 = 17$ *und* $\lambda_4 = 13$. *Die Produktion* $17\mathbf{y}_2 + 13\mathbf{y}_4$ *dominiert* $\mathbf{y}_A$, *so dass die vorgeschlagene Produktion* $\mathbf{y}_A$ *nicht effizient bezüglich* TM_L *ist.* ◇

Beispiel E1:

SCHLÜSSELWÖRTER: Diskrete Technologie, (input-)effiziente Produktionen, wesentlich effiziente Produktionen

Grundlage des Beispiels E1 sind die Basisproduktionen

$$\mathbf{y}_{B1} = \begin{pmatrix} -24 \\ -41 \\ +1 \end{pmatrix}, \ \mathbf{y}_{B2} = \begin{pmatrix} -36 \\ -31 \\ +1 \end{pmatrix}, \ \mathbf{y}_{B3} = \begin{pmatrix} -47 \\ -20 \\ +1 \end{pmatrix},$$

die sich nur in nichtnegativen ganzzahligen Vielfachen und deren Kombinationen realisieren lassen. Die zugehörige diskrete Technologie TM_D lässt sich wie folgt formulieren:

$$TM_D = \left\{ \mathbf{y} \in \mathbb{Z}^3 \;\middle|\; \mathbf{y} = \sum_{k=1}^{3} \mathbf{y}_{Bk}\kappa_k, \quad (\kappa_1, \kappa_2, \kappa_3)^{\mathsf{T}} \in \mathbb{N}_0^3 \right\}.$$

Offensichtlich ist jede einzelne Basisproduktion, wie sich unmittelbar

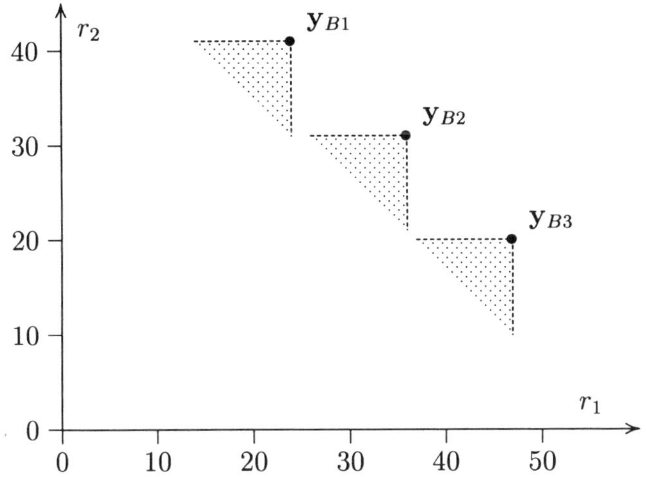

Abbildung 4.1.3: Effiziente Basisproduktionen in diskreten Technologien (Beispiel E1)

durch Koeffizientenvergleich ersehen lässt, effizient bezüglich TM_D. Die in Abbildung 4.1.3 eingezeichneten Dominanzkegel (vgl. Anhang, S. 234), die gegebenenfalls dominierende Produktionen enthalten, sind leer. Es sind jedoch nur die effizienten Basisproduktionen $\mathbf{y}_{B1}$ und $\mathbf{y}_{B3}$ wesentlich effizient (vgl. Anhang, S. 243), nicht jedoch die Basisproduktion $\mathbf{y}_{B2}$ (vgl. Beispiel A2.1, S. 80). Dies führt zu den im Folgenden geschilderten Besonderheiten diskreter Technologien.

Kann – so muss an dieser Stelle gefragt werden – aus der Effizienz einer Basisproduktion aus TM_D geschlossen werden, dass auch ein ganzzahliges Vielfaches dieser Basisproduktion zur Herstellung von mehr als einer Produktquantität effizient bezüglich der Technologie TM_D ist? Dies

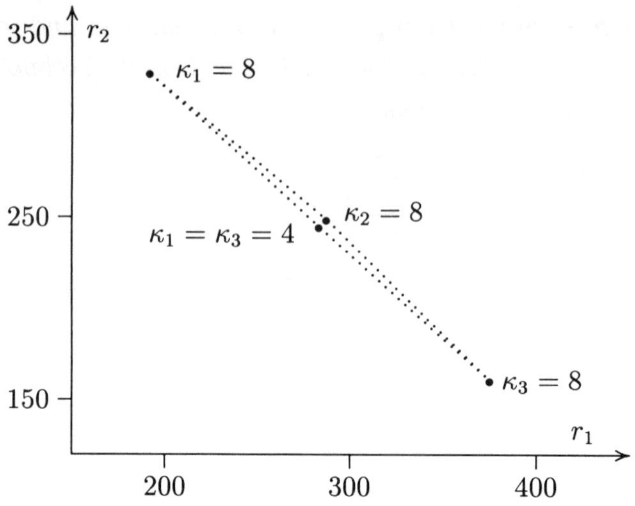

Abbildung 4.1.4: Wesentlich effiziente Produktionen in diskreten Technologien (Beispiel E1)

muss nicht zwingend der Fall sein. Offenbar können 2κ PE ausschließlich mit dem zweiten Prozess, aber auch mit dem ersten gemeinsam mit dem dritten Prozess mit je κ PE , d.h. mit insgesamt 2 κ PE, hergestellt werden ($\kappa \in \mathbb{N}$). Dabei zeigt sich aber, dass der zweite Prozess von der angegebenen (ganzzahligen) Kombination aus erstem und drittem Prozess, die zu wesentlich effizienten Produktionen führt, dominiert wird:

$$\begin{pmatrix} -36 \\ -31 \\ +1 \end{pmatrix} (2\kappa) = \begin{pmatrix} -72\kappa \\ -62\kappa \\ +2\kappa \end{pmatrix} \leq \begin{pmatrix} -71\kappa \\ -61\kappa \\ +2\kappa \end{pmatrix} = \begin{pmatrix} -24 \\ -41 \\ +1 \end{pmatrix} \kappa + \begin{pmatrix} -47 \\ -20 \\ +1 \end{pmatrix} \kappa.$$

Für $\kappa = 4$ gilt beispielsweise (vgl. Abb. 4.1.4):

$$\begin{pmatrix} -36 \\ -31 \\ +1 \end{pmatrix} 8 = \begin{pmatrix} -288 \\ -248 \\ +8 \end{pmatrix} \leq \begin{pmatrix} -284 \\ -244 \\ +8 \end{pmatrix} = \begin{pmatrix} -24 \\ -41 \\ +1 \end{pmatrix} 4 + \begin{pmatrix} -47 \\ -20 \\ +1 \end{pmatrix} 4.$$

◇

Wie dieses Beispiel zeigt, folgt bei diskreten Technologien – im Gegensatz zu linearen Technologien – aus der Effizienz einer diskreten Basisproduktion nicht die Effizienz des zugehörigen gesamten diskreten Basisprozesses.

4.1.3 LEONTIEF-Technologien ohne Nebengüter

Die in Abschnitt 4.1.2 eingeführten linearen und diskreten Technologien haben für eine **betriebswirtschaftliche Produktionstheorie** grundlegende Bedeutung. In der betrieblichen Praxis sind Technologien jedoch nicht – wie bisher unterstellt – unbeschränkt. Vielmehr ist insbesondere für eine statische (einperiodige) Betrachtung davon auszugehen, dass in einem Produktionssystem sowohl die Menge der einsetzbaren Faktoren und/oder die der herzustellenden Produkte beschränkt sind. Beschränkungen dieser Art werden in der im folgenden definierten LEONTIEF-Technologie für Mehrfaktor-Einprodukt-Produktionssysteme durch Spezialisierung der zu Grunde liegenden linearen Technologien explizit berücksichtigt.

Definition 4.1.9:

Gegeben sei ein Mehrfaktor-Einprodukt-Produktionssystem PS mit K Basisproduktionen

$$\mathbf{y}_{Bk} = \begin{pmatrix} -a_{1k} \\ \vdots \\ -a_{mk} \\ \vdots \\ -a_{Mk} \\ +1 \end{pmatrix} \qquad (k = 1, \ldots, K).$$

Ferner seien

$\overline{\overline{r}}_m \in \mathbb{R}_+$ eine Obergrenze für die Quantität des Faktors m $(m = 1, \ldots, M)$ und

$\underline{x} \in \mathbb{R}_+$ eine Untergrenze für die Produktquantität.

Die Menge

$$LT := \left\{ \begin{pmatrix} -r_1 \\ \vdots \\ -r_M \\ +x \end{pmatrix} \in \mathbb{R}^{M+1} \left| \begin{array}{rcl} r_1 & = & \sum\limits_{k=1}^{K} a_{1k}x_k \leqq \bar{\bar{r}}_1 \\ \vdots & & \vdots \\ r_M & = & \sum\limits_{k=1}^{K} a_{Mk}x_k \leqq \bar{\bar{r}}_M \\ x & = & \sum\limits_{k=1}^{K} x_k \geqq \overline{x} \\ x_k & \geqq & 0 \ (k = 1, \ldots, K) \end{array} \right. \right\}$$

heißt **LEONTIEF-Technologie**.
(Vgl. u.a. DINKELBACH, 1991, S. 367). □

Die Variablen $x_1, \ldots, x_K$ bezeichnen hier die Produktquantitäten, die mit den durch die Basisproduktionen $\mathbf{y}_{B1}, \ldots, \mathbf{y}_{BK}$ definierten linearen (reinen) Prozessen herzustellen sind $(k = 1, \ldots, K)$. Die Variable λ_k einer linearen Technologie gibt hingegen das Vielfache an, mit dem der lineare Prozess Y_k einzusetzen ist. Geht man von Mehrfaktor-Einprodukt-Produktionssystemen, d.h. von Basisproduktionen, aus, dann gibt die Variable λ_k unmittelbar die Produktquantität für den Prozess Y_{Bk} an. Für Mehrfaktor-Einprodukt-Produktionssysteme ist es somit naheliegend, λ_k durch x_k zu ersetzen $(k = 1, \ldots, K)$. Im Folgenden sei

$$\mathbf{A} = \begin{pmatrix} a_{11} & \ldots & a_{1K} \\ \vdots & & \vdots \\ a_{M1} & \ldots & a_{MK} \end{pmatrix}, \quad \bar{\bar{\mathbf{r}}} = \begin{pmatrix} \bar{\bar{r}}_1 \\ \vdots \\ \bar{\bar{r}}_M \end{pmatrix},$$

$$\mathbf{r} = (r_1, \ldots, r_M)^{\mathsf{T}}, \quad \mathbf{x} = (x_1, \ldots, x_K)^{\mathsf{T}},$$

$$\mathbf{o} = (0, \ldots, 0)^{\mathsf{T}} \quad \text{und} \quad \mathbf{1} = (1, \ldots, 1)^{\mathsf{T}}.$$

Mit diesen Vereinbarungen lässt sich eine LEONTIEF-Technologie verkürzt wie folgt beschreiben:

$$LT = \left\{ \begin{pmatrix} -\mathbf{r} \\ x \end{pmatrix} \in \mathbb{R}^{M+1} \;\middle|\; \mathbf{r} = \mathbf{A}\mathbf{x} \leqq \bar{\bar{\mathbf{r}}};\ x = \mathbf{1}^{\mathsf{T}}\mathbf{x} \geqq \overline{x};\ \mathbf{x} \geqq \mathbf{o} \right\}.$$

Durch die Angabe von $\mathbf{A}, \bar{\bar{\mathbf{r}}}$ und $\bar{x}$ ist eine LEONTIEF-Technologie vollständig beschrieben. Für lineare Technologien wie auch für LEONTIEF-Technologien als spezielle lineare Technologien existiert eine ausgebaute Theorie, die auch unter der Bezeichnung lineare Aktivitätsanalyse bekannt und eng mit der Theorie der linearen Programmierung verbunden ist (vgl. u.a. KOOPMANS, 1951a; WITTMANN, 1968, S. 102ff.; HILDENBRAND / HILDENBRAND, 1975, S. 22ff.; KAMPKÖTTER, 1981, S. 96ff.). LEONTIEF-Technologien bei unvollkommener Information stehen noch am Anfang ihrer Entwicklung (vgl. KLEINE, 1999). Eine diskrete LEONTIEF-Technologie lässt sich analog LT – ausgehend von einer diskreten Technologie (vgl. Definition 4.1.6, S. 109) – definieren.

Mit der LEONTIEF-Technologie LT ist im Prinzip nur ein Grundmodell für Produktionssysteme mit konstanten Produktionskoeffizienten geschaffen worden. Die Technologiemenge LT als Alternativenmenge eines produktionswirtschaftlichen Entscheidungsproblems kann je nach Problemstellung um weitere Nebenbedingungen ergänzt werden. Aspekte der Effizienz bei LEONTIEF-Technologien werden anhand des Beispiels A4 behandelt.

Beispiel A4:

SCHLÜSSELWÖRTER: LEONTIEF-*Technologie, effiziente Produktionen*

Die lineare Technologie TM_L des Beispiels A3 (vgl. S. 111) wird hier durch zusätzliche Nebenbedingungen zu einer LEONTIEF-*Technologie LT ergänzt. Es wird von den sechs Basisproduktionen des Beispiels A3 ausgegangen:*

$$\mathbf{y}_{B1} = \begin{pmatrix} -30 \\ -40 \\ +1 \end{pmatrix}, \quad \mathbf{y}_{B2} = \begin{pmatrix} -35 \\ -38 \\ +1 \end{pmatrix}, \quad \mathbf{y}_{B3} = \begin{pmatrix} -40 \\ -32 \\ +1 \end{pmatrix},$$

$$\mathbf{y}_{B4} = \begin{pmatrix} -45 \\ -30 \\ +1 \end{pmatrix}, \quad \mathbf{y}_{B5} = \begin{pmatrix} -60 \\ -24 \\ +1 \end{pmatrix}, \quad \mathbf{y}_{B6} = \begin{pmatrix} -70 \\ -25 \\ +1 \end{pmatrix}.$$

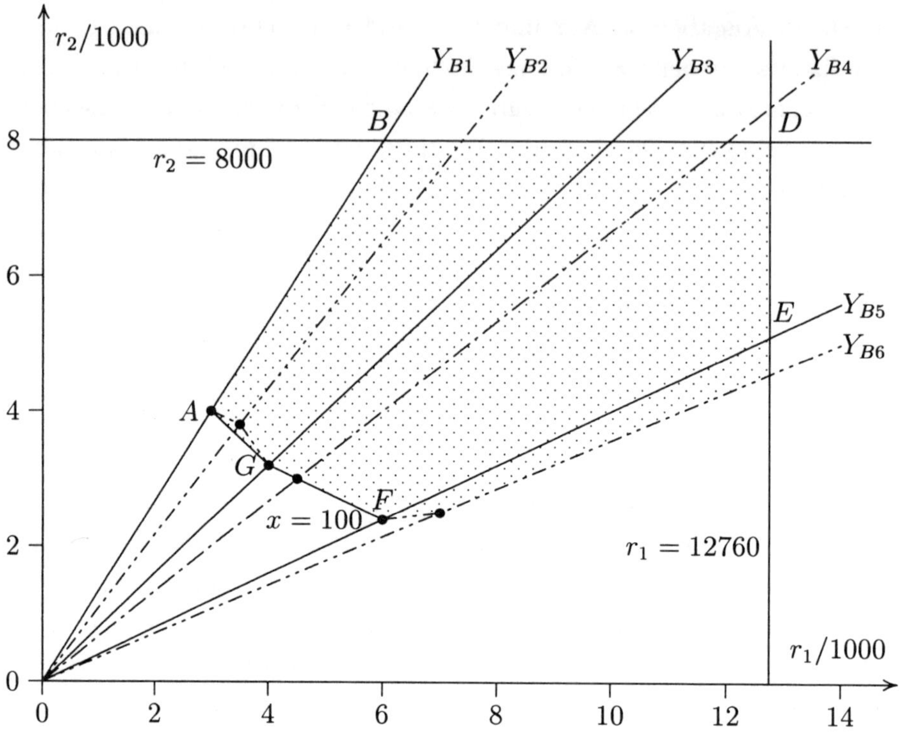

Abbildung 4.1.5: LEONTIEF-Technologie (Beispiel A4)

Die einzusetzenden Faktorquantitäten seien auf $\overline{\overline{r}}_1 = 12760\ FE_1$ *und* $\overline{\overline{r}}_2 = 8000\ FE_2$ *begrenzt; es sollen mindestens* $\overline{x} = 100\ PE$ *hergestellt werden. Damit ist*

$$LT = \left\{ \begin{pmatrix} -r_1 \\ -r_2 \\ +x \end{pmatrix} \in \mathbb{R}^3 \;\middle|\; \begin{array}{rcr} r_1 & \leqq & 12760 \\ r_2 & \leqq & 8000; \quad x_1, \ldots, x_6 \geqq 0 \\ x & \geqq & 100 \end{array} \right\}$$

mit

$$\begin{array}{rcrcrcrcrcrcr} r_1 & = & 30x_1 & + & 35x_2 & + & 40x_3 & + & 45x_4 & + & 60x_5 & + & 70x_6 \\ r_2 & = & 40x_1 & + & 38x_2 & + & 32x_3 & + & 30x_4 & + & 24x_5 & + & 25x_6 \\ x & = & x_1 & + & x_2 & + & x_3 & + & x_4 & + & x_5 & + & x_6. \end{array}$$

Von den bezüglich TM_L effizienten Basisprozessen Y_{B1}, Y_{B3}, Y_{B5} (vgl. Beispiel A3, S. 111) sind nur diejenigen Produktionen effizient bezüglich LT, für die gilt:

$$\mathbf{y}_{Bk} \in Y_{Bk} \cap LT \qquad (k = 1, 3, 5).$$

Damit lautet die Menge der bezüglich LT effizienten Produktionen LT^0:

$$LT^0 = \left\{ \mathbf{y} \in \mathbb{R}^3 \,\middle|\, \begin{array}{c} \mathbf{y} = \mathbf{y}_{B1}x_1 + \mathbf{y}_{B3}x_3 \\ x_1, x_3 \geqq 0 \\ \mathbf{y} \in LT \end{array} \right\} \cup \left\{ \mathbf{y} \in \mathbb{R}^3 \,\middle|\, \begin{array}{c} \mathbf{y} = \mathbf{y}_{B3}x_3 + \mathbf{y}_{B5}x_5 \\ x_3, x_5 \geqq 0 \\ \mathbf{y} \in LT \end{array} \right\}.$$

Die Menge LT^0 entspricht in Abbildung 4.1.5 dem Sechseck ABDEFG.

◇

4.1.4 LEONTIEF-Technologien mit Nebengütern

Nachdem in Abschnitt 4.1.2 und 4.1.3 die allgemein definierte Technologie *TM* (vgl. Definition 2.1.3, S. 34) in bestimmter Weise spezifiziert wurde, ist auf dieser Grundlage die Berücksichtigung von Umweltaspekten vorzunehmen. Ausgangspunkt ist zum einen die umweltorientierte Technologie *UTM* (vgl. Definition 2.2.1, S. 45) und zum anderen die LEONTIEF-Technologie *LT* (vgl. Definition 4.1.9, S. 119), die u.a. durch konstante Produktionskoeffizienten charakterisiert ist. Geht man nun davon aus, dass der Einsatz bzw. der Anfall von Nebengütern ebenfalls pro Produkteinheit konstant ist, lassen sich die Basisproduktionen um konstante Koeffizienten für den Einsatz bzw. den Anfall von Nebengütern ergänzen.

- Mit c_{qk} wird die pro Produkteinheit im k-ten reinen Prozess einzusetzende bzw. anfallende Menge des q-ten nicht erwünschten Nebengutes bezeichnet ($q = 1, \ldots, Q; k = 1, \ldots, K$). Die Koeffizienten c_{qk} werden zur Matrix $\mathbf{C}$ zusammengefasst. Bedingt etwa durch innerbetriebliche Lagerbegrenzungen oder durch beschränkte außerbetriebliche Entsorgungskapazitäten werden die insgesamt einzusetzenden bzw. anfallenden Mengen der nicht erwünschten Nebengüter nach oben begrenzt.

- Zur Berücksichtigung von erwünschten Nebengütern werden die Basisproduktionen weiterhin um Koeffizienten für diese Nebengüter erweitert. Die im k-ten reinen Prozess pro Produkteinheit einzusetzende bzw. anfallende Menge des p-ten erwünschten Nebengutes wird mit b_{pk} bezeichnet ($p = 1, \ldots, P; k = 1, \ldots, K$). Die Koeffizienten b_{pk} werden zur Matrix $\mathbf{B}$ zusammengefasst. Die insgesamt einzusetzenden bzw. anfallenden Mengen der erwünschten Nebengüter sind ebenfalls nach oben zu begrenzen, etwa in Hinblick auf eine beschränkte Aufarbeitungskapazität.

Definition 4.1.10:

Gegeben seien ein Produktionssystem PS mit M Faktoren, Q nicht erwünschten Nebengütern, P erwünschten Nebengütern und einem Produkt sowie K Basisproduktionen

$$\mathbf{z}_{Bk} = \begin{pmatrix} -a_{1k} \\ \vdots \\ -a_{Mk} \\ \\ -c_{1k} \\ \vdots \\ -c_{Qk} \\ \\ +b_{1k} \\ \vdots \\ +b_{Pk} \\ \\ 1 \end{pmatrix} \qquad (k = 1, \ldots, K;\ Q + P \geqq 1).$$

Ferner seien

$\overline{\overline{r}}_m \in \mathbb{R}_+$ eine Obergrenze für die Quantität des Faktors m $(m = 1, \ldots, M)$,

$\overline{\overline{v}}_q \in \mathbb{R}_+$ eine Obergrenze für die Quantität des nicht erwünschten Nebengutes q $(q = 1, \ldots, Q)$,

$\overline{\overline{u}}_p \in \mathbb{R}_+$ eine Obergrenze für die Quantität des erwünschten Nebengutes p $(p = 1, \ldots, P)$ und

$\overline{x} \in \mathbb{R}_+$ eine Untergrenze für die Produktquantität.

Die Menge

$$ULT := \left\{ \begin{pmatrix} -r_1 \\ \vdots \\ -r_M \\ -v_1 \\ \vdots \\ -v_Q \\ +u_1 \\ \vdots \\ +u_P \\ x \end{pmatrix} \in \mathbb{R}^{M+Q+P+1} \;\middle|\; \begin{array}{lcl} r_1 & = & \sum\limits_{k=1}^{K} a_{1k} x_k \leqq \overline{\overline{r}}_1 \\ \vdots & & \vdots \\ r_M & = & \sum\limits_{k=1}^{K} a_{Mk} x_k \leqq \overline{\overline{r}}_M \\ v_1 & = & \sum\limits_{k=1}^{K} c_{1k} x_k \leqq \overline{\overline{v}}_1 \\ \vdots & & \vdots \\ v_Q & = & \sum\limits_{k=1}^{K} c_{Qk} x_k \leqq \overline{\overline{v}}_Q \\ u_1 & = & \sum\limits_{k=1}^{K} b_{1k} x_k \leqq \overline{\overline{u}}_1 \\ \vdots & & \vdots \\ u_P & = & \sum\limits_{k=1}^{K} b_{Pk} x_k \leqq \overline{\overline{u}}_P \\ x & = & \sum\limits_{k=1}^{K} x_k \geqq \overline{x} \\ x_k & \geqq & 0 \; (k = 1, \ldots, K) \end{array} \right\}$$

heißt **umweltorientierte LEONTIEF-Technologie**.
(Vgl. DINKELBACH/PIRO, 1989; DINKELBACH, 1991). □

In Kurzform lautet eine umweltorientierte LEONTIEF-Technologie

$$ULT := \left\{ \begin{pmatrix} -\mathbf{r} \\ -\mathbf{v} \\ +\mathbf{u} \\ +x \end{pmatrix} \in \mathbb{R}^{M+Q+P+1} \;\middle|\; \begin{array}{lcl} \mathbf{r} & = & \mathbf{Ax} \leqq \overline{\overline{\mathbf{r}}} \\ \mathbf{v} & = & \mathbf{Cx} \leqq \overline{\overline{\mathbf{v}}} \\ \mathbf{u} & = & \mathbf{Bx} \leqq \overline{\overline{\mathbf{u}}} \\ x & = & \mathbf{1}^{\mathsf{T}}\mathbf{x} \geqq \overline{x} \end{array} ; \quad \mathbf{x} \geqq \mathbf{o} \right\}.$$

Die Bedeutung der bisher nicht explizit definierten Symbole erklärt sich aus dem Zusammenhang. Auf innerbetriebliches Recycling wird an dieser Stelle nicht eingegangen (vgl. hierzu auch DINKELBACH/PIRO, 1989, S. 474ff.). – STREBEL (1981) hat in ein auf RUSSELL (1973) zurückgehendes lineares Produktionsplanungsmodell ergänzend zu den Produktions- und Verkaufsaktivitäten Recyclingvariablen eingeführt, durch die der Einsatz bei den Faktoren reduziert werden kann. – KISTNER hat eine LEONTIEF-Technologie LT um lineare Entsorgungsprozesse („Disposalaktivitäten") ergänzt, die anfallende unerwünschte Nebenprodukte unter Inanspruchnahme von Faktoren derselben Technologie unmittelbar entsorgen („vernichten"). Durch diese neu hinzukommenden Prozesse werden die Faktorbegrenzungen zusätzlich belastet und zugleich die Schadstoffobergrenzen ausgeweitet (zu weiteren Einzelheiten vgl. (KISTNER, 1983, 1989); STEVEN, 1998, S. 99). – Im nachfolgenden Beispiel A5 stehen insbesondere Effizienzanalysen im Rahmen einer umweltorientierten LEONTIEF-Technologie im Mittelpunkt.

Beispiel A5:

SCHLÜSSELWÖRTER: Umweltorientierte LEONTIEF-*Technologie, effiziente, umweltorientiert-effiziente und schadstofforientiert-effiziente Produktionen*

Das Beispiel A5 umfasst $M = 2$ Faktoren, $Q = 2$ nicht erwünschte Nebenprodukte (Schadstoffe S1 und S2) und $N = 1$ Produkt. Es baut sowohl auf Beispiel A2 (vgl. S. 48) als auch auf Beispiel A4 (vgl. S. 121) auf. Die 6 Produktionen des Beispiels A2 werden nun zu Basisproduktionen des Beispiels A5. Die Faktor- und Produktrestriktionen werden aus Beispiel A4 übernommen und um die Entsorgungsrestriktionen ergänzt. Die Basisproduktionen der hier zu Grunde liegenden Technologie UTM lauten somit:

$$\{\mathbf{z}_{B1},\ldots,\mathbf{z}_{B6}\} =$$

$$\left\{\begin{pmatrix} -a_{11} \\ -a_{21} \\ -c_{11} \\ -c_{21} \\ +1 \end{pmatrix},\ldots,\begin{pmatrix} -a_{16} \\ -a_{26} \\ -c_{16} \\ -c_{26} \\ +1 \end{pmatrix}\right\} =$$

$$\left\{\begin{pmatrix} -30 \\ -40 \\ -11 \\ -6 \\ +1 \end{pmatrix},\begin{pmatrix} -35 \\ -38 \\ -9 \\ -6 \\ +1 \end{pmatrix},\begin{pmatrix} -40 \\ -32 \\ -7 \\ -8 \\ +1 \end{pmatrix},\begin{pmatrix} -45 \\ -30 \\ -6 \\ -9 \\ +1 \end{pmatrix},\begin{pmatrix} -60 \\ -24 \\ -3 \\ -9 \\ +1 \end{pmatrix},\begin{pmatrix} -70 \\ -25 \\ -1 \\ -9 \\ +1 \end{pmatrix}\right\}.$$

Die Entsorgungskapazitäten für die Schadstoffe S1 und S2 sind auf $\overline{\overline{v}}_1 = 1540$ *und* $\overline{\overline{v}}_2 = 2033$ *Schadstoffeinheiten begrenzt. Damit lautet die zu analysierende umweltorientierte* LEONTIEF*-Technologie:*

$$ULT = \left\{\begin{pmatrix} -r_1 \\ -r_2 \\ -v_1 \\ -v_2 \\ +x \end{pmatrix} \in \mathbb{R}^5 \;\middle|\; \begin{array}{lll} r_1 & \leqq & 12760 \\ r_2 & \leqq & 8000 \\ v_1 & \leqq & 1540; \quad x_1,\ldots,x_6 \geqq 0 \\ v_2 & \leqq & 2033 \\ x & \geqq & 100 \end{array}\right\}$$

mit

$$\begin{array}{rcrcrcrcrcrcr} r_1 & = & 30x_1 & + & 35x_2 & + & 40x_3 & + & 45x_4 & + & 60x_5 & + & 70x_6 \\ r_2 & = & 40x_1 & + & 38x_2 & + & 32x_3 & + & 30x_4 & + & 24x_5 & + & 25x_6 \\ v_1 & = & 11x_1 & + & 9x_2 & + & 7x_3 & + & 6x_4 & + & 3x_5 & + & 1x_6 \\ v_2 & = & 6x_1 & + & 6x_2 & + & 8x_3 & + & 9x_4 & + & 9x_5 & + & 9x_6 \\ x & = & x_1 & + & x_2 & + & x_3 & + & x_4 & + & x_5 & + & x_6. \end{array}$$

In Beispiel A2 (S. 48) sind alle – dort nicht linear kombinierbaren Produktionen effizient bezüglich UTM. Hier in Beispiel A5 hingegen sind gemischte Prozesse zugelassen, was impliziert, dass der Basisprozess

$Z_{B4} = \{\mathbf{z} \in \mathbb{R}^5 \,|\, \mathbf{z} = \mathbf{z}_{B4} x_4,\ x_4 \geqq 0\}$ *nicht effizient bezüglich ULT ist, wie eine Überprüfung mit Hilfe eines in der linearen Vektoroptimierung üblichen Testprogramms ergibt (vgl. Anhang, S. 237). Es gilt in diesem Falle:*

$$\frac{3}{4}\mathbf{z}_{B3} + \frac{1}{4}\mathbf{z}_{B5} = \frac{3}{4}\begin{pmatrix} -40 \\ -32 \\ -7 \\ -8 \\ +1 \end{pmatrix} + \frac{1}{4}\begin{pmatrix} -60 \\ -24 \\ -3 \\ -9 \\ +1 \end{pmatrix} = \begin{pmatrix} -45 \\ -30 \\ -6 \\ -8,25 \\ +1 \end{pmatrix} \geq \begin{pmatrix} -45 \\ -30 \\ -6 \\ -9 \\ +1 \end{pmatrix} = \mathbf{z}_{B4}.$$

Auf eine Bestimmung und Darstellung aller bezüglich ULT effizienten Produktionen dieses Beispiels wird hier verzichtet. Der Aufwand zur Charakterisierung eines dafür einzusetzenden Algorithmus würde über den Rahmen dieser einführenden Schrift hinausgehen (vgl. u.a. GAL, *1977;* STEUER, *1986, S. 254ff.;* ISERMANN, *1991, S. 437ff.). Alle effizienten Produktionen sind zugleich umweltorientiert- und schadstofforientiert-effizient.* ◇

Die LEONTIEF-Technologien *LT* aus Beispiel A4 und *ULT* aus Beispiel A5 unterscheiden sich dadurch, dass die Produktionen aus *ULT* zwei zusätzliche Komponenten (zwei nicht erwünschte Nebengüter in Form der zwei Schadstoffe S1 und S2) aufweisen. Der Verbrauch der zwei Faktoren ist bei den jeweils korrespondierenden Basisproduktionen identisch. M.a.W.: Im Rahmen der LEONTIEF-Technologie *LT* wird ein Produkt durch Einsatz zweier Faktoren hergestellt, wobei *LT* durch 6 Basisproduktionen definiert ist, die keine Nebengüter enthalten. Im Rahmen der umweltorientierten LEONTIEF-Technologie *ULT* wird dasselbe Produkt durch Einsatz derselben Faktoren hergestellt, wobei sich die *ULT* definierenden Basisproduktionen von den Basisproduktionen von *LT* dadurch unterscheiden, dass sie zusätzlich die Schadstoffe S1 und S2 ausweisen.

Analysiert man vergleichend die effizienten Basisprozesse in den Beispielen A4 (vgl. S. 121) und A5 (vgl. S. 126), so lässt sich folgendes feststellen:

- Ein in einer LEONTIEF-Technologie ohne Nebengüter dominierter Prozess bzw. eine dominierte Produktion kann durch Hinzunahme von Nebengütern effizient bezüglich der erweiterten Technologie werden. So sind in Beispiel A4 die Prozesse Y_{B2} und Y_{B6} bezüglich LT nicht effizient, wohl aber die entsprechenden Prozesse Z_{B2} und Z_{B6} bezüglich ULT in Beispiel A5. M.a.W.: Bei einem Einbezug von Nebengütern ist es nicht ausgeschlossen, dass sich ursprünglich dominierte Produktionen nunmehr als „optimal" erweisen können.

- In einer LEONTIEF-Technologie ohne Nebengüter braucht ein effizienter Prozess bzw. eine effiziente Produktion nach Einbeziehung von Nebengütern nicht mehr effizient bezüglich ULT zu sein. So ist in Beispiel A4 der Prozess Y_{B4} effizient bezüglich LT, nicht jedoch der korrespondierende Prozess Z_{B4} bezüglich ULT in Beispiel A5. Dies ist darauf zurückzuführen, dass die Basisproduktion $\mathbf{y}_{B4}$ als Konvexkombination von $\mathbf{y}_{B3}$ und $\mathbf{y}_{B5}$ dargestellt werden kann (vgl. Beispiel A3, S. 111).

4.2 Erfolgs- und umweltorientierte Produktionsplanung

Die in Abschnitt 3.2 diskutierten Produktionsplanungsaufgaben werden nunmehr anhand von LEONTIEF-Technologien näher analysiert. Es wird dabei der Frage nachgegangen, in welcher Weise die Produktquantitäten aus einem vorgegebenen Intervall $\overline{X} = [x_{min}, x_{max}]$ herzustellen sind, wenn auf der einen Seite ausschließlich erfolgsorientierte und auf der anderen Seite ausschließlich umweltorientierte Zielsetzungen verfolgt werden. Darauf aufbauend werden Konfliktsituationen zwischen den zwei genannten Zielsetzungen aufgezeigt und Möglichkeiten zu ihrer Lösung angesprochen.

4.2.1 Erfolgsorientierte Produktionsplanung

Die formulierten Produktionsaufgaben werden zunächst für Mehrfaktor-Einprodukt-LEONTIEF-Technologien ohne Nebengüter konkretisiert und anschließend an einem Beispiel erläutert. Ausgangspunkt ist die in Definition 4.1.9 formulierte LEONTIEF-Technologie (vgl. S. 119), deren Kurzform wie folgt lautet:

$$LT = \left\{ \begin{pmatrix} -\mathbf{r} \\ +x \end{pmatrix} \in \mathbb{R}^{M+1} \;\middle|\; \mathbf{r} = \mathbf{A}\mathbf{x} \leqq \overline{\overline{\mathbf{r}}};\; x = \mathbf{1}^{\mathsf{T}}\mathbf{x} \geqq \overline{x};\; \mathbf{x} \geqq \mathbf{o} \right\}.$$

Es seien die Faktorpreise $q_1, \ldots, q_M$, aus denen sich die Stückkosten $k_1, \ldots, k_K$ für jeden Basisprozess errechnen lassen, und der Produktpreis p gegeben. Zur Bestimmung einer **Minimalkosten-Kombination** für eine vorgegebene Produktquantität $\overline{x}$ ist die Optimierungsaufgabe

$$K^*(\overline{x}) = \min \left\{ \sum_{m=1}^{M} q_m r_m \;\middle|\; \begin{pmatrix} -\mathbf{r} \\ +\overline{x} \end{pmatrix} \in LT \right\}$$

zu lösen. Die deckungsbeitragsmaximale Produktion ist optimale Lösung der Optimierungsaufgabe

$$D^* = \max \left\{ p\,x - \sum_{k=1}^{K} k_k x_k \;\middle|\; \begin{pmatrix} -\mathbf{r} \\ +x \end{pmatrix} \in LT \right\}.$$

Zieht man vom maximalen Deckungsbeitrag die fixen Kosten K_{fix} ab, erhält man den maximalen Gewinn. Die deckungsbeitragsmaximalen Produktionen stimmen mit den gewinnmaximalen Produktionen überein, da die Höhe der fixen Kosten K_{fix} unabhängig von der herzustellenden Produktquantität x ist (vgl. Abschnitt 3.1.1). – Schließlich ergibt sich die **Minimalkosten-Funktion** in Abhängigkeit von der Produktquantität x aus dem parametrischen Programm

$$K^*(x) = \min\left\{\sum_{k=1}^{K} k_k x_k \;\middle|\; \begin{pmatrix} -\mathbf{r} \\ +x \end{pmatrix} \in LT\right\}$$

$$\text{für } x_{min} \leqq x \leqq x_{max}.$$

Betrachtet man den Gewinn $G(x)$ in Abhängigkeit der Produktquantität x (des Parameters x), dann ist die **Maximalgewinn-Funktion** $G^*(x)$, d.h. der maximale Gewinn für jede zulässige Produktquantität, unter den gegebenen Voraussetzungen unmittelbar aus der Minimalkosten-Funktion herzuleiten:

$$G^*(x) = D^*(x) - K_{fix} = E(x) - K^*(x) - K_{fix} = p\,x - K^*(x) - K_{fix}.$$

Schließlich ist die gewinnmaximale Produktquantität

$$x^* \in \operatorname{argmax}\{G^*(x) \mid x_{min} \leqq x \leqq x_{max}\}$$

von Interesse.

Beispiel A6:

SCHLÜSSELWÖRTER: LEONTIEF-*Technologie, Minimalkosten-Funktion, deckungsbeitragsmaximale Produktionen, gewinnmaximale Produktionen*

Für die LEONTIEF-*Technologie des Beispiels A4 (vgl. S. 121) werden die erwähnten Optimierungsaufgaben im Folgenden traditionell, d.h. unter Zuhilfenahme einer Graphik im* (r_1, r_2)*-Diagramm, gelöst. Gegenüber Beispiel A4 sind zusätzlich die Faktorpreise* $q_1 = 7$ GE/FE_1 *und* $q_2 = 8$ GE/FE_2 *sowie der Produktpreis* $p = 780$ GE/PE *gegeben. Weiterhin* sind gegebenenfalls fixe Kosten in Höhe von $K_{fix} = 45000\ GE$ zu berücksichtigen. Die LEONTIEF-Technologie LT aus Beispiel A4 lautete:

$$LT = \left\{ \begin{pmatrix} -r_1 \\ -r_2 \\ +x \end{pmatrix} \in \mathbb{R}^3 \;\middle|\; \begin{array}{lll} r_1 & \leqq & 12760 \\ r_2 & \leqq & 8000; \quad x_1, \ldots, x_6 \geqq 0 \\ x & \geqq & 100 \end{array} \right\}$$

mit

$$\begin{array}{lllllllllllll} r_1 & = & 30x_1 & + & 35x_2 & + & 40x_3 & + & 45x_4 & + & 60x_5 & + & 70x_6 \\ r_2 & = & 40x_1 & + & 38x_2 & + & 32x_3 & + & 30x_4 & + & 24x_5 & + & 25x_6 \\ x & = & x_1 & + & x_2 & + & x_3 & + & x_4 & + & x_5 & + & x_6. \end{array}$$

In Abbildung 4.2.1 sind aus Gründen der Übersichtlichkeit nur die effizienten Basisprozesse von LT durch die drei Strahlen

$$Y_{Bk} = \left\{ \begin{pmatrix} r_1 \\ r_2 \end{pmatrix} \in \mathbb{R}^2 \;\middle|\; \begin{pmatrix} a_{1k} \\ a_{2k} \end{pmatrix} x_k, \quad x_k \geqq 0 \right\}$$

wiedergegeben, wobei wie bisher x_k die Produktquantität angibt, die mit dem k-ten Basisprozess zu erzeugen ist ($k = 1, 3, 5$). Weiterhin sind in Abbildung 4.2.1 die Obergrenzen für die zwei Faktoren sowie u.a. die Produktisoquante $x = 100$ eingezeichnet.

Die Minimalkosten-Funktion ist das Ergebnis des parametrischen linearen Programms

$$K^*(x) = \min \left\{ 7r_1 + 8r_2 \;\middle|\; \begin{pmatrix} -r_1 \\ -r_2 \\ +x \end{pmatrix} \in LT \right\}$$
$$\text{für } 100 \leqq x \leqq x_{max}$$

mit dem Parameter x. Nachfolgend wird das parametrische lineare Programm Schritt für Schritt anhand ökonomischer Überlegungen gelöst.

Zur Bestimmung der Minimalkosten-Kombination für die Produktquantität $\overline{x} = 100$ kann man zunächst für jede Basisproduktion $\mathbf{y}_{Bk}$ die zugehörigen gesamten Stückkosten

$$k_k = \sum_{m=1}^{2} q_m a_{mk}$$

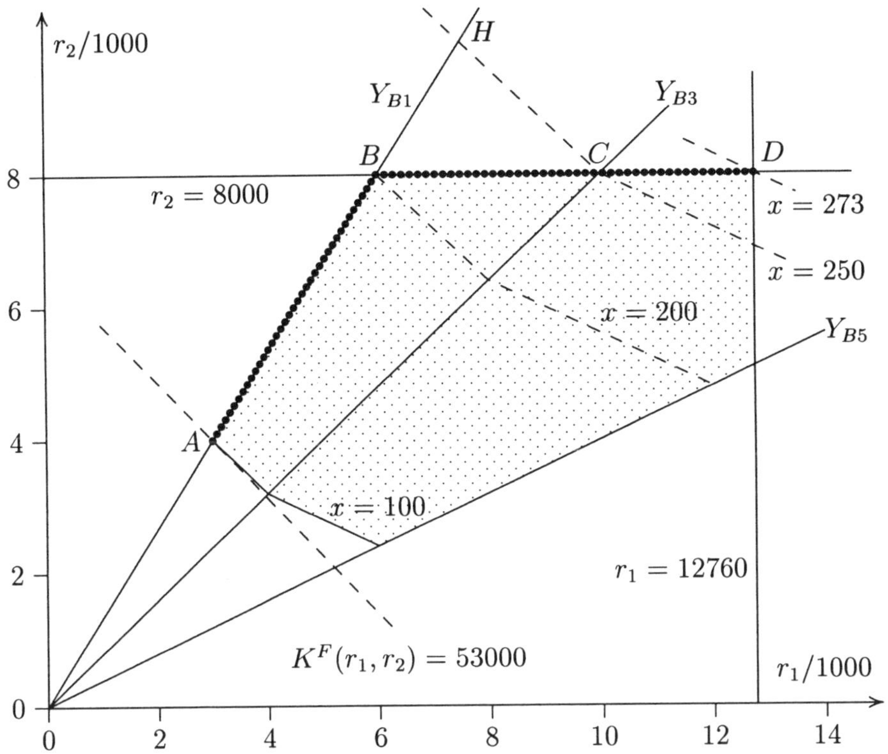

Abbildung 4.2.1: LEONTIEF-Technologie (Beispiel A6)

berechnen ($k = 1, \ldots, 6$). *Es sind*

$$k_1 = 530,\ k_2 = 549,\ k_3 = 536,\ k_4 = 555,\ k_5 = 612,\ k_6 = 690.$$

Der Prozess mit den minimalen Stückkosten ist der Basisprozess Y_{B1}. Die Produktquantität $\overline{x} = 100$ ist mit Basisprozess Y_{B1} herzustellen, was auch bezüglich LT möglich ist. Hierbei werden Kosten in Höhe von $K^*(100) = 530 \cdot 100 = 53000$ GE verursacht. In Abbildung 4.2.1 ist auch die Kostenfunktion $K^F(r_1, r_2)$, und zwar in Form einer Kostenisoquante für $K^F(r_1, r_2) = 7r_1 + 8r_2 = 53000$, eingezeichnet. Diese berührt die Produktisoquante $x = 100$ im zulässigen Punkt $(r_1, r_2) = (3000, 4000)$, der auf dem Basisprozess Y_{B1} liegt (vgl. Punkt A in Abb. 4.2.1).

Reichen die vorhandenen Faktorquantitäten $\overline{\overline{r}}_1$ und $\overline{\overline{r}}_2$ aus, so wäre auch etwa die Produktquantität $\overline{x} = 250$ PE mit Y_{B1} kostenminimal zu erzeugen. Zur Herstellung dieser Produktquantität mit dem Basisprozess

Y_{B1} werden jedoch vom ersten Faktor $r_1 = 30 \cdot 250 = 7500\ FE_1$ und vom zweiten Faktor $r_2 = 40 \cdot 250 = 10000\ FE_2$ benötigt. Während für den ersten Faktor die verfügbare Faktorquantität ausreicht, um den Bedarf zu decken, reicht beim zweiten Faktor die vorhandene Faktorquantität $\overline{\overline{r}}_2 = 8000\ FE_2$ hierfür nicht aus. Es fehlen 2000 FE_2. Die Produktisoquante $x = 250$ schneidet den Basisprozess Y_{B1} außerhalb des Zulässigkeitsbereichs von LT (vgl. Punkt H in Abb. 4.2.1). Diese Feststellung bildet den Ausgangspunkt für die Bestimmung der Minimalkosten-Funktion bei gegebener Technologie LT.

Durch die für dieses Beispiel geltende Definition von LT ist die minimale Produktquantität $x_{min} = 100\ PE$ vorgegeben; die kostenminimale Produktion für $x = x_{min} = 100\ PE$ wurde bereits ermittelt. Zur Bestimmung der Minimalkosten-Funktion $K^*(x)$ ist als nächstes zu ermitteln, wie viel Produkteinheiten x_1 mit dem stückkostenminimalen Basisprozess Y_{B1} maximal hergestellt werden können. Die mit diesem Basisprozess herstellbare Menge wird durch die verfügbaren Quantitäten für die beiden Faktoren begrenzt. Es gilt:

$$r_1 = 30x_1 \leqq 12760$$
$$r_2 = 40x_1 \leqq 8000.$$

Daher können mit dem Basisprozess Y_{B1} höchstens

$$x_1 = \min\{12760/30,\ 8000/40\} = 200$$

Produkteinheiten erzeugt werden (vgl. Punkt B in Abb. 4.2.1, in dem der Basisprozess Y_{B1} die Gerade $r_2 = \overline{\overline{r}}_2 = 8000$ schneidet). Damit ist zugleich der erste Teil $K_1^*(x)$ von $K^*(x)$ bestimmt. Dieser lautet:

$$K_1^*(x) = 530x \qquad \text{für } 100 \leqq x \leqq 200.$$

Eine weitere Erhöhung der Produktquantität bzw. ein weiteres Nach-Oben-Verschieben der Produktisoquante erfordert die zusätzliche Berücksichtigung eines Basisprozesses, der weniger vom knappen zweiten Faktor pro PE verbraucht. Das ist hier der zweitgünstigste Basisprozess Y_{B3}. Er wird entlang der Kapazitätsgrenze $r_2 = 8000$ mit dem

Basisprozess Y_{B1} kombiniert eingesetzt. Aus der zweiten und dritten Definitionsgleichung von LT erhält man

$$\begin{array}{rcrcr} 8000 & = & 40x_1 & + & 32x_3 \\ x & = & x_1 & + & x_3 \end{array}$$

und als Lösung dieses Gleichungssystems (x ist Parameter!):

$$\begin{array}{rcl} x_1 & = & 1000 - 4x \\ x_3 & = & 5x - 1000. \end{array}$$

Damit lässt sich der zweite Abschnitt $K_2^*(x)$ der Minimalkosten-Funktion ermitteln:

$$K_2^*(x) = k_1x_1 + k_3x_3 = 530(1000 - 4x) + 536(5x - 1000) = 560x - 6000.$$

Aus

$$\begin{array}{rclcr} r_1 & = & 30(1000 - 4x) + 40(5x - 1000) & \leqq & 12760 \\ x_1 & = & 1000 - 4x & \geqq & 0 \end{array}$$

folgt $x \leqq 250$ (vgl. Punkt C in Abb. 4.2.1), so dass der zweite Abschnitt $K_2^*(x)$ der Minimalkosten-Funktion für das Intervall $200 \leqq x \leqq 250$ gilt.

Eine weitere Produktionserhöhung durch eine Mischung mit dem drittgünstigsten Basisprozess Y_{B2} liegt auf den ersten Blick nahe, ist aber nicht vorteilhaft, da der Basisprozess Y_{B2} nicht input-effizient ist (vgl. Beispiel A3, S. 111). Eine Produktionserhöhung durch einen Einbezug des Basisprozesses Y_{B4} ist zwar nicht unzulässig, jedoch unzweckmäßig, da Y_{B4} eine Konvexkombination der Basisprozesse Y_{B3} und Y_{B5} ist (vgl. Beispiel A3, S. 111). Aus diesen Gründen wurden die Basisprozesse Y_{B2} und Y_{B4} sowie auch Y_{B6} nicht mehr in die Abbildung 4.2.1 übertragen (vgl. Abb. 4.1.5 in Beispiel A4, S. 122).

Die Erhöhung der Produktquantität über 250 PE hinaus ist jedoch durch Hinzunahme des Basisprozesses Y_{B5} bei fortgesetzter Ausschöpfung des zweiten Faktors möglich, wobei hier Mehrfachlösungen unter Einschluss von Y_{B4} außer Betracht bleiben. Aus

$$\begin{array}{rcrcr} 8000 & = & 32x_3 & + & 24x_5 \\ x & = & x_3 & + & x_5 \end{array}$$

ergibt sich (x ist Parameter!):

$$\begin{aligned} x_3 &= 1000 - 3x \\ x_5 &= 4x - 1000. \end{aligned}$$

Der Verlauf des dritten Abschnitts von $K^*(x)$ ist damit

$$K_3^*(x) = k_3 x_3 + k_5 x_5 = 536(1000 - 3x) + 612(4x - 1000) = 840x - 76000.$$

Noch zu klären ist die Frage, bis zu welcher Produktquantität der zuletzt gefundene Abschnitt von $K^*(x)$ realisiert werden kann. Aus

$$\begin{aligned} r_1 &= 40(1000 - 3x) + 60(4x - 1000) &\leqq 12760 \\ x_3 &= 1000 - 3x &\geqq 0 \end{aligned}$$

resultiert $x \leqq 273$ PE, so dass $K_3^*(x)$ für das Intervall $250 \leqq x \leqq 273$ Gültigkeit besitzt. Für $x = 273$ PE ist

$$\begin{aligned} x_3 &= 1000 - 3 \cdot 273 &= 181 \\ x_5 &= 4 \cdot 273 - 1000 &= 92 \end{aligned}$$

und

$$\begin{aligned} r_1 &= 40x_3 + 60x_5 &= 40 \cdot 181 + 60 \cdot 92 = 12760 \\ r_2 &= 32x_3 + 24x_5 &= 32 \cdot 181 + 24 \cdot 92 = 8000. \end{aligned}$$

Bei $x = 273$ sind damit beide Faktorquantitäten voll ausgeschöpft, so dass die maximale Produktionsmenge $x_{max} = 273$ beträgt (vgl. Punkt D in Abb. 4.2.1).

Zusammenfassend lautet die gesuchte Minimalkosten-Funktion:

$$K^*(x) = \begin{cases} 530x & (100 \leqq x \leqq 200) \\ 560x - 6000 & (200 \leqq x \leqq 250) \\ 840x - 76000 & (250 \leqq x \leqq 273). \end{cases}$$

Die Minimalkosten-Funktion ist streng monoton steigend und stückweise linear (vgl. Abb. 4.2.2). Ihre erste Ableitung (Grenzkosten) ist monoton steigend und stückweise konstant. Mit welchen Kombinationen der Basisprozesse die zulässigen Produktquantitäten zwischen $x_{min} = 100$ PE

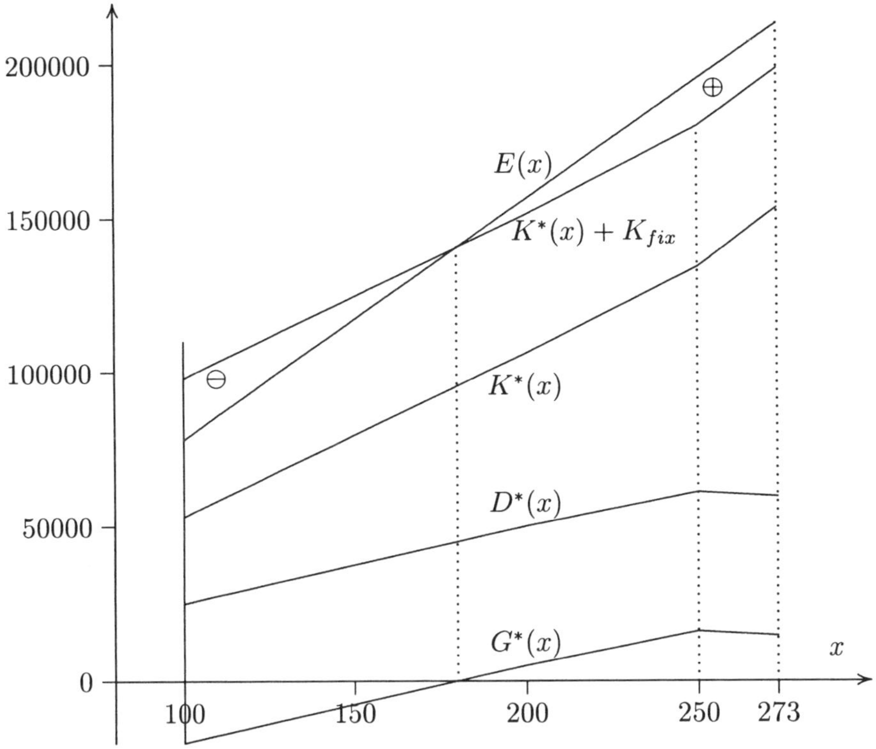

Abbildung 4.2.2: Optimale Lösungsfunktionen (Beispiel A6)

und $x_{max} = 273$ *PE jeweils kostenminimal hergestellt werden können, kann der Tabelle 4.2.1 entnommen werden, in welcher in der vorletzten Spalte ergänzend noch einmal die Minimalkosten-Funktion aufgeführt ist. Für die nicht angegebenen Variablen gilt* $x_2^* = x_4^* = x_6^* = 0$. *Mehrfachlösungen im Bereich über 200 PE sind nicht angegeben. Da der Verkaufspreis p mit 780 GE/PE unabhängig von der Produktquantität x ist, kann der maximale Deckungsbeitrag* $D^*(x) = E(x) - K^*(x)$ *als Funktion von x unmittelbar angegeben werden:*

$$D^*(x) = 780x - K^*(x) = \begin{cases} 250x & (100 \leqq x \leqq 200) \\ 220x + 6000 & (200 \leqq x \leqq 250) \\ -60x + 76000 & (250 \leqq x \leqq 273) \end{cases}$$

x	x_1^*	x_3^*	x_5^*	$K^*(x)$	$G^*(x)$
100	100	0	0	53000	-20000
$(100, 200)$	x	0	0	$530x$	$250x-45000$
200	200	0	0	106000	5000
$(200, 250)$	$1000-4x$	$5x-1000$	0	$560x-6000$	$220x-39000$
250	0	250	0	134000	**16000**
$(250, 273)$	0	$1000-3x$	$4x-1000$	$840x-76000$	$-60x+31000$
273	0	181	92	153320	14620

Tabelle 4.2.1: Minimalkosten- und Maximalgewinn-Funktion (Beispiel A6)

(vgl. Abb. 4.2.2). Ab $x = 250$ PE ist der Stückdeckungsbeitrag (Grenzdeckungsbeitrag) negativ. Ob bei dieser Quantität ein positiver Gewinn erwirtschaftet werden kann, lässt sich durch Hinzunahme der fixen Kosten $K_{fix} = 45000$ GE überprüfen bzw. der Maximalgewinn-Funktion $G^*(x)$ entnehmen, die den maximalen Gewinn als Funktion von x angibt:

$$G^*(x) = D^*(x) - 45000 = \begin{cases} 250x - 45000 & (100 \leqq x \leqq 200) \\ 220x - 39000 & (200 \leqq x \leqq 250) \\ -60x + 31000 & (250 \leqq x \leqq 273) \end{cases}$$

(vgl. Abb. 4.2.2 und Tab. 4.2.1). Eine Analyse von $G^*(x)$ zeigt, dass ab der Gewinnschwelle (break even point) $x = 180$ PE positive Gewinne erzielbar sind und dass bei

$$x^* \in \operatorname{argmax}\{G^*(x) \mid 100 \leqq x \leqq 273\} = \{250\}$$

das Gewinnmaximum mit $G^*(250) = 16000$ GE erreicht wird. ◇

Die in obigem Beispiel vorgestellte Vorgehensweise zur Ermittlung der Minimalkosten-Funktion ist zum einen vergleichsweise umständlich und zum anderen auf zwei Faktoren beschränkt, so dass sich die Bestimmung der Minimalkosten-Funktion mit Hilfe der parametrischen linearen Programmierung anbietet bzw. sich als notwendig erweist. Die Minimalkosten-Funktion $K^*(x)$ ist nichts anderes als die optimale Lösungsfunktion des folgenden linearen Programms mit einem Parameter x im Begrenzungsvektor:

$$\min \left\{ \sum_{k=1}^{K} k_k x_k \;\middle|\; \begin{array}{lll} \sum_{k=1}^{K} a_{mk} x_k & \leqq \overline{\overline{r}}_m & (m = 1, \ldots, M) \\ \sum_{k=1}^{K} x_k & = x; & x_k \geqq 0 \;\; (k = 1, \ldots, K) \end{array} \right\}$$

für $x_{min} \leqq x \leqq x_{max}$.

Wenn x_{max} nicht vorgegeben, sondern Ergebnis der Optimierung ist, ist für x_{max} eine hinreichend große Konstante anzusetzen (zur parametrischen linearen Programmierung vgl. u.a. DINKELBACH, 1969; GAL, 1994). Will man direkt den maximalen Deckungsbeitrag D^* bestimmen, ist das lineare Programm

$$\max \left\{ \sum_{k=1}^{K} (p - k_k) x_k \;\middle|\; \begin{array}{lll} \sum_{k=1}^{K} a_{mk} x_k & \leqq \overline{\overline{r}}_m & (m = 1, \ldots, M) \\ \sum_{k=1}^{K} x_k & \geqq \overline{x}; & x_k \geqq 0 \;\; (k = 1, \ldots, K) \end{array} \right\}$$

zu lösen, in dem die Produktquantität nicht mehr Parameter, sondern Variable ist (zur linearen Programmierung vgl. u.a. HADLEY, 1962; DANTZIG, 1966; MURTAGH, 1981; SAKAROVITSCH, 1983; GASS, 1985; SCHRIJVER, 1986; DÜRR/KLEIBOHM, 1992; NEUMANN/MORLOCK, 1993). Mit marktgängiger Software lassen sich die zwei zuletzt genannten Optimierungsaufgaben problemlos lösen. Steht keine Option für einen Parameter im Begrenzungsvektor zur Verfügung, kann man die kritischen Werte (das sind hier die Abszissenwerte der Knickpunkte der Minimalkosten-Funktion) mit Hilfe einer Sensitivitätsanalyse bestimmen.

Beispiel E2:

SCHLÜSSELWÖRTER: Diskrete LEONTIEF*-Technologie, Minimalkosten-Funktion, deckungsbeitragsmaximale Produktionen*

Die in Beispiel E1 (vgl. S. 116) eingeführte diskrete Technologie TM_D wird nunmehr durch Ergänzung von Faktorbeschränkungen $\bar{\bar{r}}_1 = 515$ FE_1 und $\bar{\bar{r}}_2 = 364$ FE_2 zu einer diskreten – und damit nicht konvexen – LEONTIEF*-Technologie LT_D erweitert, die in Hinblick auf kostenminimale und deckungsbeitragsmaximale Produktionen analysiert wird. Es ist somit:*

$$LT_D = \left\{ \begin{pmatrix} -r_1 \\ -r_2 \\ +x \end{pmatrix} \in \mathbb{R}^3 \;\middle|\; \begin{array}{ccc} r_1 & \leqq & 515 \\ r_2 & \leqq & 364 \\ x, x_1, x_2, x_3 & \in & \mathbb{N}_0 \end{array} \right\}$$

mit

$$\begin{array}{rcrcrcr} r_1 & = & 24x_1 & + & 36x_2 & + & 47x_3 \\ r_2 & = & 41x_1 & + & 31x_2 & + & 20x_3 \\ x & = & x_1 & + & x_2 & + & x_3. \end{array}$$

In Abbildung 4.2.3 sind lediglich die drei diskreten Basisprozesse von LT_D sowie drei zusätzliche kombinierte („gemischte") Produktionen für $x \geqq 11$, die Ergebnis des Anpassungsprozesses sind, nicht jedoch sämtliche kombinierbaren Produktionen eingezeichnet.

Die Beschaffungspreise für die beiden Faktoren betragen $q_1 = 5$ GE/FE_1 und $q_2 = 6$ GE/FE_2. Das Produkt kann zum Verkaufspreis $p = 375$ GE/PE abgesetzt werden. Aus diesen Angaben lassen sich die Stückkosten k_k und die Stückdeckungsbeiträge $d_k = p - k_k$ berechnen $(k = 1, 2, 3)$; sie betragen:

$$\begin{array}{rclcrclcrcl} k_1 & = & 366 & & k_2 & = & 366 & & k_3 & = & 355 \\ d_1 & = & 9 & & d_2 & = & 9 & & d_3 & = & 20. \end{array}$$

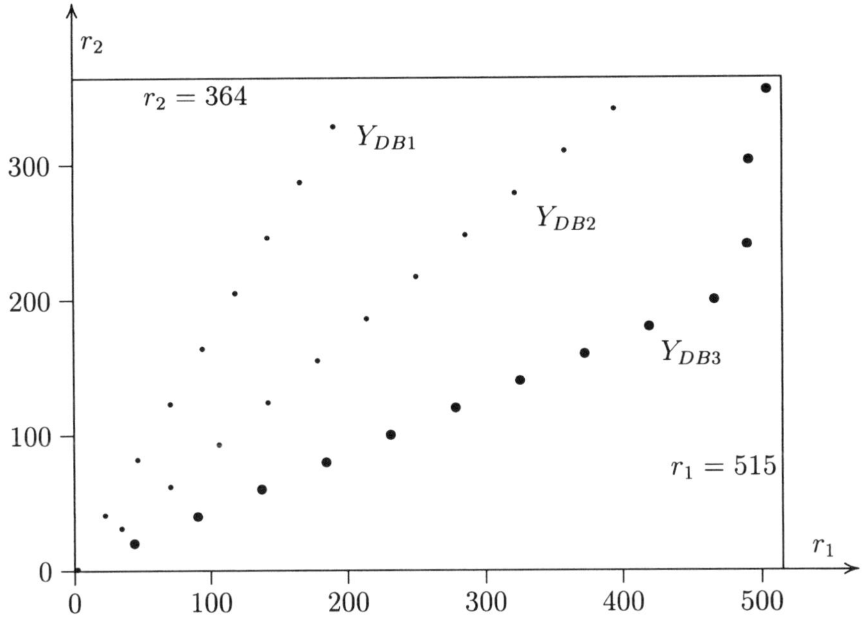

Abbildung 4.2.3.: Kostenminimaler Anpassungsprozess bei einer diskreten LEONTIEF-Technologie (Beispiel E2)

Offensichtlich ist $\mathbf{y}_{B3}$ die stückkostenminimale und zugleich deckungsbeitragsmaximale Basisproduktion. Zur Bestimmung der Minimalkosten-Funktion ist das folgende ganzzahlige lineare Programm (parametrisch) für alle zulässigen Werte von x zu lösen:

$$min \left\{ 366x_1 + 366x_2 + 355x_3 \;\middle|\; \begin{pmatrix} -r_1 \\ -r_2 \\ x \end{pmatrix} \in LT_D \right\}$$
$$\text{für } \; x \in \{0, 1 \ldots, x_{max}\}\,.$$

Aus der ermittelten Minimalkosten-Funktion lässt sich anschließend die Maximaldeckungsbeitrags-Funktion unmittelbar herleiten. Beide Ergebnisse sind in Tabelle 4.2.2 zusammengefasst. Mit dem stückkostenminimalen Basisprozess Y_{DB3} sind maximal 10 PE herstellbar. Sind 11 oder 12 PE zu erzeugen, geschieht dies mit den Basisprozessen Y_{DB1} und Y_{DB3}. Für die maximale Produktquantität $x_{max} = 13$ PE sind alle drei Basisprozesse einzusetzen, insbesondere auch – wie in Beispiel E1 gezeigt

x	x_1^*	x_2^*	x_3^*	$K^*(x)$	$D^*(x)$
0	0	0	0	0	0
1	0	0	1	355	20
2	0	0	2	710	40
⋮	⋮	⋮	⋮	⋮	⋮
9	0	0	9	3195	180
10	0	0	10	3550	200
11	1	0	10	3916	**209**
12	3	0	9	4293	207
13	4	1	8	4670	205

Tabelle 4.2.2: Minimalkosten- und Maximaldeckungsbeitrags-Funktion (Beispiel E2)

– der nicht für alle Produktquantitäten effiziente Basisprozess Y_{DB2} (vgl. S. 116). Für $x = 11$ und $x = 12$ existieren hier nicht angegebene Doppellösungen. Die zur Verfügung stehenden Faktorquantitäten werden bei $x_{max} = 13$ PE bis auf 7 FE_1 und 9 FE_2 aufgebraucht (zu weiteren Einzelheiten dieses Beispiels vgl. DINKELBACH/KLEINE, *2001, S. 61ff.).* ◇

4.2.2 Umweltorientierte Produktionsplanung

In diesem Abschnitt geht es um die Auswirkungen des Einbezugs von nicht erwünschten Nebengütern in LEONTIEF-Technologien. Hierbei werden – innerbetriebliche – Höchstmengen für den jeweiligen Anfall bzw. Einsatz dieser Nebengüter betrachtet und exemplarisch deren Einfluss auf die Gewinnsituation des Unternehmens, d.h. hier auf die Maximalgewinn-Funktion, analysiert, und zwar auf der Grundlage der folgenden umweltorientierten LEONTIEF-Technologie (vgl. Definition 4.1.10, S. 124):

$$ULT := \left\{ \begin{pmatrix} -\mathbf{r} \\ -\mathbf{v} \\ +\mathbf{u} \\ +x \end{pmatrix} \in \mathbb{R}^{M+Q+P+1} \;\middle|\; \begin{matrix} \mathbf{r} & = & \mathbf{A}\mathbf{x} \leqq \overline{\overline{\mathbf{r}}} \\ \mathbf{v} & = & \mathbf{C}\mathbf{x} \leqq \overline{\overline{\mathbf{v}}} \\ \mathbf{u} & = & \mathbf{B}\mathbf{x} \leqq \overline{\overline{\mathbf{u}}} \\ x & = & \mathbf{1}^{\mathsf{T}}\mathbf{x} \geqq \overline{x} \end{matrix} \;;\; \mathbf{x} \geqq \mathbf{o} \right\}.$$

Bezeichnet beispielsweise $S(x)$ ein (skalares) Maß für den Anfall nicht erwünschter Nebengüter in Abhängigkeit der Produktquantität x, dann sind Optimierungsaufgaben der Art

$$\min \left\{ S(x) \;\middle|\; \begin{pmatrix} -\mathbf{r} \\ -\mathbf{v} \\ +\mathbf{u} \\ +x \end{pmatrix} \in ULT \right\}$$

$$\text{für } x_{min} \leqq x \leqq x_{max}$$

zu untersuchen. Eine Schwierigkeit in Bezug auf eine umweltorientierte Produktionsplanung besteht in diesem Zusammenhang darin, für nicht erwünschte Nebenprodukte eine Bewertung derart zu finden, wie sie in Form von Kosten für Faktoren existiert (vgl. hierzu Abschnitt 3.1). Im folgenden Beispiel werden weitgehend ohne Zugrundelegung eines Bewertungssystems für nicht erwünschte Nebenprodukte zum einen die Auswirkungen von gegebenen Höchstmengen für den Anfall zweier Schadstoffe auf die Maximalgewinn-Funktion untersucht. Zum anderen geht es um Analysemöglichkeiten für den Schadstoffanfall in Abhängigkeit der Produktquantität, beispielsweise durch die Herleitung einer **Minimalschadstoff-Funktion** analog der Minimalkosten-Funktion. Eine Verbindung von erfolgs- und umweltorientierter Produktionsplanung, d.h. die gleichzeitige Berücksichtigung von erfolgs- und umweltorientierten Zielfunktionen, erfolgt dann im Abschnitt 4.2.3.

Beispiel A7:

SCHLÜSSELWÖRTER: Umweltorientierte LEONTIEF-*Technologie, schadstoffminimale Produktionen*

In Beispiel A5 (vgl. S. 126) wurde bereits eine umweltorientierte LEONTIEF-*Technologie eingeführt. Für die dort definierte Technologie*

$$ULT = \left\{ \begin{pmatrix} -r_1 \\ -r_2 \\ -v_1 \\ -v_2 \\ +x \end{pmatrix} \in \mathbb{R}^5 \;\middle|\; \begin{array}{lcl} r_1 & \leqq & 12760 \\ r_2 & \leqq & 8000 \\ v_1 & \leqq & 1540; \quad x_1, \ldots, x_6 \geqq 0 \\ v_2 & \leqq & 2033 \\ x & \geqq & 100 \end{array} \right\}$$

mit

$$\begin{array}{rcrcrcrcrcrcr} r_1 & = & 30x_1 & + & 35x_2 & + & 40x_3 & + & 45x_4 & + & 60x_5 & + & 70x_6 \\ r_2 & = & 40x_1 & + & 38x_2 & + & 32x_3 & + & 30x_4 & + & 24x_5 & + & 25x_6 \\ v_1 & = & 11x_1 & + & 9x_2 & + & 7x_3 & + & 6x_4 & + & 3x_5 & + & 1x_6 \\ v_2 & = & 6x_1 & + & 6x_2 & + & 8x_3 & + & 9x_4 & + & 9x_5 & + & 9x_6 \\ x & = & x_1 & + & x_2 & + & x_3 & + & x_4 & + & x_5 & + & x_6 \end{array}$$

wird auf die zwei Fragestellungen im Folgenden näher eingegangen.

a) Zunächst wird die Maximalgewinn-Funktion $G^*_S(x)$ als Lösung des parametrischen linearen Programms

$$max \left\{ px - \sum_{k=1}^{K} k_k x_k - 45000 \;\middle|\; \begin{pmatrix} -r_1 \\ -r_2 \\ -v_1 \\ -v_2 \\ +x \end{pmatrix} \in ULT \right\}$$

für $100 \leqq x \leqq x_{max}$

ermittelt. Formal entspricht diese Fragestellung der Bestimmung der Maximalgewinn-Funktion in Beispiel A6.

Der gewinnmaximale Anpassungspfad ist in Abbildung 4.2.4 gepunktet wiedergegeben. Diese Abbildung verdeutlicht – im Vergleich zu Beispiel A6 (vgl. Abb. 4.2.1, S. 133) – die durch die Schadstoffbeschränkungen, die hier durch den Streckenzug KLMN zum Ausdruck kommen, bedingte Gewinnreduktion.

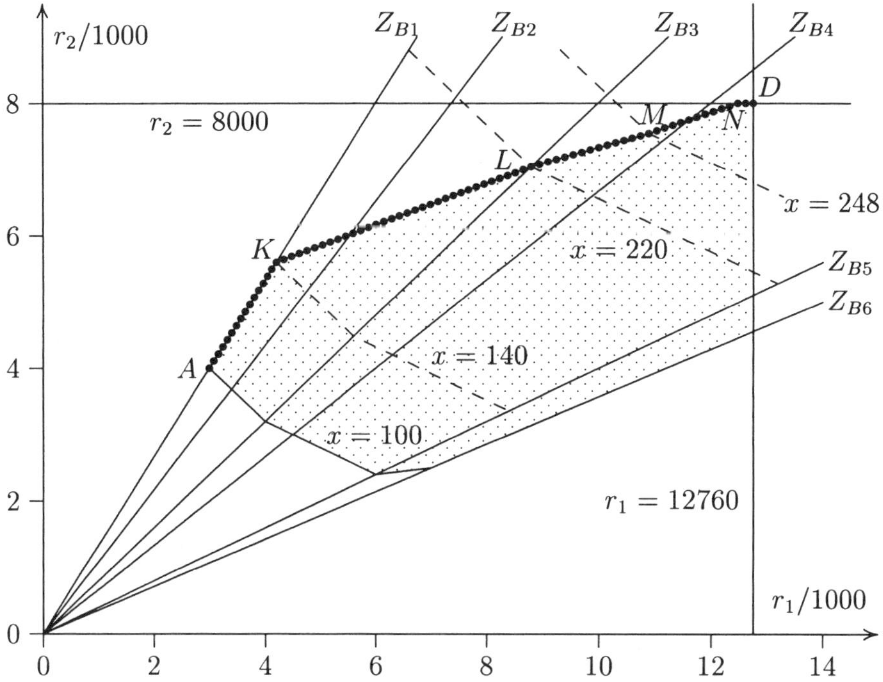

Abbildung 4.2.4.: Gewinnmaximierung bei Schadstoffbeschränkungen (Beispiel A7)

In Tabelle 4.2.3 sind die optimalen Werte der Produktquantitäten x_1^*, x_2^*, x_3^* und x_5^* sowie die Maximalgewinn-Funktion $G_S^*(x)$ zusammen mit dem jeweiligen Gesamtschadstoffanfall $S_{G_S^*}(x) = v_1 + v_2$ für einige kritische Werte als Lösungen des parametrischen linearen Programms angegeben, wobei auf die Angabe von Mehrfachlösungen verzichtet wird. Für die nicht angegebenen Variablen x_4 und x_6 gilt $x_4^* = x_6^* = 0$. Es fällt auf, dass im Vergleich zu Beispiel A6 mit dem Basisprozess Z_{B1} nur 140 PE anstatt wie bisher 200 PE erzeugt werden können, dass die maximal herstellbare Produktquantität von 273 auf 264 PE zurückgegangen ist und

x	x_1^*	x_2^*	x_3^*	x_5^*	$G_S^*(x)$	$S_{G_S^*}(x)$
100	100	0	0	0	−20000	1700
140	140	0	0	0	−10000	2380
220	0	0	220	0	8680	3300
248	0	0	199	49	**11788**	3573
≈ 263	0	96	44	123	8545	3573
264	0	108	19	137	7600	3549

Tabelle 4.2.3: Maximalgewinn-Funktion mit Schadstoffbeschränkungen (Beispiel A7)

dass schließlich auch der maximale Gewinn von 16000 *auf* 11788 *GE gesunken ist. In Abbildung 4.2.5 sind die Maximalgewinn-Funktionen für das Beispiel A6 (ohne Schadstoffbeschränkungen) und für das Beispiel A7 (mit Schadstoffbeschränkungen) eingezeichnet, um die Gewinnreduktion, die ausschließlich durch die Mengenbeschränkungen für die Schadstoffe verursacht wird, zu veranschaulichen. Die Buchstaben in dieser Abbildung entsprechen denen in den Abbildungen 4.2.1 und 4.2.4.*

Ein Vergleich der Ergebnisse der Beispiele A6 und A7 bezüglich der maximalen Produktquantität zeigt, dass sich durch den Einbezug der Schadstoffbeschränkungen die maximale Produktquantität von 273 auf 264 PE verringert hat, obwohl die Endpunkte der Anpassungspfade im (r_1, r_2)*-Diagramm – mit* $r_1 = 12760$ *und* $r_2 = 8000$ *– übereinstimmen. Die Reduktion der maximalen Produktquantität ist ausschließlich auf die Schadstoffbeschränkungen zurückzuführen, die in der Abbildung 4.2.4 nur schwer darstellbar sind.*

b) Nunmehr wird der minimale Schadstoffanfall in Abhängigkeit von der Produktquantität x *analysiert. Das Unternehmen hat bezüglich der Minimierung des Schadstoffanfalls weder genaue eigene Vorstellungen noch außerbetriebliche Vorgaben. Die zwei Schadstoffe S1 und S2 lassen sich formal wie zwei Faktoren auffassen. Vernachlässigt man vorübergehend die Faktoren, dann lässt sich analog dem* (r_1, r_2)*-Diagramm für Fakto-*

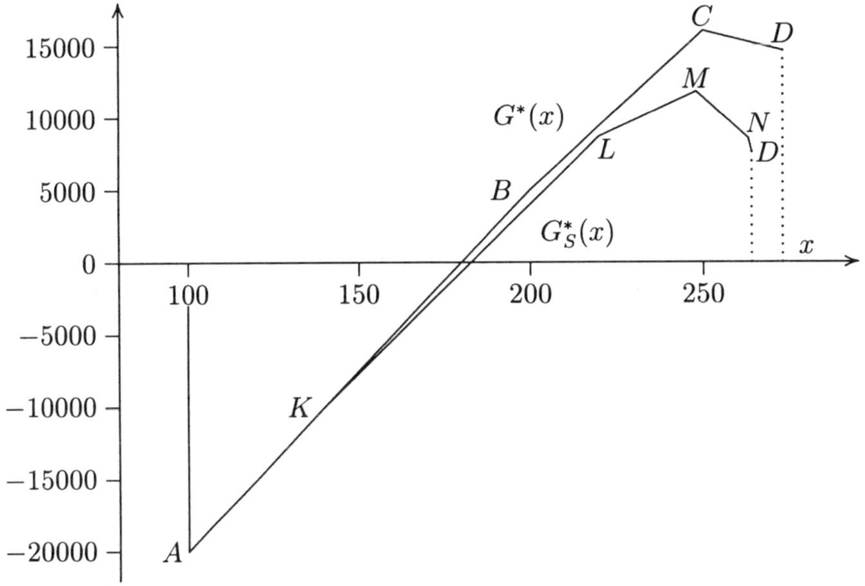

Abbildung 4.2.5: Maximalgewinn-Funktionen ohne und mit Schadstoffbeschränkungen (Beispiel A6 und A7)

ren ein (v_1, v_2)-Diagramm für Schadstoffe zeichnen (vgl. Abb. 4.2.6). Es sind alle Basisprozesse bis auf Z_{B4} schadstofforientiert-effizient bezüglich ULT (vgl. Beispiel A5, S. 126 sowie Definition 2.2.4, S. 48).

Die Minimalschadstoff-Funktion $S^*_{v_q}(x)$ erhält man als Lösung des parametrischen linearen Programmierungsproblems ($q = 1, 2$):

$$\min \left\{ v_q \;\middle|\; \begin{pmatrix} -r_1 \\ -r_2 \\ -v_1 \\ -v_2 \\ +x \end{pmatrix} \in ULT \right\}$$

$$\text{für } 100 \leqq x \leqq 264.$$

Will das Unternehmen ausschließlich den Anfall des Schadstoffs S1 minimieren, beginnt der Anpassungsprozess mit dem Basisprozess Z_{B6} im Punkt P (vgl. Abb. 4.2.6). Er verläuft über die Punkte R und W bis

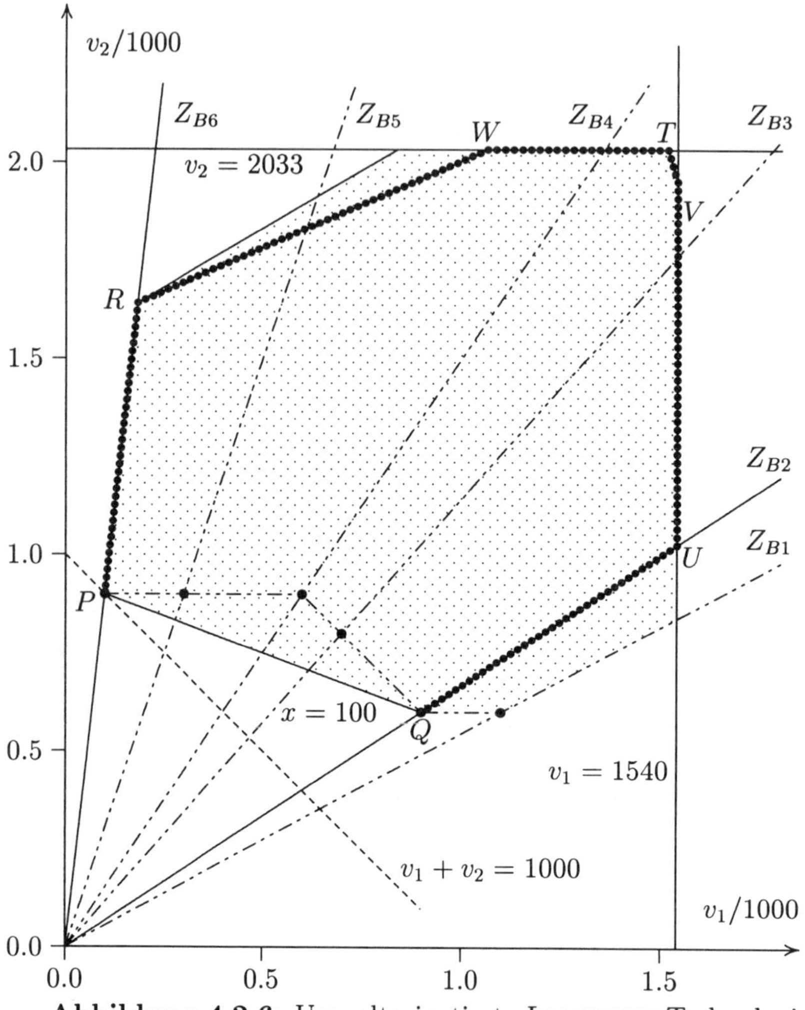

Abbildung 4.2.6: Umweltorientierte LEONTIEF-Technologie im (v_1, v_2)-Koordinatensystem (Beispiel A7)

x	x_2^*	x_3^*	x_5^*	x_6^*	$S_{v_1}^*(x)$	$G_{S_{v_1}^*}(x)$
100	0	0	0	100,0	100,0	−36000
≈ 182,3	0	0	0	182,3	182,3	−28594
≈ 241,2	0	137,4	0	103,8	1065,3	−2145
264	108,0	19	137,0	0	1516,0	7600
x	x_2^*	x_3^*	x_5^*	x_6^*	$S_{v_2}^*(x)$	$G_{S_{v_2}^*}(x)$
100	100,0	0	0	0	600,0	−21900
≈ 171,1	171,1	0	0	0	1026,7	−5473
≈ 235,2	163,1	0	0	72,1	1627,4	−836
264	108,0	19	137,0	0	2033,0	7600

Tabelle 4.2.4: Minimalschadstoff-Funktion (Beispiel A7)

zur maximalen Produktquantität $x_{max} = 264$ *im Punkt* T*. Bei der Minimierung des Schadstoffs S2 startet der Anpassungsprozess z.B. mit dem Basisprozess* Z_{B2} *im Punkt* Q *(vgl. Abb. 4.2.6). Über die Punkte* U *und* V *endet er ebenfalls bei* $x_{max} = 264$ *im Punkt* T*. In der Tabelle 4.2.4 sind einige Ergebnisse dieser zwei Anpassungsprozesse eingetragen. Bei der Abbildung 4.2.6 muss bedacht werden, dass auch die Faktorbeschränkungen den Lösungsraum einschränken. Gegenüber der „traditionellen" Darstellung (vgl. Abb. 4.2.1 in Beispiel A6, S. 131) liegen dem Beispiel A7 zwei zusätzliche Variablen* v_1 *und* v_2 *zu Grunde, so dass die Abbildung 4.2.6 nur eingeschränkt interpretierbar ist. Aus diesem Grunde können die optimalen Lösungen des Beispiels A7 wie auch des nachfolgenden Beispiels A8 mehr als zwei Basisproduktionen mit positiven* x_k $(k \in \{1, \ldots, 6\})$ *enthalten.*

Diese Überlegungen verdeutlichen, dass die Gewichtung bzw. die Bewertung der Schadstoffquantitäten, d.h. die relative Bedeutung der Schädlichkeit, die man den Schadstoffen als Nebengütern zumisst, einen wesentlichen Einfluss auf den Verlauf des Anpassungsprozesses haben kann (vgl. Abschnitt 3.1.4). Aus den bisherigen Ergebnissen ist offensichtlich, dass dann, wenn die Bewertung γ_1^{NP} *des Schadstoffs S1 gegenüber* *der Bewertung γ_2^{NP} des Schadstoffs S2 relativ gering ist, der Anpassungsprozess im Punkt Q, im umgekehrten Fall im Punkt P beginnt (vgl. Abb. 4.2.6). Ein kritischer Wert der Bewertung ist dann erreicht, wenn die Steigung der Schadstoffisoquanten mit der Steigung der Geraden der effizienten Schadstoffkombinationen PQ zusammenfällt. Dies ist bei $\gamma_1^{NP} : \gamma_2^{NP} = 3 : 8$ der Fall. M.a.W.: Ist $0 \leqq \gamma_1^{NP}/\gamma_2^{NP} < 3/8$, beginnt der Anpassungsprozess im Punkt Q, ist $3/8 < \gamma_1^{NP}/\gamma_2^{NP} < \infty$, so beginnt er im Punkt P. Bei $\gamma_1^{NP}/\gamma_2^{NP} = 3/8$ kann jeder Punkt der Strecke PQ als Startpunkt für den Anpassungsprozess ausgewählt werden. Diese Analyse zeigt, dass eine Bewertung möglicherweise einen großen Einfluss auf den betrieblichen Anpassungsprozess und damit auch auf die schadstoffminimale Produktion haben kann.* ◇

4.2.3 Erfolgs- und umweltorientierte Produktionsplanung

In den bisherigen Ausführungen in 4.2 wurden LEONTIEF-Technologien entweder nur unter Erfolgsaspekten (z.B. Gewinnmaximierung) oder nur unter Umweltgesichtspunkten (z.B. Schadstoffminimierung) analysiert. Die Ergebnisse der Beispiele A6 und A7 haben gezeigt, dass gewinnmaximale und schadstoffminimale Produktionen im Allgemeinen auseinanderfallen. Solange in einem Unternehmen jedoch entweder ausschließlich gewinnorientierte oder ausschließlich umweltorientierte Ziele dominieren, ergeben sich aus den zielabhängig unterschiedlichen Ergebnissen keine entscheidungstheoretisch relevanten Probleme, da es sich weiter um skalare Entscheidungsmodelle handelt, d.h. um solche mit einer einzigen Zielfunktion (vgl. Anhang, S. 227). Eine simultane Verfolgung beider Ziele führt zu multikriteriellen Entscheidungsmodellen, deren Lösungen in der Regel konfliktär in Bezug auf die verfolgten Ziele sind. Die simultane Maximierung des Gewinns $G(x)$ und des – negativen – Nebengutanfalls $S(x)$ wird durch das Vektoroptimierungsproblem (vgl. Anhang, S. 230)

$$max \left\{ \begin{pmatrix} G(x) \\ -S(x) \end{pmatrix} \in \mathbb{R}^2 \;\middle|\; \begin{pmatrix} -\mathbf{r} \\ -\mathbf{v} \\ +\mathbf{u} \\ +x \end{pmatrix} \in ULT \right\}$$

$$\text{für } x_{min} \leqq x \leqq x_{max}$$

beschrieben (vgl. Abschnitt 3.2.3 und 5.2.3).

In der Entscheidungstheorie ist es bei Betrachtung mehrerer, konfliktärer Ziele üblich, nicht nur die Alternativenmenge (den Alternativenraum), sondern auch den Zielraum (die Zielmenge) zu betrachten (vgl. Anhang, S. 235). In diesem Zusammenhang ist die Technologiemenge ULT als Alternativenmenge mittels der Funktionen G und S in den $\mathbb{R}^2$, d.h. in ein (G, S)-Koordinatensystem abzubilden. Anhand des Zielraums des nachfolgenden Beispiels A8 wird versucht, das „Ausmaß" des Zielkonflikts zwischen Ökonomie und Ökologie durch Weiterentwicklung der Beispiele A6 und A7 quantitativ sichtbar zu machen.

Beispiel A8:

SCHLÜSSELWÖRTER: Umweltorientierte LEONTIEF-*Technologie, Zielkonflikte zwischen Ökonomie und Ökologie, Kompromissmodelle, Abgabensteuerung, Mengensteuerung, Umweltzertifikate*

In Fortführung der Beispiele A6 (vgl. S. 131) und A7 (vgl. S. 144) wird nunmehr für die umweltorientierte LEONTIEF-*Technologie*

$$ULT = \left\{ \begin{pmatrix} -r_1 \\ -r_2 \\ -v_1 \\ -v_2 \\ +x \end{pmatrix} \in \mathbb{R}^5 \;\middle|\; \begin{array}{rcr} r_1 & \leqq & 12760 \\ r_2 & \leqq & 8000 \\ v_1 & \leqq & 1540; \\ v_2 & \leqq & 2033 \\ x & \geqq & 100 \end{array} \; x_1, \ldots, x_6 \geqq 0 \right\}$$

mit

$$\begin{array}{rcrcrcrcrcrcrcr} r_1 &=& 30x_1 &+& 35x_2 &+& 40x_3 &+& 45x_4 &+& 60x_5 &+& 70x_6 \\ r_2 &=& 40x_1 &+& 38x_2 &+& 32x_3 &+& 30x_4 &+& 24x_5 &+& 25x_6 \\ v_1 &=& 11x_1 &+& 9x_2 &+& 7x_3 &+& 6x_4 &+& 3x_5 &+& 1x_6 \\ v_2 &=& 6x_1 &+& 6x_2 &+& 8x_3 &+& 9x_4 &+& 9x_5 &+& 9x_6 \\ x &=& x_1 &+& x_2 &+& x_3 &+& x_4 &+& x_5 &+& x_6. \end{array}$$

die Gewinnmaximierung gemeinsam mit der Schadstoffminimierung in die Analyse einbezogen.

Die Gewinnfunktion wird aus Beispiel A6 übernommen:

$$\begin{aligned} G = {} & 780x - 7r_1 - 8r_2 - 45000 \\ = {} & 780x - 530x_1 - 549x_2 - 536x_3 - 555x_4 - 612x_5 - 690x_6 - 45000 \\ = {} & 250x_1 + 231x_2 + 244x_3 + 225x_4 + 168x_5 + 90x_6 - 45000 = G(x). \end{aligned}$$

Ein Abwägen des Ausmaßes der Schädlichkeit der beiden Schadstoffe S1 und S2 erscheint dem Unternehmen beim gegenwärtigen Stand der Erkenntnisse nicht begründet möglich. Daher beschließt es, die beiden Schadstoffe gemäß dem für derartige Entscheidungssituationen sinnvollen Prinzip des unzureichenden Grundes als für die Umwelt gleichschädliche Nebengüter anzusehen und jeweils diejenigen Produktionsprozesse zu bestimmen, bei denen vorgegebene Produktquantitäten x mit der minimalen Summe an anfallenden Schadstoffquantitäten hergestellt werden.

Die gesamte Schadstoffmenge errechnet sich aus:

$$\begin{aligned} S &= v_1 + v_2 \\ &= (11x_1 + 9x_2 + 7x_3 + 6x_4 + 3x_5 + x_6) \\ &\qquad + (6x_1 + 6x_2 + 8x_3 + 9x_4 + 9x_5 + 9x_6) \\ &= 17x_1 + 15x_2 + 15x_3 + 15x_4 + 12x_5 + 10x_6 = S(x). \end{aligned}$$

Es ist angebracht, die zwei Zielfunktionen gleich an dieser Stelle zu folgendem Vektormaximierungsmodell zusammenzufassen:

$$max \left\{ \begin{pmatrix} +G(x) \\ -S(x) \end{pmatrix} \in \mathbb{R}^2 \;\middle|\; \begin{pmatrix} -r_1 \\ -r_2 \\ -v_1 \\ -v_2 \\ +x \end{pmatrix} \in ULT \right\}$$

$$\text{für } 100 \leqq x \leqq x_{max}.$$

Beide Zielfunktionen G und S zusammen bilden die Technologie ULT in den 2-dimensionalen Zielraum Z_{ULT} ab (vgl. Abb. 4.2.7 und Abb. A.2.2, S. 236).

Zum einen zeigt die Abbildung 4.2.7 die Grenzen an, zwischen denen sich der maximale Gewinn bewegen kann ($G^* \in [-36000, 11788]$). Zum anderen veranschaulicht diese Abbildung das Intervall, in dem sich die minimale Schadstoffquantität bewegen kann ($S^* \in [1000, 3573]$). Der gepunktete Streckenzug von K nach L zeigt die bezüglich der Zielfunktionen G und S sowie der umweltorientierten LEONTIEF-*Technologie effizienten Zielkombinationen an (vgl. die eingezeichneten Dominanzkegel sowie Definition 2.1.4, S. 39, wenn man dort* **r** *durch S und* **x** *durch G ersetzt). Für alle Punkte des Zielraums, die nicht auf dem effizienten Rand liegen, lassen sich rechts oder unterhalb davon dominierende Punkte finden.*

Für alle zulässigen Produktquantitäten ab $x = 150$ PE ist in Abbildung 4.2.8 zum einen der jeweils maximale Gewinn $G^*_S(x)$ unter Berücksichtigung der Schadstoffbegrenzungen eingezeichnet (vgl. Beispiel A7, S. 144). Zum anderen gibt die untere Kurve diejenigen Gewinnwerte $G_{S^*}(x)$ an, die dann erreicht werden, wenn die Produktquantität x schadstoffminimal im Sinne der Zielsetzung $min\ v_1 + v_2$ hergestellt wird. Die Differenz $G^*_S(x) - G_{S^*}(x)$ zwischen den für ein gegebenes x geltenden Punkten der beiden Kurven charakterisiert den Betrag, um den der maximale Gesamtgewinn in Abhängigkeit vom Umfang der Berücksichtigung des Schadstoffziels maximal reduziert werden kann. M.a.W.: Die angegebene Differenz gibt genau diejenige Spanne an, um die der maximale Ge-

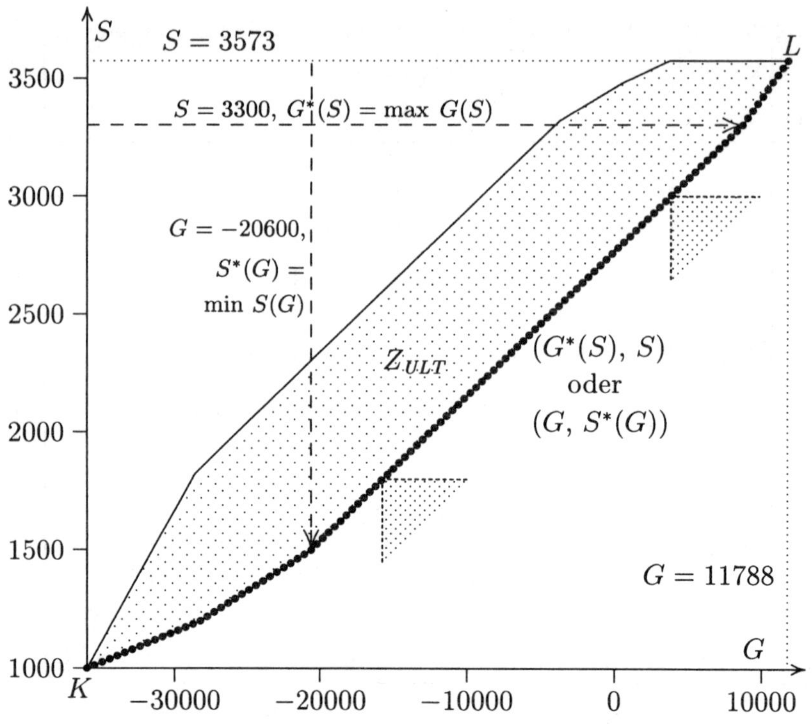

Abbildung 4.2.7: Zielraum (Beispiel A8)

winn je nach Gewichtung von erfolgs- und umweltorientierter Zielsetzung höchstens variieren kann.

Entsprechend ist die Abbildung 4.2.9 bezüglich des Schadstoffanfalls zu interpretieren. Die Differenz $S_{G^*_S}(x) - S^*(x)$ *gibt für jedes zulässige* x *dasjenige Intervall an, in dem die Gesamtschadstoffquantität in Abhängigkeit der Art der gleichzeitigen Berücksichtigung von Erfolgs- und Umweltzielen schwanken kann.*

a) Abgabensteuerung

Eine Möglichkeit der simultanen Berücksichtigung der beiden Ziele bietet die Abgabensteuerung bzw. der Zielgewichtungsansatz (vgl. Abschnitt 3.2.3.1 sowie Beispiel CB3, S. 94, und Anhang, S. 230). Für die Bestimmung eines Kompromisses ist das folgende lineare Programm mit

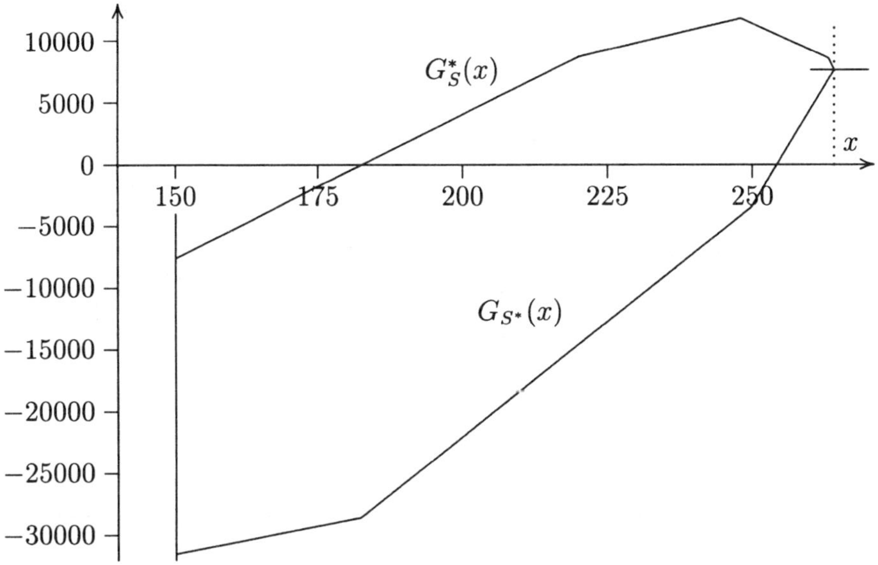

Abbildung 4.2.8: Gewinn-Funktionen (Beispiel A8)

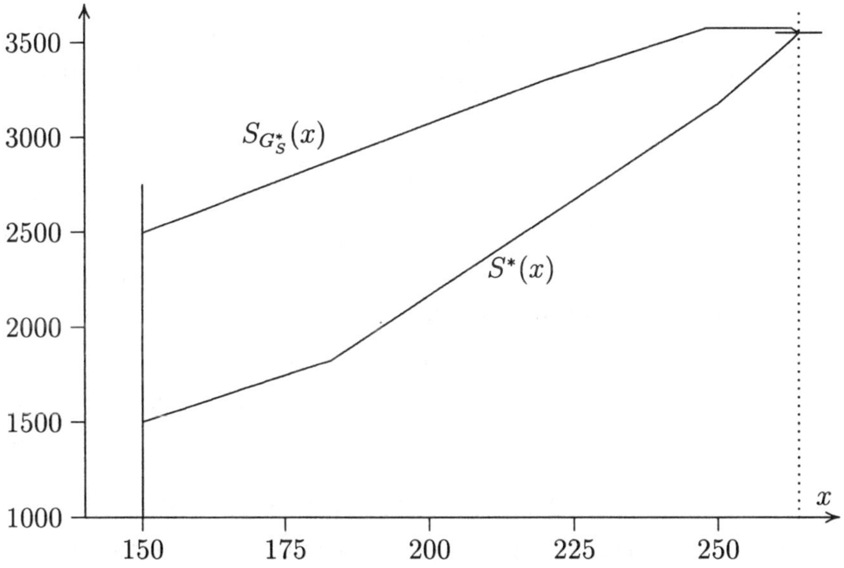

Abbildung 4.2.9: Schadstoff-Funktionen (Beispiel A8)

der extern vorgegebenen Umweltabgabe h GE/SE als Parameter in der Kompromisszielfunktion $\psi(x;h) = 1 \cdot G(x) - h \cdot S(x)$ *zu lösen:*

$$max \left\{ \psi(x;h) \;\middle|\; \begin{pmatrix} -r_1 \\ -r_2 \\ -v_1 \\ -v_2 \\ +x \end{pmatrix} \in ULT \right\}$$

für $0 \leqq h < \infty$.

Das Beispiel ist hier graphisch für $h = 3$ *und* $h = 12$ *gelöst (vgl. Abb. 4.2.10). Die zugehörigen Kompromisszielfunktionen sind linear; sie tangieren im Optimum jeweils den effizienten Rand des Zielraumes* Z_{ULT}*, und zwar in* $H_1 = L$ *und* H_2*. Wächst die Abgabe von* $h = 0$ *bis* $h \to \infty$*, dann wird der effiziente Rand des Zielraumes von L bis K durchlaufen, wobei im Punkt K das Schadstoffminimum erreicht wird.*

Numerische Ergebnisse sind für einige Werte von h im Sinne einer Sensitivitätsanalyse in Tabelle 4.2.5 zusammengefasst. Der maximale Gewinn von 11788 GE bei $h = 0$*, d.h. ohne Umweltabgabe (vgl. Punkt* H_1 *in Abb. 4.2.10), reduziert sich auf Null, wenn eine Umweltabgabe von* $h_0 = 3,299$ *erhoben wird. Bei einer weiteren Erhöhung von h könnte das Unternehmen nicht mehr vollständig seine fixen Kosten decken. Der kritische Wert* h_0 *heißt auch* **„langfristige Entsorgungskostenobergrenze“** *(DINKELBACH/PIRO, 1989, S. 404f.). – Dieses Ergebnis zeigt sehr deutlich, dass eine Umweltabgabe in jedem Fall den maximalen Gewinn reduziert, es jedoch nicht sofort zu einer Verminderung des Schadstoffausstoßes kommen muss.*

Das jeweilige Ergebnis ist effizient bezüglich des Zielraumes Z_{ULT} *und der Zielfunktionen G und S. Da die Funktionen G und S ihrerseits gewichtete Summen von Güterquantitäten sind, folgt daraus, dass die optimalen Lösungen bei einer Zielgewichtung auch effizient bezüglich der umweltorientierten LEONTIEF-Technologie ULT und des Gütermengenvektors* $\mathbf{z} \in ULT$ *sind.*

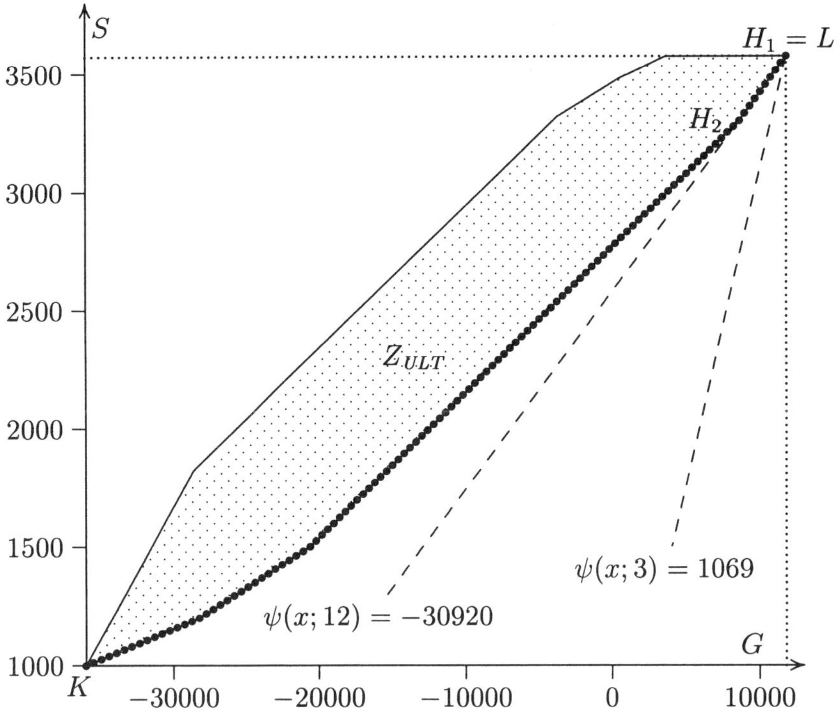

Abbildung 4.2.10: Abgabensteuerung (Beispiel A8)

h	x	$G^*(h) - h\,S_{G^*}(h)$	$S_{G^*}(h)$
0	248	11788	3573
1	248	8215	3573
2	248	4642	3573
3	248	1069	3573
3, 299	248	0	3573
12	220	−30920	3300

Tabelle 4.2.5: Einige Ergebnisse bei Abgabensteuerung (Beispiel A8)

b) Mengensteuerung

Im Rahmen einer Mengensteuerung wird eine, und zwar die wichtigste bzw. die dominierende, Zielfunktion, das ist hier G, maximiert und die zweitwichtigste S durch eine Nebenbedingung $S(x) \leqq \overline{\overline{S}}$ nach oben begrenzt. Man spricht von einer Zieldominanz als Kompromissmodell. In diesem Beispiel wird für den gesamten Schadstoffanfall $S(x)$ eine obere Grenze $\overline{\overline{S}}$ extern vorgegeben.

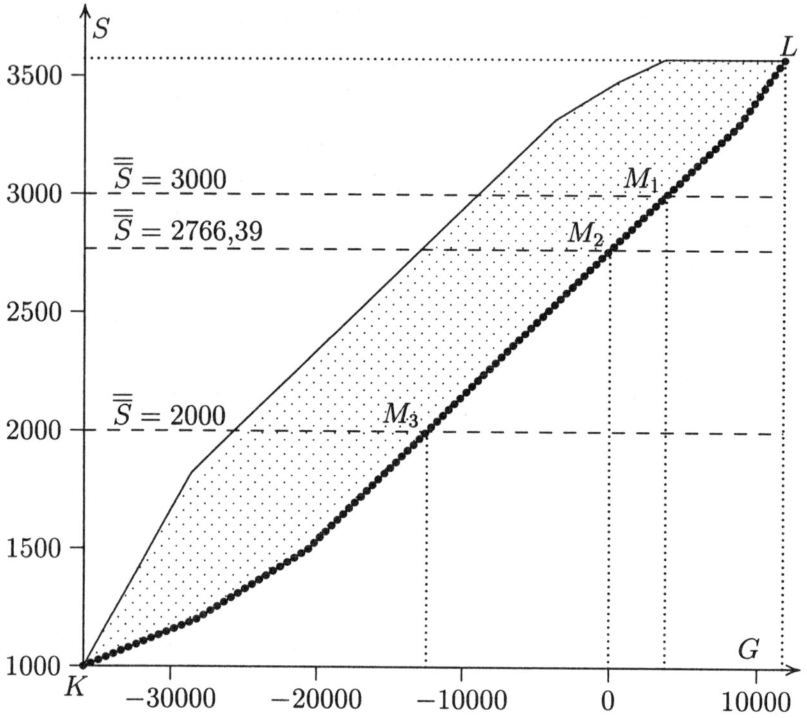

Abbildung 4.2.11: Mengensteuerung (Beispiel A8)

Die in Abbildung 4.2.11 eingezeichneten kompromissoptimalen Lösungen M_1, M_2 und M_3 für die Obergrenzen $\overline{\overline{S}}$ =3000, 2766,39 und 2000 *sind offensichtlich alle effizient bezüglich des Zielraumes Z_{ULT}* und der *Zielfunktionen G und S. Die Tabelle 4.2.6 veranschaulicht die mit einer Mengensteuerung verbundenen Gewinnreduktionen. Da die Funktion $G(x)$ eine gewichtete Summe der Güterquantitäten ist, folgt daraus,*

$\overline{\overline{S}}$	$x_3 = x$	$G_S^*(\overline{\overline{S}})$	$S_{G_S^*}(\overline{\overline{S}})$
3000	200	3800	3000
2766,4	184,43	0	2766,4
2000	133,33	−12467	2000

Tabelle 4.2.6: Einige Ergebnisse bei Mengensteuerung (Beispiel A8)

dass die optimalen Lösungen bei einer Mengensteuerung auch effizient bezüglich der um die Restriktion $S(x) \leqq \overline{\overline{S}}$ erweiterten umweltorientierten LEONTIEF-*Technologie ULT und des Gütermengenvektors* $\mathbf{z} \in ULT$ *sind.*

c) Zertifikatssteuerung

Nunmehr soll für das Unternehmen folgende Situation bezüglich des Schadstoffausstoßes eingetreten sein: Es ist erlaubt, bis zu 770 NPE_1 *des Schadstoffs S1 und bis zu 800* NPE_2 *des Schadstoffs S2 ohne finanziellen Aufwand an die Umwelt abzugeben. Beschränkt das Unternehmen die Produktion auf die Produktquantität, bei der nicht mehr als die kostenlos emittierbaren Quantitäten der Schadstoffe S1 und S2 anfallen, so kann kein Gewinn erzielt werden. Das Unternehmen ist gezwungen, die Produktquantität unter Inkaufnahme eines erhöhten Schadstoffausstoßes auszudehnen. Um größere Quantitäten abgeben zu können, besteht für das Unternehmen die Möglichkeit, Umweltzertifikate vom Typ I in Einheiten zu 770* NPE_1 *von Schadstoff S1 und vom Typ II in Einheiten zu 800* NPE_2 *von Schadstoff S2 zu erwerben, wobei 245 GE für die Zertifikate für S1 und 6200 GE für diejenigen für S2, jeweils pro Zertifikat, aufzuwenden sind. Bezeichnet* δ_1 *bzw.* δ_2 *die Anzahl der zu kaufenden – nicht teilbaren – Zertifikate I bzw. II* $(\delta_1, \delta_2, \in \mathbb{N}_0)$, *dann lässt sich der unter den geänderten Bedingungen maximale Gewinn* G^*_{Zerti} *durch*

x	(δ_1, δ_2)	$G^*_{Zerti}(x)$	$S_{G^*_{Zerti}}(x)$
100	(1, 0)	−20245	1700
125	(1, 0)	−13995	2125
150	(1, 1)	−14110	2495
175	(2, 1)	−7940	2975
200	(2, 1)	−1690	3400
225	(2, 1)	**3810**	3575
250	(2, 2)	3110	3750
273	(2, 2)	1730	3819

Tabelle 4.2.7: Einige Ergebnisse bei Zertifikatssteuerung (Beispiel A8)

	ohne Zertifikate ohne Schadstoff-beschränkungen Beispiel A6	ohne Zertifikate mit Schadstoff-beschränkungen Beispiel A7	mit Zertifikaten mit Schadstoff-beschränkungen Beispiel A8
x_1^*	0	0	100
x_3^*	250	199	125
x_5^*	0	49	0
x^*	250	248	225
v_1^*	(1750)	1540	1975
v_2^*	(2000)	2033	1600
δ_1^*	−−	−−	2
δ_2^*	−−	−−	1
S^*	3750	3573	3575
G^*	16000	11788	3810

Tabelle 4.2.8: Ergebnisse ohne und mit Zertifikaten (Beispiele A6, A7 und A8)

Lösen des folgenden gemischt ganzzahligen linearen Programms mit der Zielfunktion $G_{Zerti}(x, \delta_1, \delta_2)$ finden, wobei gilt:

$$
\begin{aligned}
G_{Zerti}(x, \delta_1, \delta_2) &= G(x) - 245\delta_1 - 6200\delta_2 \\
\text{mit} & \\
G(x) &= 780x - 7\,r_1 - 8\,r_2 - 45000 \\
&= 250x_1 + 231x_2 + 244x_3 + 225x_4 + 168x_5 + 90x_6 - 45000
\end{aligned}
$$

$$
\max \left\{ G(x) - 245\delta_1 - 6200\delta_2 \;\middle|\; \begin{array}{rcl} r_1 & \leqq & 12760 \\ r_2 & \leqq & 8000 \\ v_1 & \leqq & 770 + 770\delta_1 \\ v_2 & \leqq & 800 + 800\delta_2 \\ x & = & \sum_{k=1}^{6} x_k \\ x & \geqq & 100 \\ \delta_\ell & \in & \mathbb{N}_0 \;\; (\ell = 1, 2) \\ x_k & \in & \mathbb{R}_+ \;\; (k = 1, \ldots, 6) \end{array} \right\}.
$$

Löst man dieses Programm schrittweise (parametrisch) etwa für $x = 100, 125, \ldots,$ dann zeigt sich, dass zunächst ein Zertifikat I, dann zusätzlich ein Zertifikat II, dann ein weiteres Zertifikat I und schließlich wiederum ein Zertifikat II erworben werden sollte. Der Kauf weiterer Zertifikate führt wegen der dann greifenden Faktorbeschränkungen zu keiner weiteren Erhöhung der Produktquantität. In Tabelle 4.2.7 sind einige ermittelte Ergebnisse zusammengefasst. Der Verlauf der Maximalgewinn-Funktion ist für $x \geqq 200$ PE in Abbildung 4.2.12 dargestellt. Die optimale Lösung über alle $x \in [100, 273]$ kann der letzten Spalte der Tabelle 4.2.8 entnommen werden, in der zum Vergleich zusätzlich die optimalen Lösungen der Beispiele A6 und A7 zusammengestellt sind.

Betrachtet man die gefundene Lösung als Kompromiss des aufgezeigten Zielkonflikts, dann sind gegenüber Beispiel A6 (vgl. S. 131) folgende Wirkungen der Steuerung des Schadstoffausstoßes über Umweltzertifikate festzuhalten:

- *Der maximale Gewinn ist von 16000 auf 3810 GE zurückgegangen,* die gewinnmaximierende Produktion von 250 auf 225 *PE*. Die Gewinnschwelle ist von *180 auf* $\approx$ *208 PE* gestiegen (vgl. Abb. 4.2.2 (S. 137) und 4.2.12).

- *Der Schadstoffanfall ging bei Schadstoff S2 mit dem relativ teuren Zertifikat II* von 2000 auf 1600 NPE_2 *zurück, während sich der Anfall des Schadstoffs S1* von 1750 auf 1975 NPE_1 *erhöhte.*

- *Möchte das Unternehmen auch unter den geänderten Bedingungen* $x = 250$ *PE herstellen, dann müsste ein weiteres Zertifikat II gekauft werden, was zu einer Gewinneinbuße in Höhe von 700 GE führen würde.*

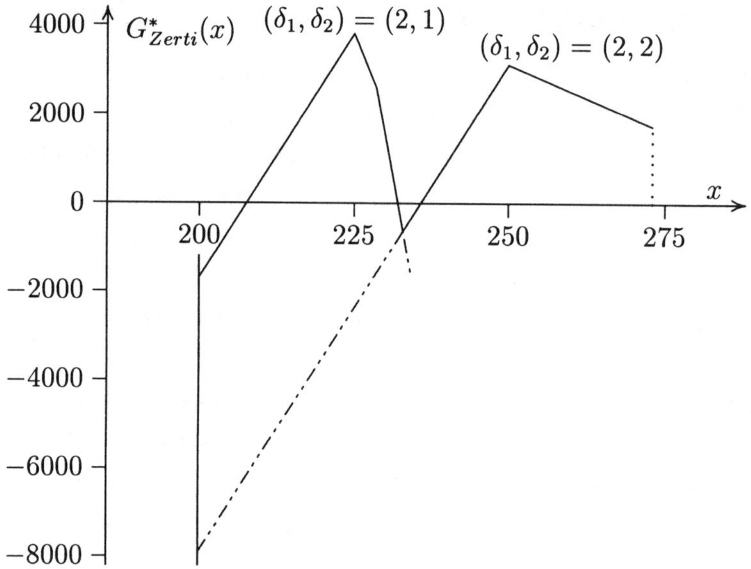

Abbildung 4.2.12: Maximalgewinn-Funktion mit Emissionszertifikaten (Beispiel A8)

Für jede feste zulässige (δ_1, δ_2)*-Kombination führt dieses Programm zu einer stückweisen linearen konkaven optimalen Lösungsfunktion (vgl. u.a. Abb. 4.2.5, S. 147). Um für alle zulässigen Werte des Parameters* x

das zugehörige Gewinnmaximum zu finden, ist jeweils das Maximum über alle Lösungsfunktionen zu wählen. Mit den Zahlenangaben dieses Beispiels sind nur zwei Lösungsfunktionen von Interesse, und zwar die für $(\delta_1, \delta_2) = (2, 1)$ *und* $(\delta_1, \delta_2) = (2, 2)$. *Sie definieren die optimale Lösungsfunktion für den Anpassungsprozess (vgl. Abb. 4.2.12).*

Abschließend wird noch darauf hingewiesen, dass bei $(\delta_1, \delta_2) = (2, 2)$ *und* $x_{max} = 273$ *PE die erlaubte Obergrenze für die Abgabe des Schadstoffs S1 infolge der übrigen Beschränkungen nicht voll in Anspruch genommen wird: Es werden von erlaubten 2310* NPE_1 *nur 1543* NPE_1 *bei maximaler Produktquantität an die Umwelt abgegeben, so dass 767* NPE_1 *übrig bleiben. Somit ergeben sich Schadstoffquantitäten, die ausgestoßen werden dürfen, jedoch nicht ausgestoßen werden, ein für die Beurteilung von Emissionszertifikaten nicht unwichtiger Gesichtspunkt („Gewinn der Umwelt").* ◊

5 GUTENBERG-Technologien

5.1 Technologien auf der Basis von Verbrauchsfunktionen

Mit der COBB-DOUGLAS- und der LEONTIEF-Technologie wurden bereits zwei spezielle Technologien in den Kapiteln 3 und 4 eingeführt und analysiert. In diesem Kapitel wird eine weitere spezielle Technologie formuliert, und zwar die sich auf Verbrauchsfunktionen stützende GUTENBERG-Technologie, die vor allem dadurch charakterisiert ist, dass sie – z.B. im Gegensatz zu LEONTIEF-Technologien – von weniger globalen Annahmen über die Beziehungen zwischen Input und Output ausgeht. Es finden neben Faktoren und Produkten auch Einflussgrößen der Betriebsmittel explizit Berücksichtigung. Nach einer Einführung in GUTENBERG-Technologien werden – ähnlich wie in Kapitel 4 – effiziente Produktionen ohne und mit Nebengütern untersucht.

5.1.1 Mittelbare Input-Output-Beziehungen

Beim Ertragsgesetz geht man von einer Produktfunktion aus, die für jeden zulässigen Faktormengenvektor $\mathbf{r} \in R$ genau eine produzierbare Produktquantität $x \in X$ angibt (vgl. Beispiel CA1, S. 36). Das Ertragsgesetz vernachlässigt spezielle Eigenschaften des eingangs erwähnten Transformators (vgl. Abschnitt 1.1.1), d.h. den expliziten Einbezug von technischen Aggregaten, ohne die die Herstellung von Produkten nicht möglich ist. An diesem Gedanken setzt GUTENBERG mit seinen eigenen produktionstheoretischen Überlegungen an. „Denn die Verbrauchsmengen sind nicht unmittelbar, sondern mittelbar von der Ausbringung abhängig, und zwar über die 'zwischengeschalteten' Produktionsstätten (Betriebsmittel, Arbeitsplätze, Anlageteile). ... Es sind die technischen Eigenschaften der Aggregate und Arbeitsplätze, die den Verbrauch an Faktoreinsatzmengen bestimmen" (GUTENBERG, 1983, S. 328). Um die technischen Aggregate in seine Produktionstheorie einbeziehen zu können, geht GUTENBERG davon aus, dass der Verbrauch an bestimmten Faktoren auch von der Fahrweise, beispielsweise von der Arbeitsgeschwindigkeit einer Maschine, die er mit Intensität bezeichnet, abhängt. „Diese Abhängigkeiten zwischen dem Verbrauch an Faktoreinsatzmengen und der Inanspruchnahme eines Betriebsmittels seien als 'Verbrauchsfunktionen' bezeichnet" (GUTENBERG, 1983, S. 327).

In einem Einfaktor-Einprodukt-Produktionssystem gibt eine Verbrauchsfunktion – im Folgenden mit $a(d)$ bezeichnet – den Verbrauch des Faktors pro Produkteinheit in Abhängigkeit der Intensität d an, wobei unter Intensität hier die pro Zeiteinheit hergestellte Produktquantität verstanden wird. Die Dimension von $a(d)$ ist FE/PE und stimmt somit mit der Dimension von Produktionskoeffizienten überein (vgl. Abschnitt 3.1.1 und 4.1.1). Die Dimension von d ist PE/ZE. Die Intensität kann im Rahmen eines Produktionssystems üblicherweise in einem vorgegebenen Intervall $[d_{min}, d_{max}]$ variieren.

Es können offensichtlich verschiedene Basisproduktionen – in Analogie zu Basisproduktionen bei linearen Prozessen (vgl. Definition 4.1.3, S. 106) – existieren, die hier zu einer Basisproduktionsmenge

$$Y_B = \left\{ \begin{pmatrix} -a(d) \\ +1 \end{pmatrix} \in \mathbb{R}^2 \;\middle|\; d_{min} \leqq d \leqq d_{max} \right\}$$

zusammengefasst werden, wobei für $d_{min} = d_{max}$ diese Basisproduktionsmenge der Basisproduktion einer LEONTIEF-Technologie entspricht. Sollen nicht 1 PE, sondern x PE ($x \geqq 0$) hergestellt werden, dann kann man für ein festes $\tilde{d} \in [d_{min}, d_{max}]$ den folgenden linearen Prozess betrachten:

$$Y_{\tilde{d}}(x) = \left\{ \begin{pmatrix} -a(\tilde{d}) \\ +1 \end{pmatrix} x \in \mathbb{R}^2 \;\middle|\; x \geqq 0 \right\}.$$

Ein derartiger Prozess kann als Basisprozess einer LEONTIEF-Technologie aufgefasst werden. Der Faktorverbrauch ist bei konstanter Intensität proportional zur Produktquantität.

Da die Intensität d in PE/ZE gemessen wird, erhält man die in einer Zeitspanne von t ZE Länge mit einer Intensität von d PE/ZE herstellbare Produktquantität x in PE, indem man d, die Produktquantität pro Zeiteinheit, mit der Zeit t multipliziert, was zu der für dieses Kapitel zentralen Beziehung

$$x = d\,t$$

$((PE/ZE) \cdot ZE = PE)$ führt. Der oben angegebene lineare Prozess $Y_{\tilde{d}}(x)$ lässt sich nunmehr auch wie folgt schreiben:

$$\begin{aligned} Y_{\tilde{d}}(t) &= \left\{ \begin{pmatrix} -a(\tilde{d}) \\ +1 \end{pmatrix} \tilde{d}\,t \in \mathbb{R}^2 \;\middle|\; t \geqq 0 \right\} \\ &= \left\{ \begin{pmatrix} -a(\tilde{d})\tilde{d}\,t \\ +\tilde{d}\,t \end{pmatrix} \in \mathbb{R}^2 \;\middle|\; t \geqq 0 \right\}. \end{aligned}$$

Die bisherigen Überlegungen lassen sich unmittelbar auf Mehrfaktor-Einprodukt-Produktionssysteme verallgemeinern, so dass zusammenfassend die folgende GUTENBERG-Technologie definiert werden kann:

Definition 5.1.1:

Gegeben sei ein Mehrfaktor-Einprodukt-Produktionssystem mit einer Basisproduktionsmenge

$$Y_B = \left\{ \begin{pmatrix} -a_1(d) \\ \vdots \\ -a_M(d) \\ +1 \end{pmatrix} \in \mathbb{R}^{M+1} \;\middle|\; d \in D \right\}$$

mit $D = \{\, d \in \mathbb{R} \mid 0 < d_{min} \leqq d \leqq d_{max} \} = [d_{min}, d_{max}]$.

Ferner seien

$\overline{\overline{r}}_m \in \mathbb{R}_+$ eine Obergrenze für die Quantität des Faktors m $(m = 1, \ldots, M)$,

$\overline{x} \in \mathbb{R}_+$ eine Untergrenze für die Produktquantität und

$T = \{t \in \mathbb{R} \mid 0 \leqq t_{min} \leqq t \leqq t_{max}\} = [t_{min}, t_{max}]$.

Die Menge

$$GT_{(\mathbf{r},x)} := \left\{ \begin{pmatrix} -r_1 \\ \vdots \\ -r_M \\ +x \end{pmatrix} \in \mathbb{R}^{M+1} \;\middle|\; \begin{matrix} r_1 = a_1(d)d\,t \leqq \overline{\overline{r}}_1 \\ \vdots \\ r_M = a_M(d)d\,t \leqq \overline{\overline{r}}_M \\ x = d\,t \geqq \overline{x} \\ d \in D, \;\; t \in T \end{matrix} \right\}$$

heißt **GUTENBERG-Technologie vom Typ 1**.
(Vgl. DINKELBACH, 1987, S. 16f.; DINKELBACH/PIRO, 1990, S. 641).

□

Die zweiseitige Begrenzung der Intensität ist im Allgemeinen technisch bedingt, sie kann aber auch aus Umweltauflagen, etwa im Zusammenhang mit einer Mengensteuerung (vgl. S. 91), resultieren (vgl. auch BOGASCHEWSKY, 1995, S. 171ff.). Die Begrenzung der Produktionszeit kann technische wie auch ökonomische Ursachen haben. Die Faktormenge R lautet für eine GUTENBERG-Technologie

$$R = \left\{ \mathbf{r} = \begin{pmatrix} r_1 \\ \vdots \\ r_M \end{pmatrix} \in \mathbb{R}^M \;\middle|\; 0 \leqq r_m \leqq \overline{\overline{r}}_m \quad (m = 1, \ldots, M) \right\}.$$

Die Produktmenge X ist durch

$$X = \{x \in \mathbb{R} \mid 0 < \overline{x} \leqq x < \infty\}$$

definiert.

Für die weiteren Ausführungen werden die folgenden zwei Voraussetzungen an die Verbrauchsfunktionen gestellt:

1. Die Werte der Verbrauchsfunktionen seien positiv, d.h.

$$a_m(d) > 0 \qquad (m = 1, \ldots, M; \; d \in D),$$

weil es nicht möglich ist, ohne Verbrauch etwas herzustellen.

2. Die Verbrauchsfunktionen $a_m(d)$ seien streng konvex über D $(m = 1, \ldots, M)$. Damit ist formal die Existenz eines Verbrauchsminimums, d.h. eine eindeutige Minimalstelle der Verbrauchsfunktion, gesichert. Die meisten in der Literatur skizzierten Verbrauchsfunktionen sind konvex bzw. „u-förmig“ (vgl. u.a. DELLMANN, 1980, S. 78f.; GUTENBERG, 1983, S. 334; ELLINGER/HAUPT, 1996, S. 124f.; STEFFEN, 1997, S. 85). Darüber hinaus kann es manchmal für Beispielrechnungen bequem sein, wenn die Verbrauchsfunktionen differenzierbar sind.

Diejenige Intensität d^0, welche eine Verbrauchsfunktion minimiert, heißt **verbrauchsminimale Intensität**, d.h.:

$$d^0 \in \text{argmin}\,\{a(d) \in \mathbb{R} \mid d \in D\}\,.$$

Für jede der M Verbrauchsfunktionen lässt sich eine verbrauchsminimale Intensität berechnen:

$$d_m^0 \in \text{argmin}\,\{a_m(d) \in \mathbb{R} \mid d \in D\} \quad (m = 1, \ldots, M).$$

In der Sprache der Vektoroptimierung spricht man von individuell optimalen Lösungen (vgl. u.a. DINKELBACH/KLEINE, 1996, S. 36). Im Allgemeinen fallen die individuell optimalen Lösungen nicht zusammen, so dass keine eindeutige verbrauchsminimale Intensität existiert. Ein ähnlicher Tatbestand wurde bereits zu Beginn von Abschnitt 2.1.1 diskutiert, er führte dort zur Definition der Input-Effizienz (vgl. Definition 2.1.1, S. 28), die hier für Verbrauchsfunktionen entsprechend zu modifizieren ist.

Definition 5.1.2:

Gegeben seien M auf $D = [d_{min}, d_{max}]$ definierte Verbrauchsfunktionen $a_m(d)$ $(m = 1, \ldots, M)$.

Eine Intensität $d^0 \in D$ heißt **input-effizient bezüglich $a_1(d), \ldots, a_M(d)$ und D**, wenn keine Intensität $d' \in D$ existiert mit

$$\begin{pmatrix} a_1(d') \\ \vdots \\ a_M(d') \end{pmatrix} \leq \begin{pmatrix} a_1(d^0) \\ \vdots \\ a_M(d^0) \end{pmatrix},$$

d.h. mit

$$\begin{array}{rcll} a_m(d') & \leqq & a_m(d^0) & \text{für alle } m = 1,\ldots,M \\ a_\mu(d') & < & a_\mu(d^0) & \text{für mindestens ein } \mu \in \{1,\ldots,M\}. \end{array}$$

Mit D^0 wird die Menge aller effizienten, genauer: input-effizienten, Intensitäten $d^0 \in D$ bezeichnet.
(Vgl. DINKELBACH, 1987, S. 31f.). □

Sind die individuell verbrauchsminimalen Intensitäten d_m^0 bekannt ($m = 1,\ldots,M$), dann gilt

$$D^0 = \Big[min\{ d_m^0 \mid m \in \{1,\ldots,M\} \},\ max\{ d_m^0 \mid m \in \{1,\ldots,M\} \} \Big]$$

(vgl. u.a. KRELLE, 1969, S. 45; KLOOCK, 1998, S. 300). Sind die Verbrauchsfunktionen zwar konvex, aber nicht streng konvex, ist die letzte Aussage nicht notwendig korrekt. Effiziente Produktionen aus der Technologiemenge $GT1$ sind wie in Abschnitt 2.1.2 definiert, d.h. durch Vergleiche der entsprechenden Faktor- bzw. Produktquantitäten (vgl. Definition 2.1.4, S. 39) zu ermitteln. Mit Hilfe von Testprogrammen können einzelne Produktionen auf Effizienz getestet werden (vgl. Anhang, S. 237). Die Effizienz-Definitionen für Technologien mit Nebengütern (vgl. Definition 2.2.2, S. 46, Definition 2.2.3, S. 47 und Definition 2.2.4, S. 48) sind entsprechend für GUTENBERG-Technologien mit Umweltgütern zu modifizieren.

Während eine Einfaktor-Einprodukt-LEONTIEF-Technologie mit nur einer Basisproduktion zwei Variablen r (Faktorquantität) und x (Produktquantität) umfasst, verfügt eine Einfaktor-Einprodukt-GUTENBERG-Technologie über zwei weitere Variablen, und zwar d (Intensität) und t (Zeit). Aufgrund der Beziehung $x = dt$ kann eine GUTENBERG-Technologie um eine Variable auf drei Variablen reduziert werden. Für den Rest dieses Abschnitts werden die Variablen d und t als Parameter interpretiert. Damit lautet die Produktmenge $X(\overline{r}) \subset X$ für $\overline{r} \in R$, d.h.

die Menge aller Produktquantitäten, die durch Einsatz von $\overline{r}$ technisch herstellbar sind (vgl. Abschnitt 2.1.1), in Abhängigkeit von d und t:

$$X_{d,t}(\overline{r}) = \{x \in X \mid \overline{r} = a(d)d\,t,\; x = d\,t,\; d \in D,\; t \in T\}.$$

Aufgrund der Beziehung $x = d\,t$ können die Produktrelationen $X_t(\overline{r})$ und $X_d(\overline{r})$ definiert werden, indem zum einen $d = \frac{x}{t}$ und zum anderen $t = \frac{x}{d}$ gesetzt wird, so dass sich ergibt:

$$X_t(\overline{r}) = \left\{x \in X \;\middle|\; \overline{r} = a\left(\frac{x}{t}\right)x,\; \frac{x}{t} \in D\right\} \quad (t \in T),$$

$$X_d(\overline{r}) = \left\{x \in X \;\middle|\; \overline{r} = a(d)x,\; \frac{x}{d} \in T\right\} \quad (d \in D).$$

Zusammenfassend gilt folgende Gleichung:

$$X_{d,t}(\overline{r}) = \bigcup_{t \in T} X_t(\overline{r}) = \bigcup_{d \in D} X_d(\overline{r}).$$

Auf eine Herleitung der entsprechenden Faktorrelationen $R_{d,t}(\overline{x}), R_t(\overline{x})$ und $R_d(\overline{x})$ wird verzichtet.

Beim Ertragsgesetz wird jeder Faktorquantität bzw. jedem Faktorvektor – mittels einer Produktfunktion – genau eine Produktquantität zugeordnet. Dagegen wird in einer GUTENBERG-Technologie jede Faktorquantität – mittels einer Produktrelation – auf ein Intervall von Produktquantitäten abgebildet, wobei als Steuerung bezüglich des technischen Aggregats der Parameter t (Zeit) und/oder der Parameter d (Intensität) dienen. Wenn im Zusammenhang mit GUTENBERG-Technologien – häufig bei der Diskussion von Verbrauchsfunktionen – von einer „mittelbaren" Input-Output-Beziehung die Rede ist (vgl. z.B. LUHMER, 1975, S. 10f.; BUSSE VON COLBE/LASSMANN, 1991, S. 147; ELLINGER/HAUPT, 1996, S. 118; SCHWEITZER/KÜPPER, 1997, S. 97), dann sind es eben die zusätzlichen Parameter d (Intensität) und t (Zeit), die dieses „Mittelbar" zum Ausdruck bringen.

Beispiel F1:

SCHLÜSSELWÖRTER: GUTENBERG-*Technologie für ein Einfaktor-Einprodukt-Produktionssystem, Verbrauchsfunktion, Input-Effizienz, Output-Effizienz, Effizienz, (r, x)-Koordinatensystem*

Mit diesem einführenden Beispiel werden die Grundlagen der GUTENBERG-*Technologie für ein Einfaktor-Einprodukt-Produktionssystem veranschaulicht. Es sei*

$$a(d) = (d-3)^2 + 1 \quad FE/PE$$

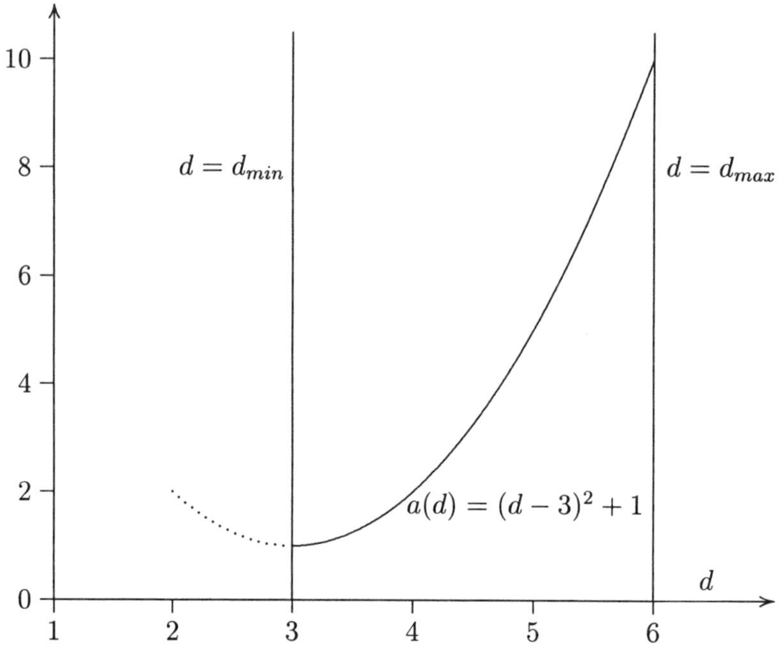

Abbildung 5.1.1: Verbrauchsfunktion (Beispiel F1)

die dem Produktionssystem zu Grunde liegende Verbrauchsfunktion; sie ist in Abbildung 5.1.1 graphisch wiedergegeben. Die Verbrauchsfunktion $a(d)$ hat bei $d^0 = 3$ ihre input-effiziente, d.h. hier ihre verbrauchsminimale Intensität. – Es wird weiter davon ausgegangen, dass das Produktionssystem mindestens 10 und höchstens 20 ZE in Betrieb sein kann, d.h.

$T = [10, 20]$, dass die Intensität zwischen $d_{min} = 3$ und $d_{max} = 6$ PE/ZE variieren kann, d.h. $D = [3, 6]$, und dass mindestens 30 PE herzustellen sind, d.h. $X = \{x \in \mathbb{R} \mid x \geqq 30\}$. Von dem Faktor stehen 1200 FE zur Verfügung, d.h. $R = \{r \in \mathbb{R} \mid 0 \leqq r \leqq 1200\}$. Zusammenfassend lautet damit die GUTENBERG-*Technologie vom Typ 1*

$$GT_{(r,x)} = \left\{ \begin{pmatrix} -r \\ +x \end{pmatrix} \in \mathbb{R}^2 \;\middle|\; \begin{array}{c} r = \big((d-3)^2+1\big)dt \\ x = dt \\ d \in [3,6], \quad t \in [10,20] \end{array} \right\}.$$

Die zu dieser Technologie gehörenden Produktrelationen werden nunmehr näher analysiert. Für alle $r \in R$ gilt

$$X_t(r) = \left\{ x \in X \;\middle|\; r = \frac{1}{t^2}x^3 - \frac{6}{t}x^2 + 10x,\; 3 \leqq \frac{x}{t} \leqq 6 \right\} \quad (t \in [10,20]).$$

Für jede Faktorquantität $r \in R$ können die herstellbaren Produktquantitäten durch Lösen der Gleichung

$$r = \frac{1}{t^2}x^3 - \frac{6}{t}x^2 + 10x$$

unter Beachtung der Ungleichungen

$$x \geqq 30 \quad \text{und} \quad 3 \leqq \frac{x}{t} \leqq 6$$

für alle $t \in [10, 20]$ gefunden werden. In Abbildung 5.1.2 sind die Produktquantitäten $X_t(r)$ für alle $r \in R$ und $t = 10$, 15 und 20 eingezeichnet. Wenn man t anstatt d eliminiert, ergibt sich ein ähnliches Ergebnis. Für alle $r \in R$ gilt dann

$$X_d(r) = \left\{ x \in X \;\middle|\; r = \big((d-3)^2+1\big)x,\; 10 \leqq \frac{x}{d} \leqq 20 \right\} \quad (d \in [3,6]).$$

In Abbildung 5.1.2 sind auch die Produktquantitäten $X_d(r)$ für alle $r \in R$ und $d = 3$, 4, 5 und 6 wiedergegeben. Beide Wege zur Ermittlung aller

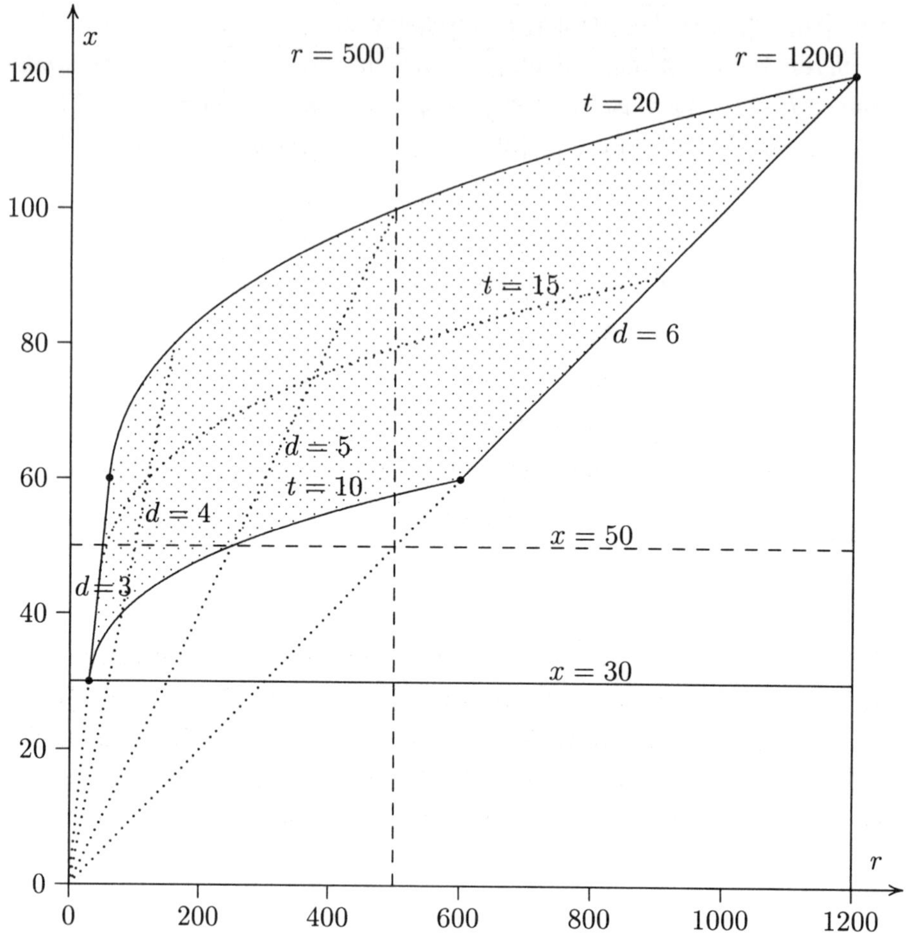

Abbildung 5.1.2: GUTENBERG-Technologie im (r, x)-Koordinatensystem (Beispiel F1)

zulässigen (r, x)*-Kombinationen, im Folgenden mit* $TM_{(r,x)}$ *bezeichnet, sind wegen der Beziehung* $x = d\,t$ *äquivalent. Zusammenfassend gilt:*

$$TM_{(r,x)} = \left\{ \begin{pmatrix} -r \\ x \end{pmatrix} \in \mathbb{R}^2 \;\middle|\; \begin{array}{l} r \in R \\ x \in X_t(r), \quad t \in [10, 20] \end{array} \right\}$$

$$= \left\{ \begin{pmatrix} -r \\ x \end{pmatrix} \in \mathbb{R}^2 \;\middle|\; \begin{array}{l} r \in R \\ x \in X_d(r), \quad d \in [3, 6] \end{array} \right\}.$$

Nachdem die Technologiemenge des Beispiels nunmehr vollständig beschrieben ist, werden nachfolgend beispielhaft einige Fragen zu effizienten Produktionen diskutiert.

a) Gegeben sei etwa die feste Produktquantität $\overline{x} = 50 \in X$. *Welche Faktorquantität(en)* $r^0 \in R(\overline{x})$ *ist (sind) input-effizient bzw. in diesem Falle minimal bezüglich* $R(\overline{x})$ *(vgl. Definition 2.1.1, S. 28)? Zunächst einmal ist*

$$R_t(50) = \left\{ r \in R \,\middle|\, r = \frac{1}{t^2}50^3 - \frac{6}{t}50^2 + 10 \cdot 50,\ 3 \leqq \frac{50}{t} \leqq 6 \right\} \quad (t \in [10, 20])$$

und damit

$$r^0 = \min\{r \in R_t(50) \mid t \in [10, 20]\} = 50$$

mit $t = 16\frac{2}{3}$ *ZE und* $d = 3$ *PE/ZE. Der analoge Weg über die Inputmenge* $R_d(50)$ *führt selbstverständlich zum gleichen Ergebnis. Wie aus der Abbildung 5.1.2 erkennbar ist, wird die minimale Faktorquantität für* $30 \leqq \overline{x} \leqq 60$ *bei* $d = 3$ *und für* $\overline{x} \geqq 60$ *bei* $t = 20$ *ZE erreicht.*

b) Wird von einer festen Faktorquantität, z.B. $\overline{r} = 500 \in R$, *ausgegangen, dann sind die zugehörigen bezüglich* $X(\overline{r})$ *output-effizienten bzw. hier maximalen Produktquantitäten von Interesse (vgl. Definition 2.1.2, S. 32). Es gilt*

$$X_d(500) = \left\{ x \in X \,\middle|\, 500 = \left((d-3)^2 + 1\right) x,\ 10 \leqq \frac{x}{d} \leqq 20 \right\} \quad (d \in [3, 6])$$

und damit

$$x^0 = \max\{x \in X_d(500) \mid d \in [3, 6]\} = 100$$

mit $d = 5$ *PE/ZE und* $t = 20$ *ZE. Ausgehend von der Menge* $X_t(500)$ *wäre man zum gleichen Ergebnis gekommen. Offensichtlich wird für* $30 \leqq \overline{r} \leqq 60$ *die maximale Produktquantität bei* $d = 3$ *und für* $60 \leqq \overline{r} \leqq 1200$ *bei* $t = 20$ *erzielt (vgl. Abb. 5.1.2).*

c) Aus den Überlegungen unter a) und b) ergibt sich unmittelbar, dass genau alle Produktionen auf dem „Nordwest"-Rand der Technologiemenge $TM_{(r,x)}$ *effizient bezüglich* $TM_{(r,x)}$ *sind (vgl. Abb. 5.1.2). Es gilt somit*

$$TM^0_{(r,x)} = \left\{ \begin{pmatrix} -r \\ x \end{pmatrix} \in \mathbb{R}^2 \middle| \begin{array}{l} r \in R \\ x \in X_{d=3}(r) \end{array} \right\} \cup \left\{ \begin{pmatrix} -r \\ x \end{pmatrix} \in \mathbb{R}^2 \middle| \begin{array}{l} r \in R \\ x \in X_{t=20}(r) \end{array} \right\}.$$

Anzumerken ist, dass die erste Teilmenge der effizienten Produktionen durch konstante Intensität ($d = 3$) *und variable Zeit, während die zweite Teilmenge durch konstante Zeit* ($t = 20$) *und variable Intensität charakterisiert sind. Mit dieser Bemerkung wird die Diskussion des Beispiels F unterbrochen.* ◇

Die Überlegungen dieses Abschnitts und insbesondere die Veranschaulichungen anhand der Abbildung 5.1.2 machen in besonderer Weise deutlich, dass die häufig zitierte funktionale Beziehung zwischen Input und Output eines Produktionssystems bei GUTENBERG-Technologien keine Funktion, keine Produktions- oder Produktfunktion ist (vgl. Definition 2.3.4, S. 57), sondern eine Produktrelation oder Output-Korrespondenz im Sinne einer mehrdeutigen Abbildung oder auch Punkt-Mengen-Abbildung. Man spricht in diesem Zusammenhang auch von Produktionskorrespondenz (vgl. u.a. SHEPHARD, 1970, S. 179; EICHHORN et al., 1979, S. 333; EICHHORN, 1993). Durch die hier gewählte Darstellung einer GUTENBERG-Technologie wird eine Brücke zwischen der (volkswirtschaftlichen) Wirtschaftstheorie und der (betriebswirtschaftlichen) Produktionstheorie im Sinne von GUTENBERG angeboten.

Beispiel G1:

SCHLÜSSELWÖRTER: GUTENBERG-*Technologie für ein Zweifaktor-Einprodukt-Produktionssystem, input-effiziente Intensitäten,* (r_1, r_2)*-Koordinatensystem*

In diesem Beispiel wird eine GUTENBERG-*Technologie für ein Zweifaktor-Einprodukt-Produktionssystem vorgestellt und graphisch in einem*

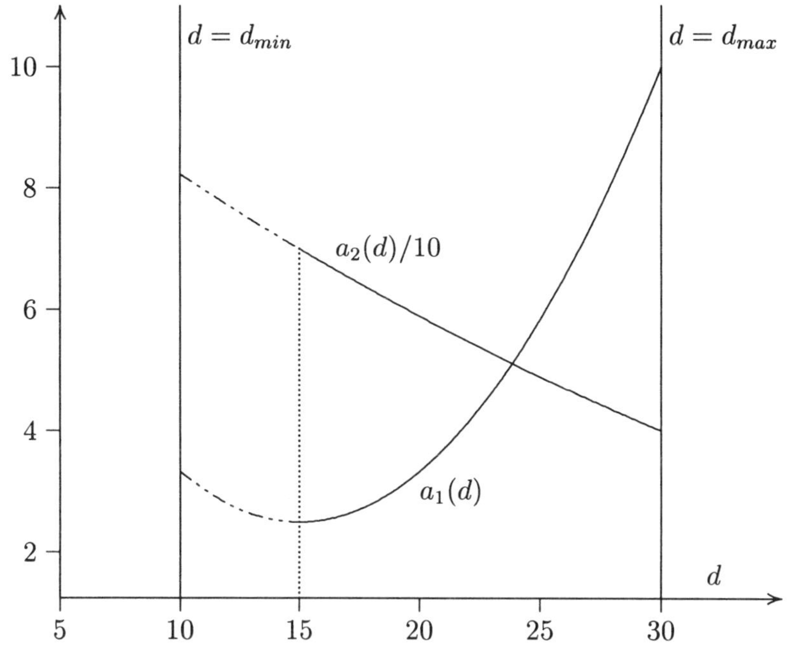

Abbildung 5.1.3: Verbrauchsfunktionen (Beispiel G1)

(r_1, r_2)-Koordinatensystem analysiert. Es wird von folgender Technologiemenge ausgegangen (vgl. DINKELBACH, *1987, S. 20ff.):*

$$GT_{(\mathbf{r},x)} = \left\{ \begin{pmatrix} -r_1 \\ -r_2 \\ +x \end{pmatrix} \in \mathbb{R}^3 \;\middle|\; \begin{array}{c} r_1 = a_1(d)d\,t \leqq 4992 \\ r_2 = a_2(d)d\,t \leqq 45504 \\ x = d\,t \geqq 360 \\ d \in [10,30], \quad t \in [10,40] \end{array} \right\}$$

mit $a_1(d) = \big((d-15)^2+75\big)/30$ *und* $a_2(d) = \big((d-67,5)^2+393,75\big)/45.$
Die beiden Verbrauchsfunktionen sind in Abbildung 5.1.3 eingezeichnet. Die verbrauchsminimale Intensität von $a_1(d)$ *ist* $d_1^0 = 15$ *und liegt im Innern des Intervalls* $D = [10,30]$*, während sich die verbrauchsminimale Intensität von* $a_2(d)$ *am rechten Rand des Intervalls bei* $d_2^0 = 30$ *befindet. Aus der strengen Konvexität beider Verbrauchsfunktionen folgt, dass alle Intensitäten aus*

$$D^0 = \{d \in D \mid 15 \leqq d \leqq 30\} = [15,30]$$

input-effizient bezüglich $a_1(d)$, $a_2(d)$ und D sind. Nicht effiziente Intensitäten $d \in [10, 15[$ – in Abbildung 5.1.3 gestrichelt wiedergegeben – werden an dieser Stelle nicht weiter verfolgt.

Um die GUTENBERG-Technologie in einem (r_1, r_2)-Koordinatensystem zu veranschaulichen, beginnt man zweckmäßigerweise mit den zwei Faktorungleichungen

$$0 \leqq r_1 \leqq 4992 \quad \text{und} \quad 0 \leqq r_2 \leqq 45504,$$

durch die das Rechteck $ABCE$ in Abbildung 5.1.4 definiert wird. – Anschließend sollen die Nebenbedingungen $15 \leqq d \leqq 30$ eingetragen werden, indem man die Randintensitäten $d = 15$ und $d = 30$ betrachtet. Aus $15 \leqq d$ und

$$r_1 = a_1(15)\,15\,t \quad \text{und} \quad r_2 = a_2(15)\,15\,t$$

folgt

$$r_2 \leqq \big(a_2(15)/a_1(15)\big)\,r_1 = 70/2{,}5\,r_1 = 28\,r_1$$

mit $r_1 \leqq 45504/28 = 1625,14$. Aus $d \leqq 30$ und

$$r_1 = a_1(30)\,30\,t \quad \text{und} \quad r_2 = a_2(30)\,30\,t$$

folgt

$$r_2 \geqq \big(a_2(30)/a_1(30)\big)\,r_1 = 40/10\,r_1 = 4\,r_1$$

mit $r_1 \leqq 4992$ (vgl. Abb. 5.1.4, in die auch beispielhaft die linearen Prozesse für $d = 20$ und $d = 25$ eingezeichnet sind). – Die Nebenbedingung $d\,t \geqq 360$ ist nunmehr auf die Koordinaten r_1 und r_2 umzurechnen. Zur Produktion von 360 ME werden $r_1 = 360a_1(d)$ FE_1 und $r_2 = 360a_2(d)$ FE_2 benötigt. Die Faktorquantitäten sind von der Intensität abhängig. Unter der – hier gegebenen – Voraussetzung, dass $a_1(d)$ für $d \geqq 15$ invertierbar ist, lässt sich die Ungleichung $d\,t \geqq 360$ durch

$$r_2 \geqq 360a_2\big(a_1^{-1}(r_1/360)\big) = 360a_2\Big(15 + \sqrt{30r_1/360 - 75}\Big)$$

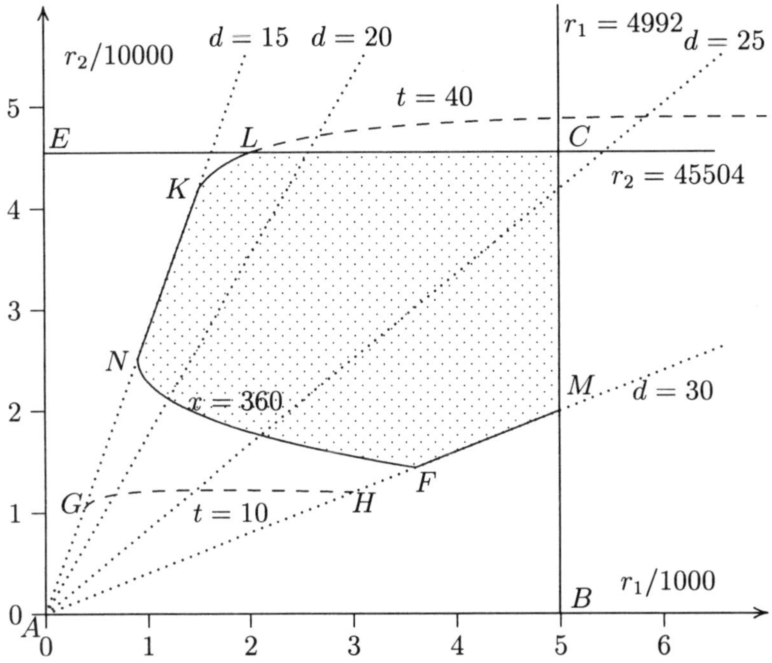

Abbildung 5.1.4: GUTENBERG-Technologie im (r_1, r_2)-Koordinatensystem (Beispiel G1)

ersetzen (vgl. Kurve NF in Abb. 5.1.4). – Die Ungleichungen $10 \leqq t \leqq 40$ können nicht explizit beschrieben werden. Es gilt

$$\begin{pmatrix} r_1 \\ r_2 \end{pmatrix} \geqq \begin{pmatrix} 10\, a_1(d)\, d \\ 10\, a_2(d)\, d \end{pmatrix} \qquad (d \in D^0)$$

und

$$\begin{pmatrix} r_1 \\ r_2 \end{pmatrix} \leqq \begin{pmatrix} 40\, a_1(d)\, d \\ 40\, a_2(d)\, d \end{pmatrix} \qquad (d \in D^0).$$

Die zeitlichen Begrenzungen sind in Abbildung 5.1.4 durch die Kurven GH und KL wiedergegeben, wobei offensichtlich die untere zeitliche Begrenzung redundant ist.

Die Technologiemenge der GUTENBERG-Technologie des Beispiels G1 wird in Abbildung 5.1.4 durch die Punkte N, F, M, C, L und K sowie *durch die dazu gehörenden Kurvenabschnitte umgrenzt. Eine der Abbildung 5.1.4 ähnliche Darstellung – allerdings ohne Faktor- und ohne Produktbeschränkungen – hat* ALBACH *(1962b, S. 155) veröffentlicht, als er auf die Zusammenhänge zwischen den Theorien von* LEONTIEF *und* GUTENBERG *aufmerksam machte (vgl. auch* KRELLE, *1969, S. 53;* SZYSZKA, *1987, S. 77;* KLOOCK, *1998, S. 301).* ◇

Die in diesem Abschnitt definierte GUTENBERG-Technologie $GT_{(\mathbf{r},x)}$ kann als eine LEONTIEF-Technologie mit überabzählbar vielen linearen Prozessen – für jedes $d \in D$ ein linearer Prozess – interpretiert werden. Eine derartige Interpretation bereitet keine formalen Schwierigkeiten. Betrachtet man nur endlich viele Intensitätspunkte aus dem Intervall D, dann lässt sich durch eine derartige Diskretisierung eine GUTENBERG-Technologie $GT_{(\mathbf{r},x)}$ durch eine LEONTIEF-Technologie approximieren (vgl. u.a. ALBACH, 1962a, S. 64ff.; LIPPOLD, 1988, S. 170ff.). Inhaltlich bedeuten verschiedene lineare Prozesse in einer LEONTIEF-Technologie verschiedene Produktionsverfahren oder etwa verschiedene, jedoch funktionsgleiche Maschinen – jeweils innerhalb eines Produktionssystems. Verschiedene lineare Prozesse in einer GUTENBERG-Technologie repräsentieren hingegen ein Produktionssystem bei unterschiedlichen Intensitäten (vgl. u.a. KISTNER, 1993, S. 144; SCHNEEWEISS, 1999, S. 56f.). Aufgrund der engen formalen Beziehungen zwischen LEONTIEF- und GUTENBERG-Technologien ist die Frage, ob es sich bei einer Variation der Produktquantität um eine Prozess-, eine Intensitäts/Zeit- oder eine Faktorsubstitution handelt, von untergeordneter Bedeutung.

Bei einer Erweiterung von Zweifaktor-Produktionssystemen auf Mehrfaktor-Produktionssysteme steht zur Analyse von LEONTIEF-Technologien die Theorie der linearen Programmierung zur Verfügung. Kann man sagen, dass sich zur Analyse von GUTENBERG-Technologien bei einer Erweiterung von Zweifaktor-Produktionssystemen auf Mehrfaktor-Produktionssysteme die Theorie der konvexen Programmierung anbietet? Diese Frage ist zu verneinen, da die Technologiemenge $GT_{(\mathbf{r},x)}$ nicht konvex zu sein braucht, wie die Abbildung 5.1.4 zeigt, wenn man dort beispielsweise die geforderte Mindestproduktquantität auf 120 *PE* reduziert ($x = dt \geqq 120$). Kann möglicherweise eine andere Definition von GUTENBERG-Technologien die aufgeworfenen Schwierigkeiten überwinden helfen? Mit dieser Frage beschäftigt sich der nachfolgende Abschnitt.

5.1.2 GUTENBERG-Technologien ohne Nebengüter

In diesem Abschnitt werden die vier verschiedenen Variablen einer Mehrfaktor-Einprodukt-GUTENBERG-Technologie $GT_{(\mathbf{r},x)}$ (vgl. Definition 5.1.1, S. 167) abermals in zwei Gruppen aufgeteilt, und zwar nunmehr in die Variablen d (Intensität) und t (Zeit) sowie in die Parameter $\mathbf{r}$ (Faktormengenvektor) und x (Produktquantität). Dies ist zum einen ökonomisch sinnvoller als die Aufteilung in Abschnitt 5.1.1, weil die Steuerung eines Produktionssystem nicht durch die Vorgabe von Faktor- und Produktquantitäten, sondern durch die (Entscheidungs-)Variablen d und t erfolgt. Zum anderen erleichtert es die graphische Analyse der Technologiemenge, die nun selbst für M Faktoren ($M > 2$) nicht mehr im $\mathbb{R}^M$, sondern nur noch im $\mathbb{R}^2_+$ zu erfolgen hat. Diese Überlegung führt zu folgender Definition:

Definition 5.1.3:

Gegeben sei ein Mehrfaktor-Einprodukt-Produktionssystem mit einer Basisproduktionsmenge

$$Y_B(d) = \left\{ \begin{pmatrix} -a_1(d) \\ \vdots \\ -a_M(d) \\ +1 \end{pmatrix} \in \mathbb{R}^{M+1} \;\middle|\; d \in D \right\}$$

mit $D = \{ d \in \mathbb{R} \mid 0 < d_{min} \leqq d \leqq d_{max} \} = [d_{min}, d_{max}]$.

Ferner seien

$\overline{\overline{r}}_m \in \mathbb{R}_+$ eine Obergrenze für die Quantität des Faktors m $(m = 1, \ldots, M)$,

$\overline{x} \in \mathbb{R}_+$ eine Untergrenze für die Produktquantität und

$T = \{t \in \mathbb{R} \mid 0 \leqq t_{min} \leqq t \leqq t_{max}\} = [t_{min}, t_{max}]$.

Die Menge

$$GT := \left\{ \begin{pmatrix} d \\ t \end{pmatrix} \in \mathbb{R}^2_+ \;\middle|\; \begin{array}{c} r_1 = a_1(d)d\,t \leqq \overline{\overline{r}}_1 \\ \vdots \\ r_M = a_M(d)d\,t \leqq \overline{\overline{r}}_M \\ x = d\,t \geqq \overline{x} \\ d \in D, \;\; t \in T \end{array} \right\}$$

heißt **GUTENBERG-Technologie** (vom Typ 2). Die Elemente $(d,t)^{\mathsf{T}} \in GT$ werden als **Produktionen** (Produktionspunkte) bezeichnet.
(Vgl. DINKELBACH, 1987, S. 27f.; DINKELBACH/PIRO, 1990, S. 641).

□

Betrachtet man eine GUTENBERG-Technologie GT (genauer, aber hier nicht weiter verfolgt: $GT_{(d,t)}$) in einem (d,t)-Koordinatensystem, dann kennzeichnen zunächst einmal die Grenzen für d und t ein Rechteck als Obermenge für die Technologiemenge GT. Mit $r_m = a_m(d)d\,t$ werden Inputisoquanten für verschiedene Werte des Parameters r_m und mit $x = d\,t$ Outputisoquanten für verschiedene Werte des Parameters x definiert. Speziell wird man sich für $r_m = \overline{\overline{r}}_m$ $(m = 1,\ldots,M)$ und $x = \overline{x}$ interessieren, weil durch diese Isoquanten die Technologiemenge dann vollständig beschrieben wird. Bezüglich GT effiziente Produktionen werden wie bisher durch Vergleiche der entsprechenden Faktor- und Produktquantitäten ermittelt (vgl. Definition 2.1.4, S. 39). – Die GUTENBERG-Technologie GT ist als ein Grundmodell für Produktionssysteme auf der Basis von Verbrauchsfunktionen zu sehen, das sich ähnlich wie die LEONTIEF-Technologie LT (vgl. Definition 4.1.9, S. 119) je nach Bedarf um weitere Nebenbedingungen erweitern lässt (vgl. hierzu das nachfolgende Beispiel F2).

Um Variationen der Produktquantität durchführen zu können, kann man die Intensität d und/oder die Zeit t variieren. Variiert man die Zeit t bei konstanter Intensität, spricht GUTENBERG von **zeitlicher Anpassung**; eine Variation der Intensität d bei konstanter Zeit nennt er **intensitätsmäßige Anpassung** (vgl. u.a. KILGER, 1958, S. 94ff.; GUTENBERG,

1983, S. 361 und S. 371; ELLINGER/HAUPT, 1996, S. 155; FANDEL, 1996, S. 284f.; STEFFEN, 1997, S. 93ff.; ADAM, 1998, S. 330). (d, t)-Diagramme zur Illustration der zeitlichen bzw. der intensitätsmäßigen Anpassung wurden – allerdings ohne Berücksichtigung von Faktor- und Produktbeschränkungen – bereits von SCHMIDT (1967, S. 86), DELLMANN (1980, S. 78), KILGER (1981, S. 144) und STEPAN/FISCHER (1996, S. 58) veröffentlicht. Neben einer (rein) zeitlichen und einer (rein) intensitätsmäßigen Anpassung spielt die **simultane** (zeitliche und intensitätsmäßige) **Anpassung** eine wichtige Rolle (vgl. die Beispiele in Abschnitt 5.2).

Beispiel F2:

SCHLÜSSELWÖRTER: GUTENBERG-*Technologie für ein Einfaktor-Einprodukt-Produktionssystem, input-effiziente Intensität, input-effiziente Produktionen, (d, t)-Koordinatensystem*

a) Das Beispiel F1 (vgl. S. 172) wird an dieser Stelle als GUTENBERG-*Technologie (vom Typ 2) analysiert, d.h. mit einer Technologiemenge in den Variablen d und t. Gegenüber dem Beispiel F1 wird das Intensitätsintervall D von $[3,6]$ auf $[2,6]$ erweitert, so dass die* GUTENBERG-*Technologie nunmehr lautet:*

$$GT_a = \left\{ \begin{pmatrix} d \\ t \end{pmatrix} \in \mathbb{R}^2_+ \;\middle|\; \begin{array}{c} r = \big((d-3)^2+1\big)d\,t \\ x = d\,t \\ d \in [2,6],\ t \in [10,20] \end{array} \right\}.$$

Die Grenzen für die Variablen d und t können unmittelbar in ein (d, t)-Koordinatensystem eingezeichnet werden (vgl. Viereck $ABCE$ in Abb. 5.1.5a). Die bezüglich $a(d)$ und D input-effiziente (verbrauchsminimale, optimale) Intensität $d^0 = 3$ kann unmittelbar von Beispiel F1 übernommen werden (vgl. Strecke JH in Abb. 5.1.5a). Die dieser Abbildung wiedergegebenen Produktisoquanten für Produktquantitäten zwischen $x_{min} = 20$ und $x_{max} = 120$ PE mögen die folgenden Analysen ein wenig veranschaulichen. Es werden zunächst einmal die bezüglich GT_a effizienten Produktionen bestimmt.

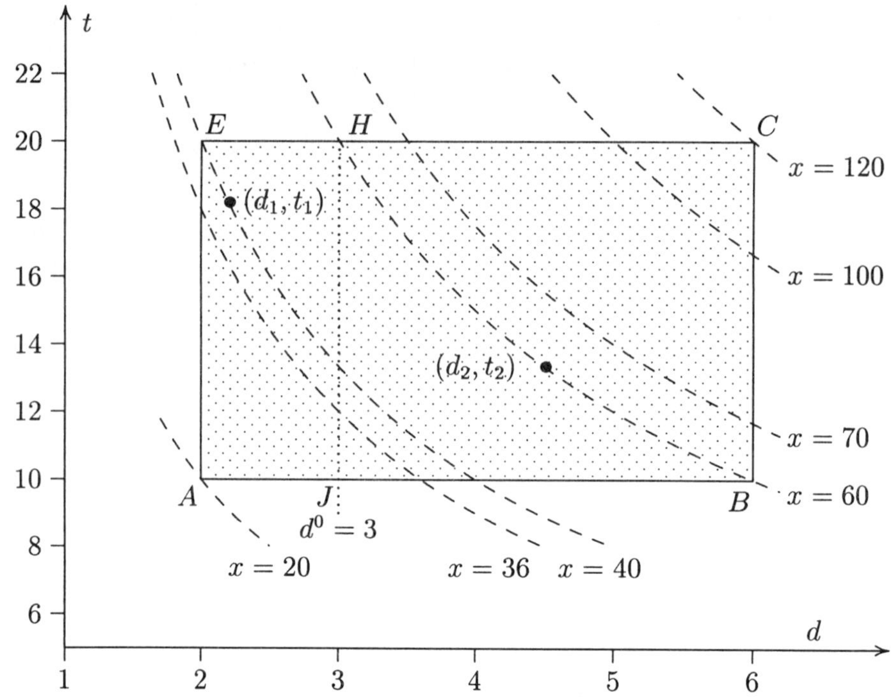

Abbildung 5.1.5a: GUTENBERG-Technologie (Beispiel F2a)

Betrachtet man zum einen eine Produktion (d_1, t_1) *aus dem Viereck* $AJHE$ *(vgl. Abb. 5.1.5a), genauer: aus der Menge*

$$\begin{pmatrix} d_1 \\ t_1 \end{pmatrix} \in \left\{ \begin{pmatrix} d \\ t \end{pmatrix} \in GT_a \;\middle|\; \begin{matrix} d < 3 \\ 10 < t \end{matrix} \right\},$$

dann wird diese Produktion durch Produktionen auf der Outputisoquanten $x = dt = d_1 t_1$ *rechts von* (d_1, t_1)*, aber* $d_1 \leqq 3$*, input-dominiert: gleich hohe Outputquantität bei geringerer Inputquantität (vgl. Definition 2.1.1, S. 28). Betrachtet man zum anderen eine Produktion* (d_2, t_2) *aus dem Viereck* $JBCH$ *(vgl. Abb. 5.1.5a), genauer: aus der Menge*

$$\begin{pmatrix} d_2 \\ t_2 \end{pmatrix} \in \left\{ \begin{pmatrix} d \\ t \end{pmatrix} \in GT_a \;\middle|\; \begin{matrix} 3 < d \\ t < 20 \end{matrix} \right\},$$

dann wird diese Produktion durch Produktionen auf der Outputisoquanten $x = dt = d_2t_2$ links von (d_2, t_2), aber $d \geqq 3$, input-dominiert: gleich hohe Outputquantität bei geringerer Inputquantität. Damit lautet die Menge der bezüglich GT_a (input-) effizienten Produktionen:

$$GT_a^0 = \left\{ \begin{pmatrix} d \\ t \end{pmatrix} \in GT_a \;\middle|\; \begin{matrix} d \leqq 3 \\ t = 10 \end{matrix} \right\} \cup \left\{ \begin{pmatrix} d \\ t \end{pmatrix} \in GT_a \;\middle|\; d = 3 \right\}$$
$$\cup \left\{ \begin{pmatrix} d \\ t \end{pmatrix} \in GT_a \;\middle|\; \begin{matrix} 3 \leqq d \\ t = 20 \end{matrix} \right\}$$

(vgl. die Strecken AJ, JH und HC in Abb. 5.1.5a). Da es sich bei diesem Beispiel um ein Einfaktor-Einprodukt-Produktionssystem handelt, sind die input-effizienten Produktionen zugleich input-minimale Produktionen (vgl. Beispiel F1, S. 172). Die Menge GT_a^0 gibt aufgrund der Herleitung die input-effizienten Produktionen an. Da aber jedem Tupel $(d,t)^\mathsf{T} \in GT_a$ eindeutig eine Inputquantität $r = a(d)dt$ und eindeutig eine Outputquantität $x = dt$ zugeordnet wird, liegt Output-Limitationalität vor, so dass statt von input-effizienten vereinfachend auch von effizienten Produktionen gesprochen werden kann.

b) Das Beispiel F erfährt nunmehr eine Erweiterung derart, dass eine minimal herzustellende Produktquantität in Höhe von $\overline{x} = 36$ PE gefordert wird und dass eine maximale Faktorquantität in Höhe von $\overline{\overline{r}} = 500$ FE zur Verfügung steht.

Die erweiterte GUTENBERG-*Technologie hat somit folgendes Aussehen:*

$$GT_b = \left\{ \begin{pmatrix} d \\ t \end{pmatrix} \in \mathbb{R}_+^2 \;\middle|\; \begin{matrix} r = \big((d-3)^2 + 1\big)dt \leqq 500 \\ x = dt \geqq 36 \\ d \in [2,6],\ t \in [10,20] \end{matrix} \right\}.$$

Die Produktquantitätengrenze ist eine Hyperbel $t = 36/d$ (vgl. Kurvenabschnitt PQ in Abb. 5.1.5b). Die Beschränkung der Faktorquantität wird durch die Funktion $t = 500/[\big((d-3)^2+1\big)d]$ definiert (vgl. Kurvenabschnitt FG in Abb. 5.1.5b). Die Menge der zulässigen Produktionen

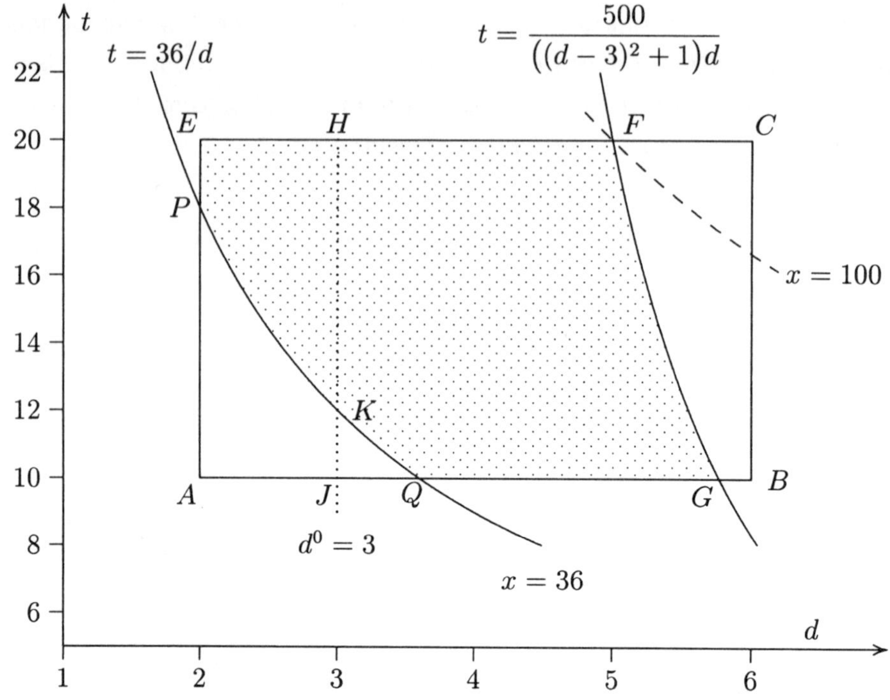

Abbildung 5.1.5b: GUTENBERG-Technologie (Beispiel F2b)

wird durch die Punkte P, Q, G, F und E – einschließlich der durch diese Punkte beschriebenen Fläche – schattiert dargestellt. Die Menge der bezüglich GT_b effizienten Produktionen ist $GT_b^0 = GT_a^0 \cap GT_b$, d.h., sie reduziert sich auf die Strecken KH und HF (vgl. Abb. 5.1.5b).

c) Schließlich wird dieses Beispiel um eine weitere, vielleicht etwas weniger konventionelle Nebenbedingung erweitert. Um den Gebrauchsverschleiß in Grenzen zu halten, wird zusätzlich gefordert, dass bei einer intensitätsmäßigen Anpassung ab $d = 3,5$ die maximal verfügbare Zeit um 4 ZE linear pro Intensitätseinheit gekürzt wird. M.a.W.: Es ist zusätzlich folgende Ungleichung zu berücksichtigen

$$t \leqq 20 + 4(3{,}5 - d) = 34 - 4d.$$

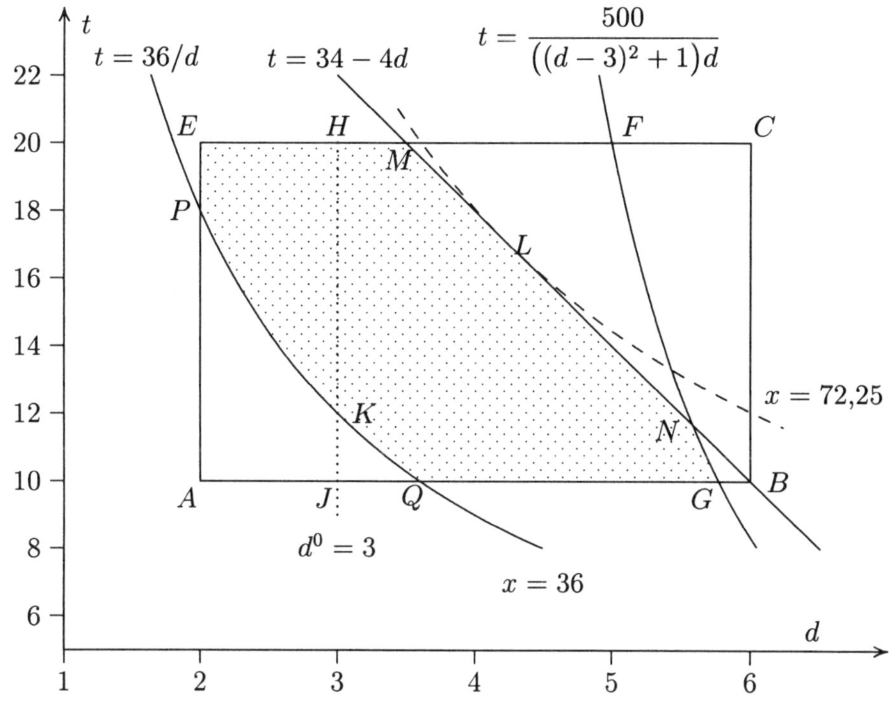

Abbildung 5.1.5c: GUTENBERG-Technologie (Beispiel F2c)

Damit sieht die abermals erweiterte GUTENBERG-*Technologie wie folgt aus:*

$$GT_c = \left\{ \begin{pmatrix} d \\ t \end{pmatrix} \in \mathbb{R}^2_+ \;\middle|\; \begin{array}{c} r = \big((d-3)^2+1\big)d\,t \leqq 500 \\ x = d\,t \geqq 36 \\ d \in [2,6],\ t \in [10,20] \\ t \leqq 34 - 4d \end{array} \right\}.$$

Die Nebenbedingung $t \leqq 34 - 4d$ lässt sich direkt in die bereits bekannte Abbildung übertragen (vgl. Strecke MB in Abb. 5.1.5c). Durch die Punkte P, Q, G, N, M und E – einschließlich der diese Punkte verbindenden Kurven – werden alle zulässigen (d, t)-Kombinationen, d.h. alle zulässigen Produktionen beschrieben. Die Outputisoquante, die die ma-

ximal herstellbare Produktquantität angibt, berührt die Strecke MN im Punkt L, d.h., es ist $x_{max} = 4,25 \cdot 17 = 72,25$ PE.

Die Menge GT_c^0 der effizienten Produktionen ist

$$GT_c^0 = \left\{ \begin{pmatrix} d \\ t \end{pmatrix} \in GT_c \;\middle|\; d = 3 \right\} \cup \left\{ \begin{pmatrix} d \\ t \end{pmatrix} \in GT_c \;\middle|\; \begin{array}{c} 3 \leqq d \\ t = 20 \end{array} \right\}$$
$$\cup \left\{ \begin{pmatrix} d \\ t \end{pmatrix} \in GT_c \;\middle|\; \begin{array}{c} d \leqq 4,25 \\ t = 34 - 4d \end{array} \right\}.$$

Produktquantitäten zwischen $x = 36$ und $x = 60$ PE werden mit der Intensität $d^0 = 3$ PE/ZE bei zeitlicher Anpassung (vgl. Strecke KH), Produktquantitäten zwischen $x = 60$ und $x = 70$ PE in der Zeit $t = 20$ ZE bei intensitätsmäßiger Anpassung hergestellt (vgl. Strecke HM). Die (rein) intensitätsmäßige Anpassung ist bei $d = 3,5$ abgeschlossen. Eine weitere Steigerung der Produktquantität ist durch eine simultane Anpassung auf der Strecke MN bis zur maximalen Produktquantität $x_{max} = 72,25$ PE im Punkt L möglich. Die Faktorbeschränkung ist nunmehr für den Anpassungsprozess – im Gegensatz zu Abbildung 5.1.5b – ohne Bedeutung. ◇

Beispiel G2:

SCHLÜSSELWÖRTER: GUTENBERG-*Technologie für ein Zweifaktor-Einprodukt-Produktionssystem, input-effiziente Intensitäten, (d,t)-Koordinatensystem*

In der Schreibweise einer GUTENBERG-*Technologie (vom Typ 2) lautet die Technologiemenge des Beispiels G1 (vgl. S. 176)*

$$GT = \left\{ \begin{pmatrix} d \\ t \end{pmatrix} \in \mathbb{R}_+^2 \;\middle|\; \begin{array}{c} r_1 = \left[\left((d-15)^2 + 75\right)/30\right] d\,t \leqq 4992 \\ r_2 = \left[\left((d-67,5)^2 + 393,75\right)/45\right] d\,t \leqq 45504 \\ x = d\,t \geqq 360 \\ d \in [10, 30], \quad t \in [10, 40] \end{array} \right\}.$$

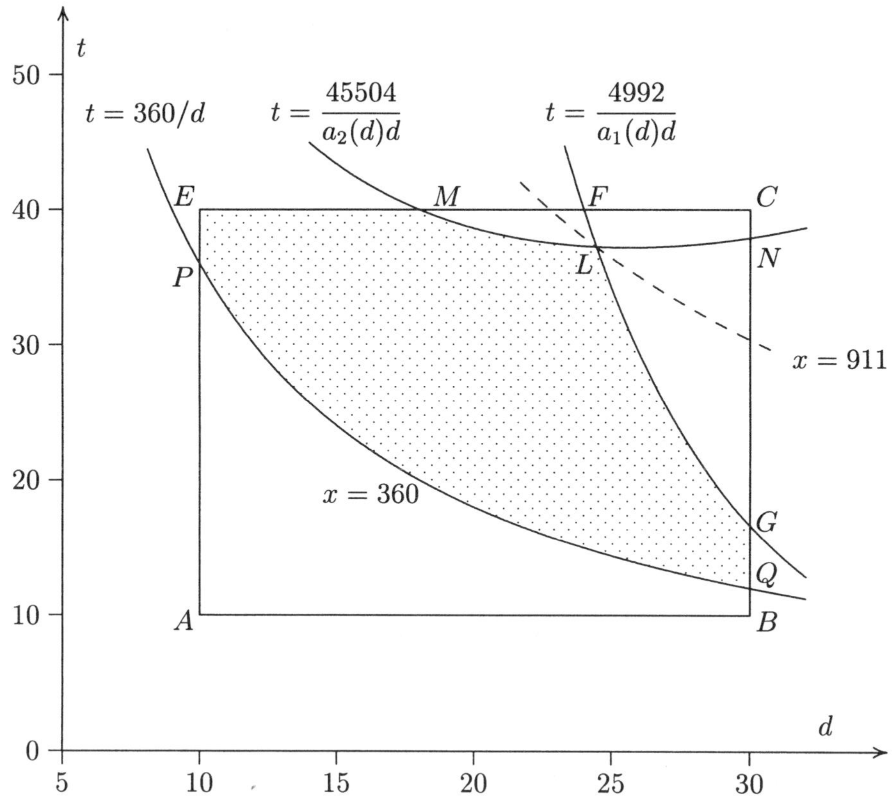

Abbildung 5.1.6: GUTENBERG-Technologie (Beispiel G2)

Die zeichnerische Darstellung (vgl. Abb. 5.1.6) erfolgt in gleicher Weise wie in Beispiel F2. Die Technologiemenge GT *wird durch die Punkte* P, Q, G, L, M *und* E *– einschließlich der durch diese Punkte beschriebenen Fläche – schattiert beschrieben. Sie ist nicht konvex. Eine Erhöhung des Produktquantitätsniveaus bedeutet graphisch eine Verschiebung der Kurve* PQ *nach rechts oben; der Punkt* L *als Schnittpunkt der beiden Faktorisoquanten* FG *und* MN *hat die Koordinaten* $d \approx 24,45$ PE/ZE *und* $t \approx 37,27$ ZE *und entspricht der in* GT *maximal herstellbaren Produktquantität in Höhe von* $x_{max} \approx 24,45 \cdot 37,27 \approx 911 PE$. *– Die Menge der input-effizienten Intensitäten* $D^0 = [d_1^0, d_2^0] = [15, 30]$ *wurde bereits in Beispiel G1 bestimmt.* ◇

5.1.3 GUTENBERG-Technologien mit Nebengütern

Es gilt nunmehr, die in Abschnitt 5.1.2 definierte GUTENBERG-Technologie GT um Nebengüter zu erweitern. So wie bei LEONTIEF-Technologien zur Einführung von Nebengütern die Basisproduktionen um Koeffizienten für den Einsatz bzw. den Anfall von Nebengütern ergänzt werden (vgl. Abschnitt 4.1.4), wird in diesem Abschnitt die Basisproduktionsmenge entsprechend erweitert. Dabei wird davon ausgegangen, dass die Nebengüter in einem Produktionssystem in Abhängigkeit der Intensität d pro Produkteinheit anfallen bzw. eingesetzt werden. Im Einzelnen wird Folgendes vereinbart:

- Die Funktion (Nebengutfunktion) $c_q(d)$ gibt in Abhängigkeit der Intensität d die einzusetzenden bzw. anfallenden Einheiten des q-ten nicht erwünschten Nebengutes in NGE_q/PE an. Die insgesamt einzusetzenden bzw. anfallenden Einheiten werden durch $\overline{\overline{v}}_q$ etwa infolge zu knapper Lagerkapazitäten oder nicht ausreichender Entsorgungskapazitäten beschränkt ($q = 1, \ldots, Q$).

- Die in Abhängigkeit von der Intensität d einzusetzenden bzw. anfallenden Einheiten des p-ten erwünschten Nebengutes werden durch die Funktion (Nebengutfunktion) $b_p(d)$ NGE_p/PE erfasst. Auch die insgesamt einzusetzenden bzw. anfallenden Einheiten werden durch $\overline{\overline{u}}_p$ beispielsweise in Hinblick auf eine zu knappe Überarbeitungskapazität nach oben begrenzt ($p = 1, \ldots, P$).

Nach diesen Vorbereitungen kann eine um Nebenprodukte erweiterte GUTENBERG-Technologie definiert werden (vgl. Definition 4.1.10, S. 124).

Definition 5.1.4:

Gegeben seien ein Produktionssystem mit M Faktoren, Q nicht erwünschten Nebengütern, P erwünschten Nebengütern und einem Produkt sowie eine Basisproduktionsmenge

$$Z_B(d) = \left\{ \begin{pmatrix} -a_1(d) \\ \vdots \\ -a_M(d) \\ -c_1(d) \\ \vdots \\ -c_Q(d) \\ +b_1(d) \\ \vdots \\ +b_P(d) \\ +1 \end{pmatrix} \in \mathbb{R}^{M+Q+P+1} \;\middle|\; d \in D \right\}$$

mit $D = \{\, d \in \mathbb{R} \mid 0 < d_{min} \leqq d \leqq d_{max} \} = [d_{min}, d_{max}]$.

Ferner seien

$\overline{\overline{r}}_m \in \mathbb{R}_+$	eine Obergrenze für die Quantität des Faktors m $(m = 1, \ldots, M)$,
$\overline{\overline{v}}_q \in \mathbb{R}_+$	eine Obergrenze für die Quantität des nicht erwünschten Nebengutes q $(q = 1, \ldots, Q)$,
$\overline{\overline{u}}_p \in \mathbb{R}_+$	eine Obergrenze für die Quantität des erwünschten Nebengutes p $(p = 1, \ldots, P)$,
$\overline{x} \in \mathbb{R}_+$	eine Untergrenze für die Produktquantität und
$T =$	$\{t \in \mathbb{R} \mid 0 \leqq t_{min} \leqq t \leqq t_{max}\} = [t_{min}, t_{max}]$.

Die Menge

$$UGT := \left\{ \begin{pmatrix} d \\ t \end{pmatrix} \in \mathbb{R}^2_+ \;\middle|\; \begin{array}{c} r_1 = a_1(d)d\,t \leqq \overline{\overline{r}}_1 \\ \vdots \\ r_M = a_M(d)d\,t \leqq \overline{\overline{r}}_M \\ v_1 = c_1(d)d\,t \leqq \overline{\overline{v}}_1 \\ \vdots \\ v_Q = c_Q(d)d\,t \leqq \overline{\overline{v}}_Q \\ u_1 = b_1(d)d\,t \leqq \overline{\overline{u}}_1 \\ \vdots \\ u_P = b_P(d)d\,t \leqq \overline{\overline{u}}_P \\ x = d\,t \geqq \overline{x} \\ d \in D, \quad t \in T \end{array} \right\}$$

heißt **umweltorientierte GUTENBERG-Technologie**. Die Elemente $(d,t)^{\mathsf{T}} \in UGT$ heißen **Produktionen**(Produktionspunkte). (Vgl. DINKELBACH, 1987, S. 57ff.). □

Auf einen expliziten Einbezug von innerbetrieblichem Recycling in die Definition 5.1.4 wird hier verzichtet (vgl. hierzu DINKELBACH / PIRO, 1990, S. 700, sowie das Beispiel G3). – Für eine Analyse von umweltorientierten GUTENBERG-Technologien wäre es hilfreich, wenn die Nebengutfunktionen $c_1(d), \ldots, c_Q(d)$ zumindest konvex und die Nebengutfunktionen $b_1(d), \ldots, b_P(d)$ zumindest konkav sind. Für jede Nebengutfunktion existiert dann zumindest eine input-minimale bzw. eine output-maximale Intensität. – Betrachtet man alle Verbrauchs- und Nebengutfunktionen simultan, stellt sich die Frage nach effizienten Intensitäten (vgl. Definition 2.2.3, S. 47, und Definition 5.1.2, S. 169).

Definition 5.1.5:

Gegeben seien auf $D = [d_{min}, d_{max}]$

M Verbrauchsfunktionen $a_m(d)$	$(m = 1, \ldots, M)$,
Q Nebengutfunktionen $c_q(d)$	$(q = 1, \ldots, Q)$,
P Nebengutfunktionen $b_p(d)$	$(p = 1, \ldots, P)$.

Eine Intensität $d^0 \in D$ heißt **umweltorientiert-effizient bezüglich $a_1(d), \ldots, a_M(d)$, $c_1(d), \ldots, c_Q(d)$, $b_1(d), \ldots, b_P(d)$ und D**, wenn kein $d' \in D$ existiert mit

$$\begin{array}{rcll} a_m(d') & \leqq & a_m(d^0) & \text{für alle } m = 1, \ldots, M \\ c_q(d') & \leqq & c_q(d^0) & \text{für alle } q = 1, \ldots, Q \\ b_p(d') & \geqq & b_p(d^0) & \text{für alle } p = 1, \ldots, P \\ \text{und} & & & \\ c_\rho(d') & < & c_\rho(d^0) & \text{für mindestens ein } \rho \in \{1, \ldots, Q\} \\ \text{und/oder} & & & \\ b_\pi(d') & > & b_\pi(d^0) & \text{für mindestens ein } \pi \in \{1, \ldots, P\}. \end{array}$$

Mit UD^0 wird die Menge aller umweltorientiert-effizienten Intensitäten $d^0 \in D$ bezeichnet. □

Die Beispiele F2 und G2 werden nachfolgend um Nebengüter erweitert.

Beispiel F3:

SCHLÜSSELWÖRTER: Umweltorientierte GUTENBERG-*Technologie, Entsorgung, effiziente Intensitäten, effiziente Produktionen*

Infolge neuer gesetzlicher Vorschriften ist in die GUTENBERG-*Technologie GT, die dem Beispiel F2 (vgl. S. 183) zu Grunde liegt, zusätzlich ein bisher vernachlässigtes, nicht erwünschtes Nebenprodukt (ein Schadstoff) zu integrieren. Damit ist in Definition 5.1.4 (vgl. S. 191) $Q = 1$, während die erwünschten Nebengüter ganz entfallen. Das nicht erwünschte Nebenprodukt ist vorschriftsmäßig zu entsorgen, wobei die Entsorgungskosten noch nicht bekannt sind, wohl aber die maximale Entsorgungskapazität in Höhe von 171,5 NPE. Die anfallenden Einheiten des Nebenprodukts können durch die Funktion (Nebengutfunktion, Schadstoff-Funktion)*

$$c(d) = 0,2d^2 \quad NPE/PE \quad (d \in [2,6])$$

beschrieben werden. Damit lautet die umweltorientierte GUTENBERG-*Technologie*

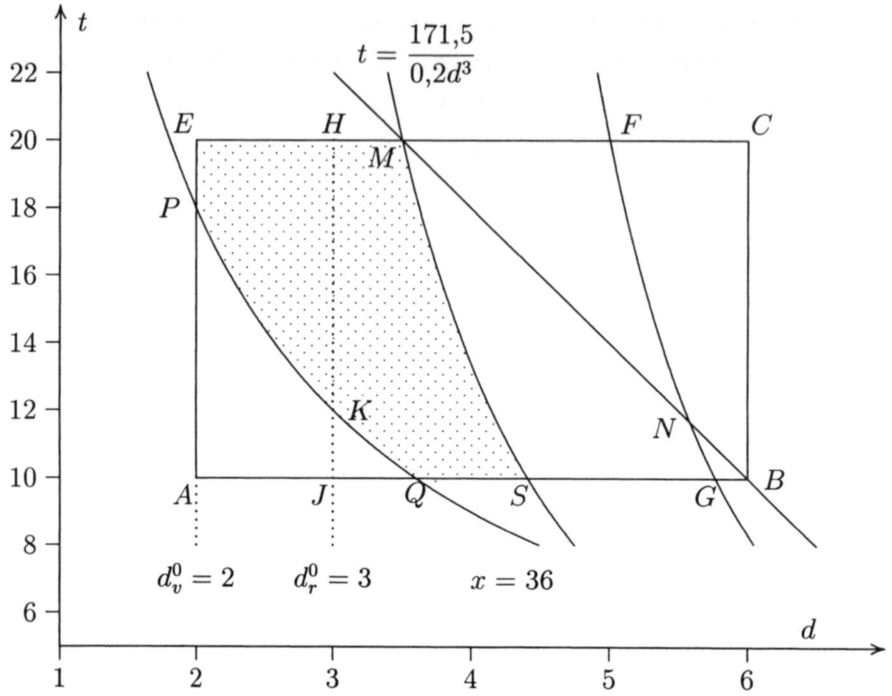

Abbildung 5.1.7: GUTENBERG-Technologie mit einem nicht erwünschten Nebenprodukt (Beispiel F3)

$$UGT = \left\{ \begin{pmatrix} d \\ t \end{pmatrix} \in \mathbb{R}^2_+ \;\middle|\; \begin{array}{c} r = \big((d-3)^2+1\big)d\,t \leqq 500 \\ v = 0,2d^2\,d\,t \leqq 171,5 \\ x = d\,t \geqq 36 \\ d \in [2,6],\ t \in [10,20] \\ t \leqq 34 - 4d \end{array} \right\}.$$

Die Technologiemenge UGT ist in Abbildung 5.1.7 durch die Punkte P, Q, S, M und E sowie die durch diese Punkte beschriebene Fläche schattiert dargestellt. Die zu berücksichtigende Entsorgungskapazität hat eine derart restriktive Wirkung (vgl. hierzu Kurvenabschnitt MS in Abb. 5.1.7), dass nunmehr zusätzlich auch die von der Intensität d abhän-

gige Nutzungsdauerbeschränkung (Strecke MB in Abb. 5.1.7) redundant geworden ist.

Zu der verbrauchsminimalen Intensität $d_r^0 = 3$ ($d_r^0 = d^0$ in Beispiel F2 (vgl. S. 183)) tritt nun diejenige Intensität d_v^0, die den Anfall des nicht erwünschten Nebenprodukts pro PE minimiert, d.h., es ist

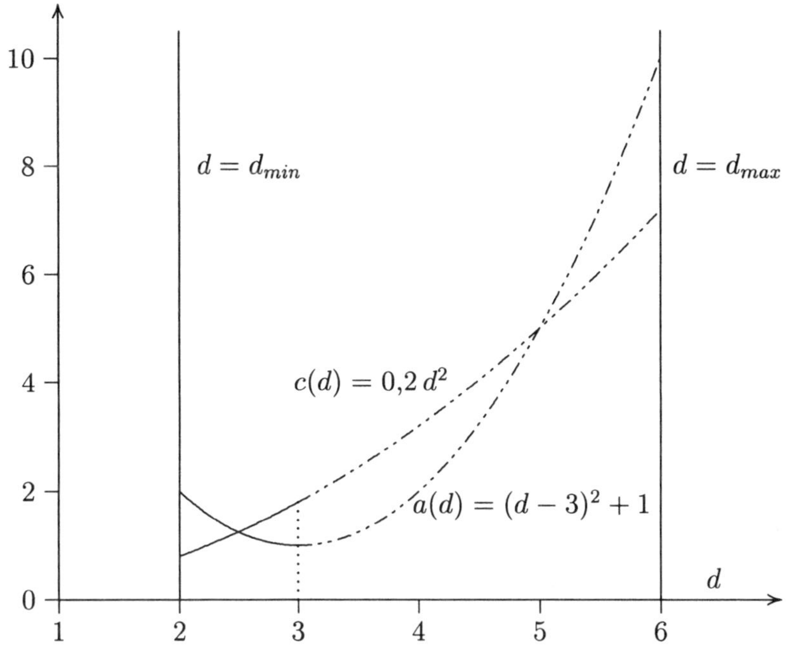

Abbildung 5.1.8: Verbrauchsfunktion und Nebenproduktfunktion (Beispiel F3)

$$\begin{aligned} d_v^0 &\in \operatorname{argmin}\{c(d) \in \mathbb{R} \mid d \in D\} \\ &= \operatorname{argmin}\{0,2d^2 \mid d \in [2,6]\} \\ &= \{2\}. \end{aligned}$$

Über dem Intervall [2,3] ist die Verbrauchsfunktion $a(d)$ streng monoton fallend und die Nebenproduktfunktion $c(d)$ streng monoton steigend (vgl.

Abb. 5.1.8), so dass alle Intensitäten $d \in D^0 = [2,3]$ input-effizient bezüglich $a(d), c(d)$ und D sind (vgl. Definition 2.2.2, S. 46, in Verbindung mit Definition 5.1.2, S. 169).

Welche Produktionen $x = (d,t)^{\mathsf{T}} \in UGT$ sind nach Definition 2.2.2 (vgl. S. 46) effizient bezüglich UGT? Betrachtet man Produktionen auf einer Produktisoquanten für $d \in D^0$ und $t \in T$, d.h. im Viereck $AJHE$ der Abbildung 5.1.7, dann sind alle

$$\begin{pmatrix} d \\ t \end{pmatrix} \in \left\{ \begin{pmatrix} d \\ t \end{pmatrix} \in UGT \;\middle|\; d \leqq 3 \right\}$$

effizient bezüglich UGT. Für Produktionen auf einer Produktisoquanten $d\,t = \tilde{x}$ aus der Teilmenge

$$\begin{pmatrix} d \\ t \end{pmatrix} \in \left\{ \begin{pmatrix} d \\ t \end{pmatrix} \in UGT \;\middle|\; \begin{matrix} 3 < d \leqq 6 \\ 10 \leqq t < 20 \end{matrix} \right\}$$

existiert ein $\varepsilon > 0$ mit

$$\begin{pmatrix} -a(d-\varepsilon)\tilde{x} \\ -c(d-\varepsilon)\tilde{x} \\ \tilde{x} \end{pmatrix} \geq \begin{pmatrix} -a(d)\tilde{x} \\ -c(d)\tilde{x} \\ \tilde{x} \end{pmatrix},$$

d.h., sowohl der Verbrauch des Faktors als auch der Anfall des Schadstoffs sind bei $d - \varepsilon$ (links von d) geringer als bei d, so dass die Produktionen $(d,t)^{\mathsf{T}}$ aus der definierten Teilmenge von UGT nicht effizient bezüglich UGT sind. Die Menge der effizienten Produktionen ist damit

$$UGT^0 = \left\{ \begin{pmatrix} d \\ t \end{pmatrix} \in UGT \;\middle|\; d \leqq 3 \right\} \cup \left\{ \begin{pmatrix} d \\ t \end{pmatrix} \in UGT \;\middle|\; t = 20 \right\}.$$

Infolge der Hinzunahme eines nicht erwünschten Nebenprodukts hat sich die Menge der effizienten Produktionen für $36 \leqq x \leqq 60$ PE gegenüber Beispiel F2 (vgl. S. 183) vergrößert. Die Entscheidung über die Durchführung einer der effizienten Produktionen wird dadurch schwieriger, der Umfang der zu lösenden Konflikte nimmt tendenziell zu. ◇

Beispiel G3:

SCHLÜSSELWÖRTER: Umweltorientierte GUTENBERG-*Technologie für ein Zweifaktor-Einprodukt-Produktionssystem, Entsorgung, Recycling*

Die GUTENBERG-*Technologie des Beispiels G2 (vgl. S. 188) wird nunmehr um zwei Nebengüter erweitert. Zum einen wird zusätzlich ein zu entsorgendes, nicht erwünschtes Nebengut in die Betrachtungen einbezogen, das besonders stark bei niedriger Intensität (bei geringer Produktionsgeschwindigkeit) anfällt. Die zugehörige Nebengutfunktion in NGE/PE hat folgendes Aussehen:*

$$c(d) = 0,00001\big((d-35)^4 + 50024\big) \qquad \big(d \in [10,30]\big).$$

Es dürfen höchstens $\overline{\overline{v}} = 1054 NPE$ *anfallen. Zum anderen wird der Faktor 1 in dem Sinne nicht voll aufgebraucht, als 1/4 der eingesetzten Faktorquantitäten in diesem Falle als durchaus erwünschtes Nebenprodukt anfällt und unmittelbar in den Produktionsprozess zurückgeführt, d.h. rezykliert, werden kann. Man denke etwa an den Faktor Energie und an die Nutzung von Abwärme zum Vorwärmen. Die Nebengutfunktion* FE_1/PE *lautet*

$$b(d) = 0,25a_1(d) \qquad \big(d \in [10,30]\big).$$

Der Anfall des Nebenprodukts ist nicht unmittelbar beschränkt. Er erhöht vielmehr die bisherige Verfügbarkeit des Faktors 1. Aus

$$a_1(d)dt \leqq \overline{\overline{r}}_1 + b(d)dt = \overline{\overline{r}}_1 + 0,25a_1(d)dt$$

ergibt sich die neue Faktorrestriktion:

$$a_1(d)dt \leqq \overline{\overline{r}}_1/0,75 = \frac{4}{3}\overline{\overline{r}}_1 = \frac{4}{3}\cdot 4992 = 6656,$$

d.h., der einsetzbare Faktorbestand wird um ein Drittel ausgeweitet (vgl. die Kurvenabschnitte F_1G_1 *in Abb. 5.1.9 und* FG *in Abb. 5.1.6 des Bei-*

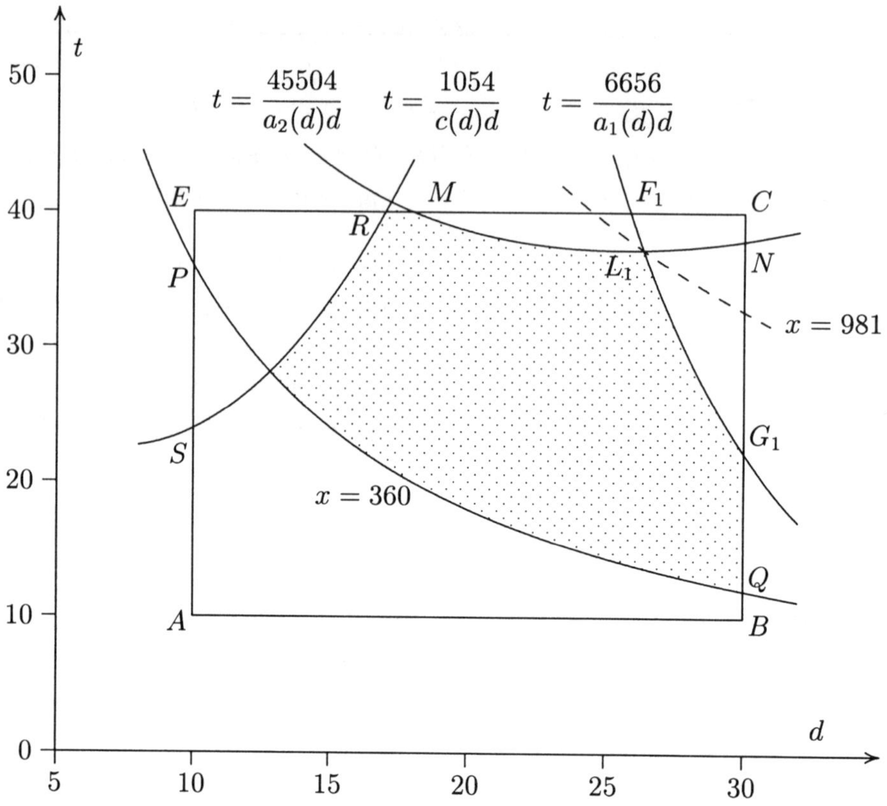

Abbildung 5.1.9: GUTENBERG-Technologie mit zwei Nebengütern (Beispiel G3)

spiels G2 (S. 188)). Die um die angeführten Umweltaspekte ergänzte GUTENBERG-*Technologie lautet nunmehr:*

$$UGT = \left\{ \begin{pmatrix} d \\ t \end{pmatrix} \in \mathbb{R}^2_+ \;\middle|\; \begin{array}{c} r_1 = \Big[\big((d-15)^2+75\big)/30\Big]\,d\,t \leqq 6656 \\ r_2 = \Big[\big((d-67{,}5)^2+393{,}75\big)/45\Big]\,d\,t \leqq 45504 \\ v = \Big[0{,}00001\big((d-35)^4+50024\big)\Big]\,d\,t \leqq 1054 \\ x = d\,t \geqq 360 \\ d \in [10,30], \quad t \in [10,40] \end{array} \right\}$$

(vgl. Abb. 5.1.9). Durch die zu berücksichtigende Entsorgungskapazität wird die Technologiemenge gegenüber dem Beispiel G2 eingeschränkt, während durch das Recycling eine Erweiterung stattfindet, die in diesem Fall zur Erhöhung der maximal herstellbaren Produktquantität führt. Es gilt nach diesen Ergänzungen $x_{max} \approx 26,34 \cdot 37,23 \approx 981 > 911 PE$. ◇

5.2 Erfolgs- und umweltorientierte Produktionsplanung

In diesem Abschnitt werden die in Abschnitt 3.2 eingeführten und in Abschnitt 4.2 bereits für LEONTIEF-Technologien näher analysierten Produktionsplanungsaufgaben auf der Grundlage von GUTENBERG-Technologien erörtert und gelöst. Da eine GUTENBERG-Technologie gegenüber einer LEONTIEF-Technologie eine andere Variablenstruktur aufweist, können die in 4.2 abgeleiteten Ergebnisse nicht einfach übertragen werden. Insbesondere unterscheiden sich die Anpassungsprozesse in diesem Abschnitt von denen des Abschnitts 4.2 nicht unerheblich, wie die im Folgenden weiter entwickelten Beispiele F und G zeigen werden. Analog zu der Vorgehensweise in Abschnitt 4.2 werden in den weiteren Abschnitten zunächst ausschließlich erfolgsorientierte, dann nur umweltorientierte und schließlich beide der genannten Zielsetzungen simultan betrachtet, wobei im letzten Fall die auftretenden Zielkonflikte einer detaillierten Analyse unterzogen werden.

5.2.1 Erfolgsorientierte Produktionsplanung

Ausgangspunkt ist die in Abschnitt 5.1.2 definierte GUTENBERG-Technologie für ein Mehrfaktor-Einprodukt-Produktionssystem

$$GT = \left\{ \begin{pmatrix} d \\ t \end{pmatrix} \in \mathbb{R}^2_+ \;\middle|\; \begin{array}{c} r_1 = a_1(d)d\,t \leqq \overline{\overline{r}}_1 \\ \vdots \\ r_M = a_M(d)d\,t \leqq \overline{\overline{r}}_M \\ x = d\,t \geqq \overline{x} \\ d \in D, \;\; t \in T \end{array} \right\}.$$

Zusätzlich sind die Faktorpreise $q_1, \ldots, q_M$ und der Produktpreis p gegeben. Im Gegensatz zu den Ausführungen in Abschnitt 3.2.1 und 4.2.1 können hier die variablen Gesamtkosten nicht in direkter Abhängigkeit der Produktquantität x angegeben werden, weil die die Faktorverbräuche bestimmenden Produktionskoeffizienten nicht konstant, sondern von der Intensität d abhängig sind. Die über GT definierte Funktion der variablen Gesamtkosten lautet:

$$\begin{aligned} K(d,t) &= \sum_{m=1}^{M} q_m a_m(d) d\,t \\ &= d\,t \sum_{m=1}^{M} q_m a_m(d) \\ &= k(d)\, d\,t. \end{aligned}$$

Aufgrund der Beziehung $x = d\,t$ lassen sich die folgenden Produktionsplanungsaufgaben in der Weise lösen, dass die minimalen variablen Gesamtkosten, die maximalen Deckungsbeiträge und die maximalen Gewinne jeweils als Funktion der Produktquantität x hergeleitet werden können.

Nach diesen Vorüberlegungen wird zunächst für eine GUTENBERG-Technologie die Frage nach der **Minimalkosten-Kombination** für eine vorgegebene Produktquantität $\overline{x}$ aufgeworfen und beantwortet. Hierzu ist das folgende Optimierungsmodell zu lösen:

$$\begin{aligned} &\min \left\{ \sum_{m=1}^{M} q_m r_m \;\middle|\; \begin{pmatrix} d \\ t \end{pmatrix} \in GT;\; d\,t = \overline{x} \right\} \\ = &\min \left\{ \sum_{m=1}^{M} q_m a_m(d) \overline{x} \;\middle|\; \begin{pmatrix} d \\ t \end{pmatrix} \in GT;\; d\,t = \overline{x} \right\} \\ = &\min \left\{ \overline{x} \sum_{m=1}^{M} q_m a_m(d) \;\middle|\; \begin{pmatrix} d \\ t \end{pmatrix} \in GT;\; d\,t = \overline{x} \right\} \\ = &\min \left\{ k(d)\, \overline{x} \;\middle|\; \begin{pmatrix} d \\ t \end{pmatrix} \in GT;\; d\,t = \overline{x} \right\}, \end{aligned}$$

wobei es sich bei $k(d)$ um eine Stückkostenfunktion in Abhängigkeit von der Intensität handelt, die auch nach KILGER (1973, S. 232) „Kostensatzfunktion" und nach ADAM (1998, S. 333) „Mengen-Kosten-Leistungsfunktion" heißt. Die Bestimmung der Minimalkosten-Kombination ist somit zunächst nichts anderes als die Ermittlung einer stückkostenminimalen Intensität aus dem Intervall der input-effizienten Intensitäten. Im Gegensatz zu LEONTIEF-Technologien handelt es sich hier um eine nichtlineare (konvexe) Optimierungsaufgabe in nur einer Variablen, die elementar zu lösen ist, wenn die Verbrauchsfunktionen als differenzierbar unterstellt werden. Ob mit der gefundenen stückkostenminimalen Intensität auch die Produktquantität $\overline{x}$ kostenminimal hergestellt werden kann, hängt von den übrigen linearen und nichtlinearen Nebenbedingungen ab.

Zur Bestimmung der **Minimalkosten-Funktion** in Abhängigkeit von der Produktquantität x ist das folgende parametrische nichtlineare Programm zu lösen:

$$K^*(x) \quad = \quad \min \left\{ \sum_{m=1}^{M} q_m a_m(d) d\, t \;\middle|\; \begin{pmatrix} d \\ t \end{pmatrix} \in GT \right\}$$

$$\text{für } x_{min} \leqq x \leqq x_{max}.$$

Aus der Minimalkosten-Funktion lassen sich unmittelbar die **Maximaldeckungsbeitrags-Funktion**

$$D^*(x) = E(x) - K^*(x) = px - K^*(x)$$

und bei gegebenen fixen Kosten K_{fix} die **Maximalgewinn-Funktion**

$$G^*(x) = D^*(x) - K_{fix} = px - K^*(x) - K_{fix}$$

herleiten (vgl. Abschnitt 3.2).

Beispiel F4:

SCHLÜSSELWÖRTER: GUTENBERG-*Technologie für ein Einfaktor-Einprodukt-Produktionssystem, Verbrauchsfunktion, zeitliche Anpassung, intensitätsmäßige Anpassung, simultane Anpassung*

Am Beispiel F2 (vgl. S. 183) mit der GUTENBERG-*Technologie*

$$GT = \left\{ \begin{pmatrix} d \\ t \end{pmatrix} \in \mathbb{R}^2_+ \;\middle|\; \begin{array}{c} r = \big((d-3)^2 + 1\big) d\, t \leqq 500 \\ x = d\, t \geqq 36 \\ d \in [2,6],\; t \in [10,20] \\ t \leqq 34 - 4d \end{array} \right\}$$

werden die kostentheoretischen Anpassungsprozesse, die zeitliche und die intensitätsmäßige Anpassung, erläutert, und zwar a) zunächst ohne und *anschließend b) mit der in Beispiel F2 zusätzlich eingefügten zeitlichen Beschränkung. Für den Faktor wird ein Beschaffungspreis von $q = 16$ GE/FE unterstellt; das Produkt kann zum Stückerlös (Verkaufspreis) $p = 115$ GE/PE abgesetzt werden.*

a) Zunächst wird die Minimalkosten-Funktion für die oben angegebene GUTENBERG*-Technologie GT unter Vernachlässigung der Nebenbedingung $t \leqq 34 - 4d$ ermittelt. Die minimale Produktquantität ist mit $x_{min} = \overline{x} = 36$ PE vorgegeben. Für die Bestimmung der maximal herstellbaren Produktquantität x_{max} sind sowohl die maximale Intensität $d_{max} = 6$, die maximale Einsatzzeit $t_{max} = 20$ als auch die Faktorbeschränkung $\overline{\overline{r}} = 500$ zu beachten. Löst man*

$$a(d_1)d_1t_{max} = \big((d_1 - 3)^2 + 1\big)d_1t_{max} = \big((d_1 - 3)^2 + 1\big)d_1\,20 = 500$$

nach d_1 auf, ergibt sich $d_1 = 5$ (vgl. Punkt F in Abb. 5.2.1a). Damit ist in diesem Beispiel

$$x_{max} = \min\{d_{max}t_{max},\ d_1t_{max}\} = \min\{120,\ 100\} = 100\ PE.$$

Die stückkostenminimale – die so genannte optimale – Intensität d^0 erhält man durch Minimierung der Stückkostenfunktion

$$k(d) = 16\big((d - 3)^2 + 1\big) = 16(d^2 - 6d + 10).$$

Es ist

$$\begin{aligned} d^0 &\in \operatorname{argmin}\{k(d)|d \in D\} \\ &= \operatorname{argmin}\big\{16(d^2 - 6d + 10)\,|\,2 \leqq d \leqq 6\big\} \\ &= \{3\}. \end{aligned}$$

Die stückkostenminimale Intensität stimmt in einem Einfaktor-Produktionssystem und bei konstanten Stückkosten q selbstverständlich mit der verbrauchsminimalen Intensität d^0 überein (vgl. Beispiel F2, S. 183). Damit kann der erste Teil $K_1^*(x)$ der Minimalkosten-Funktion $K^*(x)$ unmittelbar angegeben werden:

$$K_1^*(x) = k(3)x = 16x \qquad (36 \leqq x \leqq 60).$$

Dieser erste Teil beschreibt die zeitliche Anpassung von $t = 12$ bis $t = 20$ ZE bei konstanter – optimaler – Intensität $d^0 = 3$ PE/ZE (vgl. Strecke KH in Abb. 5.2.1a). Nach Erreichen der maximal zur Verfügung stehenden Zeit $t_{max} = 20$ ZE beginnt die intensitätsmäßige Anpassung entlang der zeitlichen Begrenzung bis $x_{max} = 100 = 5 \cdot 20$ PE bei $d_1 = 5$ PE/ZE (vgl. Strecke HF in Abb. 5.2.1a). Mit d $= x/t_{max} = x/20$ lautet der zweite Teil $K_2^*(x)$ der Minimalkosten-Funktion:

$$\begin{aligned} K_2^*(x) &= q\,a(d)\,x \\ &= q\,a(x/t_{max})\,x \\ &= 16\,a(x/20)\,x \\ &= 16\left(\frac{x^2}{400} - 6\frac{x}{20} + 10\right)x \\ &= 0,04x^3 - 4,8x^2 + 160x. \end{aligned}$$

Für den Fall a) sieht damit die vollständige Minimalkosten-Funktion $K_a^*(x)$ wie folgt aus:

$$K_a^*(x) = \begin{cases} 16x & (36 \leqq x \leqq 60) \\ 0,04x^3 - 4,8x^2 + 160x & (60 \leqq x \leqq 100) \end{cases}$$

(vgl. Abb. 5.2.2, Fall a)). Die Maximaldeckungsbeitrags-Funktion $D_a^*(x)$ lässt sich unmittelbar angeben:

$$\begin{aligned} D_a^*(x) &= \begin{cases} 115x - 16x & (36 \leqq x \leqq 60) \\ 115x - (0,04x^3 - 4,8x^2 + 160x) & (60 \leqq x \leqq 100) \end{cases} \\ &= \begin{cases} 99x & (36 \leqq x \leqq 60) \\ -0,04x^3 + 4,8x^2 - 45x & (60 \leqq x \leqq 100). \end{cases} \end{aligned}$$

Sowohl die Minimalkosten-Funktion als auch die Maximaldeckungsbeitrags-Funktion sind für $x \in [36,\ 100]$ stetig und für $x \in\ ]36,\ 100[$ differenzierbar. Das Deckungsbeitragsmaximum wird bei $x = 75$ PE mit $D_a^*(x) = 6750$ GE erreicht. In Tabelle 5.2.1a sind die Ergebnisse für einige ausgewählte Werte von x zusammengefasst.

In Abbildung 5.2.1a ist auch die Deckungsbeitragsisoquante für $D(d,t) = 6750$ GE eingezeichnet; sie berührt die zeitliche Beschränkung $t = 20$

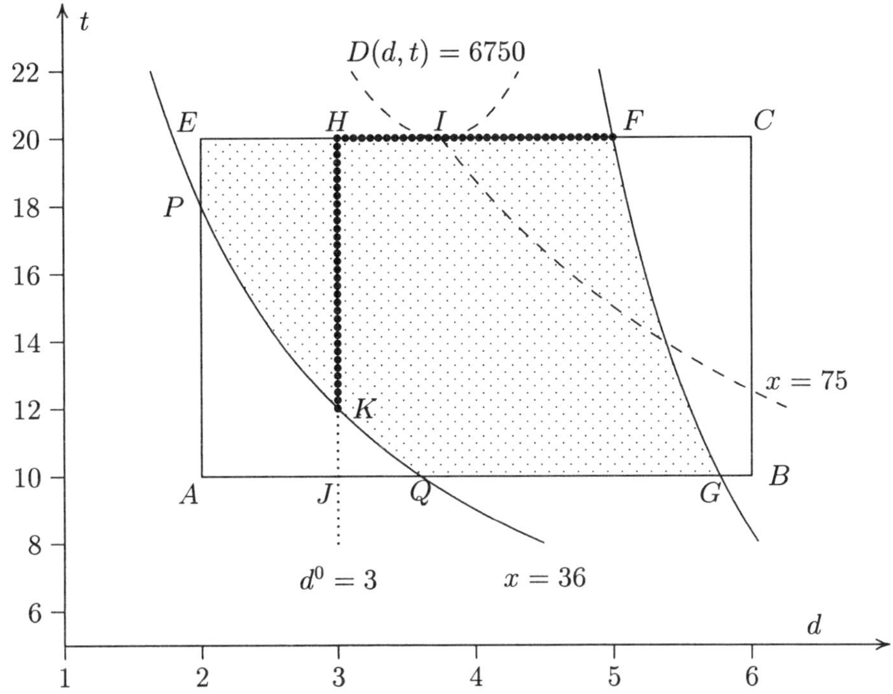

Abbildung 5.2.1a: GUTENBERG-Technologie (Beispiel F4a)

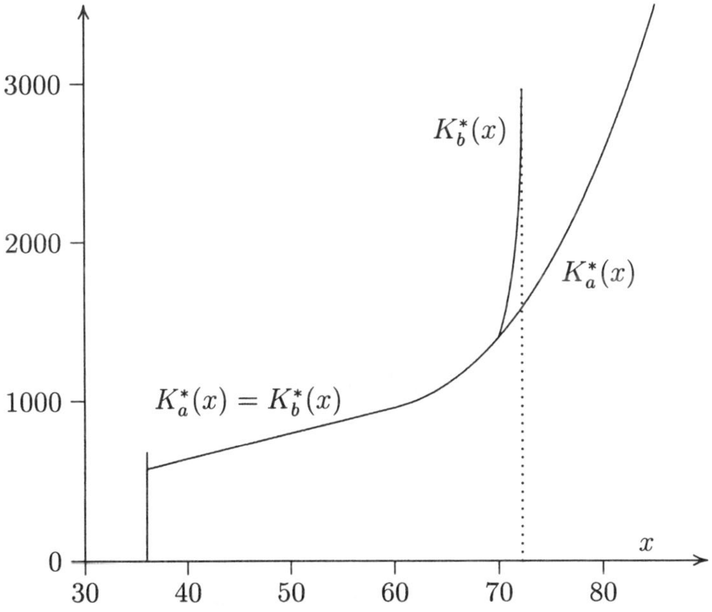

Abbildung 5.2.2: Minimalkosten-Funktionen (Beispiel F4)

x	d^*	t^*	$K_a^*(x)$	$D_a^*(x)$
36	3	12	576	3564
40	3	$13\frac{1}{3}$	640	3960
50	3	$16\frac{2}{3}$	800	4950
60	3	20	960	5940
70	3,5	20	1400	6650
75	3,75	20	1875	**6750**
80	4	20	2560	6640
100	5	20	8000	3500

Tabelle 5.2.1a: Maximaldeckungsbeiträge (Beispiel F4a)

ZE in Punkt I. Die bisher für das Beispiel F4 abgeleiteten Ergebnisse stimmen im Wesentlichen mit den in der Literatur zu findenden Aussagen über Anpassungsprozesse in GUTENBERG-*Technologien überein (vgl. u.a.* ELLINGER/HAUPT, *1996, S. 156ff.).*

b) Bezieht man nunmehr die Beschränkung $t \leqq 34 - 4d$ *zusätzlich in die Betrachtung mit ein, dann zeigt sich unmittelbar, dass das unter a) gefundene Deckungsbeitragsmaximum bei* $x = 75$ *PE mit* $d = 3,75$ *PE/ZE und* $t = 20$ *ZE nicht mehr zulässig ist. Eine rein intensitätsmäßige Anpassung bei gegebenem zeitlichen Einsatz von* $t = 20$ *ZE und damit auch das Intervall für* $K_2^*(x)$ *enden bei* $d = 3,5$ *PE/ZE, d.h. bei* $x = 70$ *PE (vgl. Punkt M in Abb. 5.2.1b). Da aus Beispiel F2 (vgl. S. 183) bereits bekannt ist, dass bei Berücksichtigung der zusätzlichen Nebenbedingung die maximale Produktquantität* $x_{max} = 72,25$ *PE beträgt (vgl. Punkt L in Abb. 5.2.1b), ist ab* $d = 3,5$ *PE/ZE, d.h. für das Intervall* $70 \leqq x \leqq 72,25$*, eine simultane Anpassung entlang der Begrenzung* $t = 34 - 4d$ *(vgl. Gerade MB in Abb. 5.2.1b) durchzuführen. Aus* $t = 34 - 4d$ *folgt:*

$$d\,t = (34 - 4d)d = 34d - 4d^2 = x \quad \text{bzw.} \quad d = 4,25 - \sqrt{18,0625 - x/4}.$$

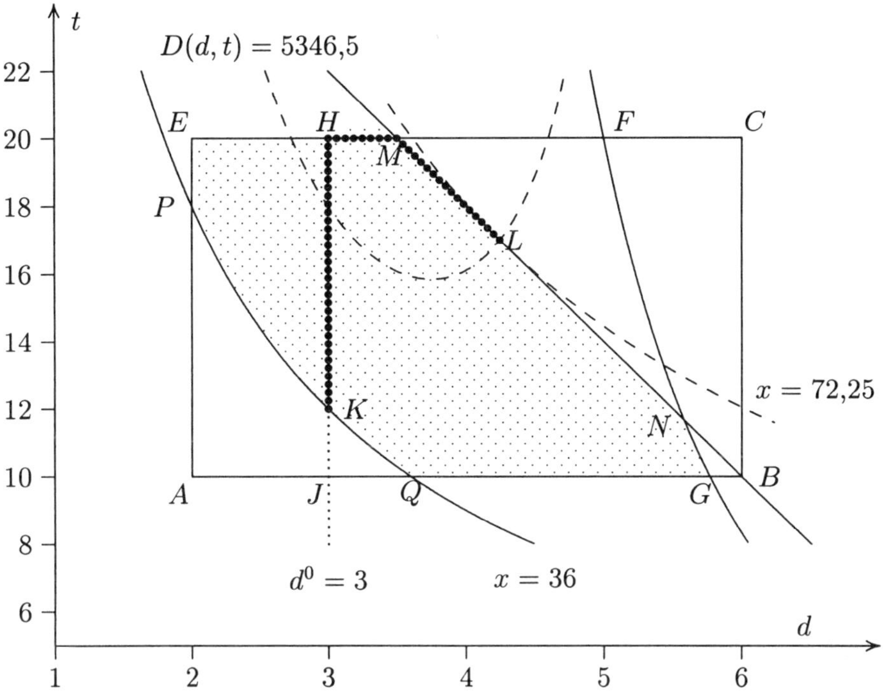

Abbildung 5.2.1b: GUTENBERG-Technologie (Beispiel F4b)

Damit lautet in diesem Fall der dritte Teil $K_3^*(x)$ der Minimalkosten-Funktion für $70 \leqq x \leqq 72,25$:

$$
\begin{aligned}
K_3^*(x) &= q\, a(d) d\, t \\
&= 16\, a(d) x \\
&= 16\left(\left(1,25 - \sqrt{18,0625 - x/4}\right)^2 + 1\right) x
\end{aligned}
$$

(vgl. Abb. 5.2.2 und Tab. 5.2.1b). Die vollständige Minimalkosten-Funktion $K_b^*(x)$ lautet bei Berücksichtigung der in Abhängigkeit von d definierten zeitlichen Beschränkung:

$$
K_b^*(x) = \begin{cases} 16x & (36 \leqq x \leqq 60) \\ 0,04x^3 - 4,8x^2 + 160x & (60 \leqq x \leqq 70) \\ \left(-4x + 330 - 40\sqrt{18,0625 - x/4}\right)x & (70 \leqq x \leqq 72,25). \end{cases}
$$

x	d^*	t^*	$K_b^*(x)$	$D_b^*(x)$
36	3	12	576	3564
⋮	⋮	⋮	⋮	⋮
70	3,5	20	1400	**6650**
71	3,69	19,24	1678,39	6486,61
72	4	18	2304	5976
72,25	4,25	17	2962,25	5346,5

Tabelle 5.2.1b: Maximaldeckungsbeiträge (Beispiel F4b)

Die minimalen Kosten steigen ab $x = 70$ PE derartig stark an, dass ab $x = 70$ PE der Deckungsbeitrag sinkt, so dass der maximale Deckungsbeitrag bei $x = 70$ PE mit $D_b^*(70) = D_a^*(70) = 6650$ GE erreicht wird. In Abbildung 5.2.1b ist auch die Deckungsbeitragsisoquante für $D(d,t) = 5346,5$ GE, d.h. für den in Punkt L ($d = 4,25,\ t = 17$) erzielbaren Deckungsbeitrag gestrichelt eingezeichnet. Dieser Deckungsbeitrag ist maximal bezüglich der Produktion einer vorgegebenen Produktquantität $x = 72,25$ PE. Ist die herzustellende Produktquantität nicht vorgegeben, so ist es unter den Bedingungen des Falls b) vorteilhaft, nur eine Produktquantität von $x = 70$ PE zu erzeugen, wenn als Zielsetzung die Maximierung des Gesamtdeckungsbeitrags verfolgt wird. ◇

Das Beispiel F4 diente in erster Linie dazu, für ein Einfaktor-Einprodukt-Produktionssystem Anpassungsprozesse im Sinne GUTENBERGs zu demonstrieren, wobei auf der einen Seite eine Faktorbeschränkung und auf der anderen Seite eine von der Intensität d abhängige Zeitbeschränkung die Ergebnisse beeinflussten. Mit dem nachfolgenden Beispiel G4 werden die Anpassungsprozesse auf Zweifaktor-Einprodukt-Produktionssysteme übertragen, wobei deutlich wird, dass einer Erweiterung auf Produktionssysteme mit mehr als zwei Faktoren unter Zuhilfenahme von (d,t)-Diagrammen keine grundsätzlichen Schwierigkeiten im Wege stehen. Zu erwähnen bleibt noch die Tatsache, dass in beiden Beispielen die maximal herstellbare Produktquantität wegen der Berücksichtigung von Nebenbedingungen nicht $d_{max}t_{max}$ PE beträgt.

Beispiel G4:

SCHLÜSSELWÖRTER: GUTENBERG-*Technologie für ein Zweifaktor-Einprodukt-Produktionssystem, zeitliche Anpassung, simultane zeitliche und intensitätsmäßige Anpassung*

Während bei einem Einfaktor-Einprodukt-Produktionssystem bei streng konvexer Verbrauchsfunktion und mengenunabhängigen Stückkosten nur eine input-effiziente und damit auch nur eine stückkostenminimale Intensität existiert, gilt dies für Mehrfaktor-Produktionssysteme im Allgemeinen nicht. In Beispiel G2 (vgl. S. 188), das hier fortgesetzt wird, sind alle Intensitäten aus dem Intervall $D^0 = [15, 30]$ *input-effizient. Die Technologiemenge des Beispiels G2 wird unverändert übernommen:*

$$GT = \left\{ \begin{pmatrix} d \\ t \end{pmatrix} \in \mathbb{R}^2_+ \;\middle|\; \begin{array}{c} r_1 = \left[\left((d-15)^2 + 75\right)/30\right] d\,t \leqq 4992 \\ r_2 = \left[\left((d-67,5)^2 + 393,75\right)/45\right] d\,t \leqq 45504 \\ x = d\,t \geqq 360 \\ d \in [10, 30], \quad t \in [10, 40] \end{array} \right\}.$$

Mit den gegebenen Faktorpreisen $q_1 = 0,99$ GE/FE_1 *und* $q_2 = 0,09$ GE/FE_2 *wird nunmehr die Minimalkosten-Funktion* $K^*(x)$ *ermittelt.*

Die Stückkostenfunktion $k(d)$ *lautet*

$$\begin{aligned} k(d) &= 0,99\, a_1(d) + 0,09\, a_2(d) \\ &= 0,035d^2 - 1,26d + 19,8. \end{aligned}$$

Aus $\partial k(d)/\partial d \overset{!}{=} 0$ *ermittelt man* $d^0 = 18$ PE/ZE *als stückkostenminimale Intensität mit* $k(d^0) = k(18) = 8,46$ GE/PE*. Die Kostenisoquante*

$$K(d,t) = (0,035d^2 - 1,26d + 19,8)dt = 8,46 \cdot 360 \approx 3046$$

berührt die Produktisoquante $x = 360$ PE *bei der stückkostenminimalen Intensität* $d_E^0 = 18$ *(vgl. Punkt K in Abb. 5.2.3). Man wird mit der*

Intensität $d^0 = 18$ nicht nur die Mindestproduktquantität in Höhe von 360 PE (vgl. Punkt K in Abb. 5.2.3), sondern so viele Produktquantitäten wie möglich herzustellen versuchen. Eine erste Begrenzung ist in der Bedingung $t \leqq t_{max} = 40$ ZE und eine zweite Begrenzung in der Verfügbarkeit der Faktorquantitäten, und zwar als

$$x \leqq min\left\{\frac{\bar{\bar{r}}_1}{a_1(d)}, \frac{\bar{\bar{r}}_2}{a_2(d)}\right\} = min\left\{\frac{4992}{a_1(18)}, \frac{45504}{a_2(18)}\right\} = 720,$$

d.h. in diesem speziellen Fall in der Faktorbeschränkung $r_2 \leqq 45504\ FE_2$, zu sehen. Aus beiden Bedingungen erhält man als obere Grenze für das Ausmaß der zeitlichen Anpassung für $d^0 = 18$ den Wert 40 ZE, was einer Produktquantität von $x = 18 \cdot 40 = 720$ PE entspricht (vgl. Punkt M und die Kostenisoquante $K(d,t) = 6091$ in Abb. 5.2.3). Damit lautet der erste Teil der Minimalkosten-Funktion

$$K_1^*(x) = k(18)x = 8,46x \qquad (360 \leqq x \leqq 720).$$

Um mehr als 720 PE herstellen zu können, ist in diesem Fall die übliche (rein) intensitätsmäßige Anpassung wegen der Beschränkung für den zweiten Faktor ausgeschlossen. Eine Erhöhung der Produktquantität ist, wenn überhaupt, nur durch eine simultane, d.h. eine gleichzeitig zeitliche und intensitätsmäßige, Anpassung entlang der Beschränkung für den zweiten Faktor bis zur maximalen Produktquantität $x_{max} = 911$ PE möglich (vgl. Punkt L und die Kostenisoquante $K(d,t) = 9037$ in Abb. 5.2.3). Die minimalen Kosten betragen für (d,t) entlang der Kurve ML bzw. für $18 \leqq d \leqq 24,45$

$$\begin{aligned} k(d)dt &= k(d)\,d\,\frac{45504}{a_2(d)d} \\ &= 45504\,k(d)/a_2(d). \end{aligned}$$

Aus $x = dt = 45504/a_2(d)$ folgt in diesem Beispiel $d = a_2^{-1}(45504/x)$, so dass nunmehr für den zweiten Teil der Minimalkosten-Funktion gilt:

$$\begin{aligned} K_2^*(x) &= k(d)x \\ &= k\Big(a_2^{-1}(45504/x)\Big)x \\ &= k\Big(67,5 - \sqrt{45504 \cdot 45/x - 393,75}\Big)x \quad (720 \leqq x \leqq 911). \end{aligned}$$

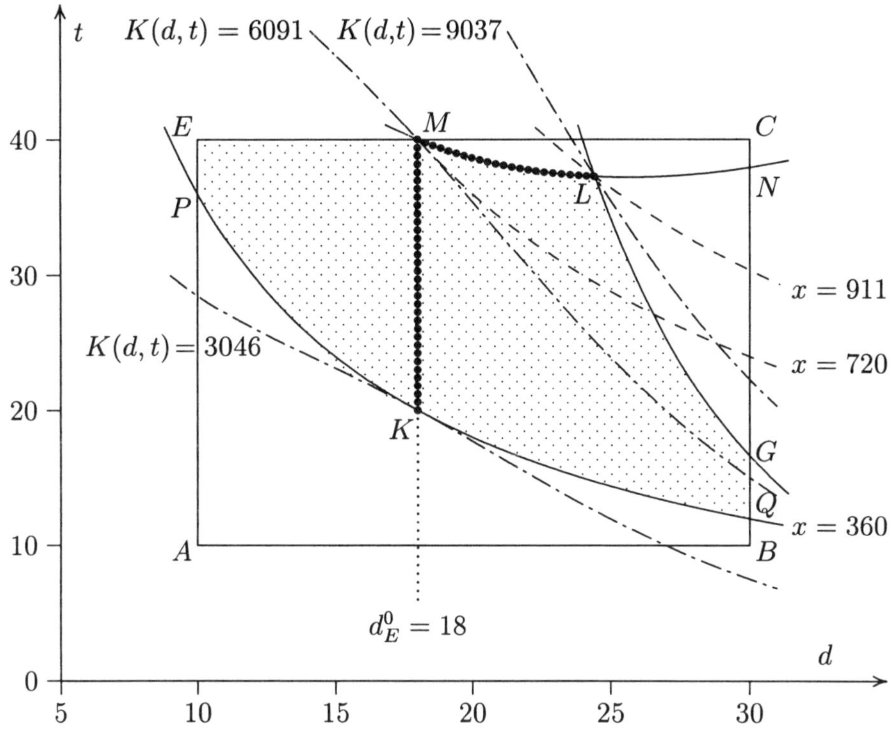

Abbildung 5.2.3: GUTENBERG-Technologie (Beispiel G4)

Sollen beispielsweise $x = 800$ *PE hergestellt werden, dann ist* $d = a_2^{-1}(45504/x) \approx 20,96$ *PE/ZE und* $t = 800/d \approx 38,17$ *ZE zu wählen, was zu minimalen variablen Gesamtkosten in Höhe von* $K_2^*(800) \approx 8,7669 \cdot 800 \approx 7013,5$ *GE führt. Die Minimalkosten-Funktion lautet zusammenfassend:*

$$K^*(x) = \begin{cases} 8,46\,x & (360 \leqq x \leqq 720) \\ k\Big(67,5 - \sqrt{2047680/x - 393,75}\Big)x & (720 \leqq x \leqq 911). \end{cases}$$

Sie ist in Abbildung 5.2.4 graphisch wiedergegeben. Das Interesse besteht nunmehr auch an der Maximalgewinn-Funktion. Mit einem konstanten

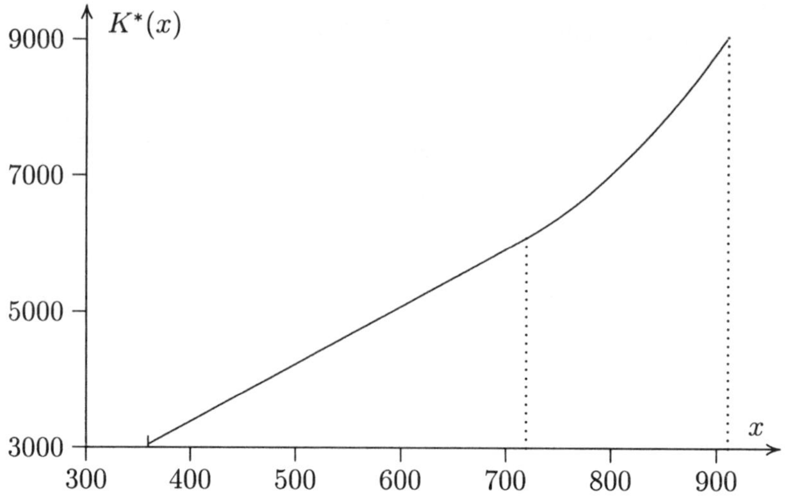

Abbildung 5.2.4: Minimalkosten-Funktion (Beispiel G4)

Stückerlös in Höhe von $p = 12,5$ GE/PE lautet die Stückdeckungsbeitragsfunktion

$$\begin{aligned} g(d) &= p - k(d) \\ &= -0,035d^2 + 1,26d - 7,3. \end{aligned}$$

Die stückdeckungsbeitragsmaximale Intensität ist gleich der stückkostenminimalen Intensität $d_E^0 = 18$ PE/ZE. Wird darüber hinaus von fixen Kosten $K_{fix} = 1500$ GE ausgegangen, kann die Maximalgewinn-Funktion $G^*(x)$ unmittelbar aus der angegebenen Minimalkosten-Funktion hergeleitet werden. Es gilt

$$G^*(x) = \begin{cases} 4,04x - 1500 & (360 \leqq x \leqq 720) \\ g\left(67,5 - \sqrt{2047680/x - 393{,}75}\right)x - 1500 & (720 \leqq x \leqq 911). \end{cases}$$

Der gewinnmaximale Anpassungsprozess ist mit dem kostenminimalen Anpassungsprozess identisch (vgl. Abb. 5.2.3). Die Maximalgewinn-Funktion $G^*(x)$ ist in Abbildung 5.2.10 (vgl. S. 225) eingezeichnet; sie erreicht ihr Maximum bei der Produktquantität $x^* = 773$ PE mit einem maximalen Gewinn in Höhe von 1514 GE. ◇

5.2.2 Umweltorientierte Produktionsplanung

Grundlage dieses Abschnitts ist die umweltorientierte GUTENBERG-Technologie UTG, wie sie in Abschnitt 5.1.3 eingeführt wurde (vgl. Definition 5.1.4, S. 191). Im Folgenden wird von zwei Faktoren ($M = 2$), von einem Produkt ($N = 1$), von einem nicht erwünschten Nebengut ($Q = 1$) und von einem erwünschten Nebengut ($P = 1$), d.h. von der GUTENBERG-Technologie

$$UGT = \left\{ \begin{pmatrix} d \\ t \end{pmatrix} \in \mathbb{R}^2_+ \;\middle|\; \begin{array}{c} r_1 = a_1(d)d\,t \leqq \overline{\overline{r}}_1 \\ r_2 = a_2(d)d\,t \leqq \overline{\overline{r}}_2 \\ v = c(d)d\,t \leqq \overline{\overline{v}} \\ u = b(d)d\,t \leqq \overline{\overline{u}} \\ x = d\,t \geqq \overline{x} \\ d \in D, \;\; t \in T \end{array} \right\}$$

ausgegangen; als Beispiel einer (rein) umweltorientierten Produktionsplanung wird hier ein Optimierungsmodell der Art

$$\min \left\{ S(x) \;\middle|\; \begin{pmatrix} d \\ t \end{pmatrix} \in UGT \right\}$$

analysiert, wobei $S(x)$ ein (skalares) Maß in Abhängigkeit der Produktquantität x für den Anfall des nicht erwünschten Nebengutes bezeichnet (vgl. Abschnitt 3.2.2 und 4.2.2). In dem nachfolgenden Beispiel wird exemplarisch ein schadstoffminimaler Anpassungsprozess hergeleitet, der etwa bei umweltpolitischen Diskussionen entscheidungsunterstützende Informationen bereitstellen kann oder aber das extreme Ziel einer reinen umweltorientierten Produktionsplanung darstellt.

Beispiel G5:

SCHLÜSSELWÖRTER: Umweltorientierte GUTENBERG-*Technologie für ein Zweifaktor-Einprodukt-Produktionssystem, schadstoffminimale Intensität, schadstoffminimale Anpassung*

In Fortführung des Beispiels G3 (vgl. S. 197) mit der GUTENBERG*-Technologie*

$$UGT = \left\{ \begin{pmatrix} d \\ t \end{pmatrix} \in \mathbb{R}^2_+ \;\middle|\; \begin{array}{c} r_1 = \Big[\big((d-15)^2+75\big)/30\Big]d\,t \leqq 6656 \\ r_2 = \Big[\big((d-67,5)^2+393,75\big)/45\Big]d\,t \leqq 45504 \\ v = \Big[0,00001\big((d-35)^4+50024\big)\Big]d\,t \leqq 1054 \\ x = d\,t \geqq 360 \\ d \in [10,30], \quad t \in [10,40] \end{array} \right\}$$

wird nunmehr der Frage nachgegangen, wie alle zulässigen Produktquantitäten schadstoffminimal hergestellt werden können. M.a.W.: Wie verläuft der betriebliche Anpassungsprozess unter der umweltorientierten Zielsetzung, den Schadstoffanfall zu minimieren? Die Vorgehensweise entspricht der Bestimmung der Minimalkosten-Funktion.

Die Nebengutfunktion (Schadstoff-Funktion)

$$c(d) = 0,00001\big((d-35)^4+50024\big)$$

hat ihr – beschränktes – Minimum bei $d^0 = 30$ *PE/ZE. Mit dieser Intensität kann die Mindestproduktquantität* $\overline{x} = 360$ *PE hergestellt werden (vgl. Punkt Q in Abb. 5.2.5) und sodann eine zeitliche Anpassung bis zur Begrenzung des Faktors* r_1 *im Punkt* G_1*, d.h. bei* $t = 22,19$ *ZE und* $x = 665,6$ *PE, erfolgen. Der erste Teil* $S_1^*(x)$ *der gesuchten Funktion* $S^*(x)$*, die den minimalen Schadstoffanfall in Abhängigkeit der zulässigen Produktquantitäten angibt, lautet somit für* $360 \leqq x \leqq 665,6$

$$S_1^*(x) = c(30)x = 0,50649x.$$

Ab Punkt G_1 *lässt sich die Produktquantität* x *dadurch weiter erhöhen, dass man sich entlang der ersten Faktorbegrenzung bis zum Punkt* L_1 *anpasst. Bei dieser simultanen Anpassung sinkt die Intensität* d *bei steigender Zeit* t*. Die Produktisoquante durch* L_1 *zeigt, dass in* $L_1 =$ *(26,34;*

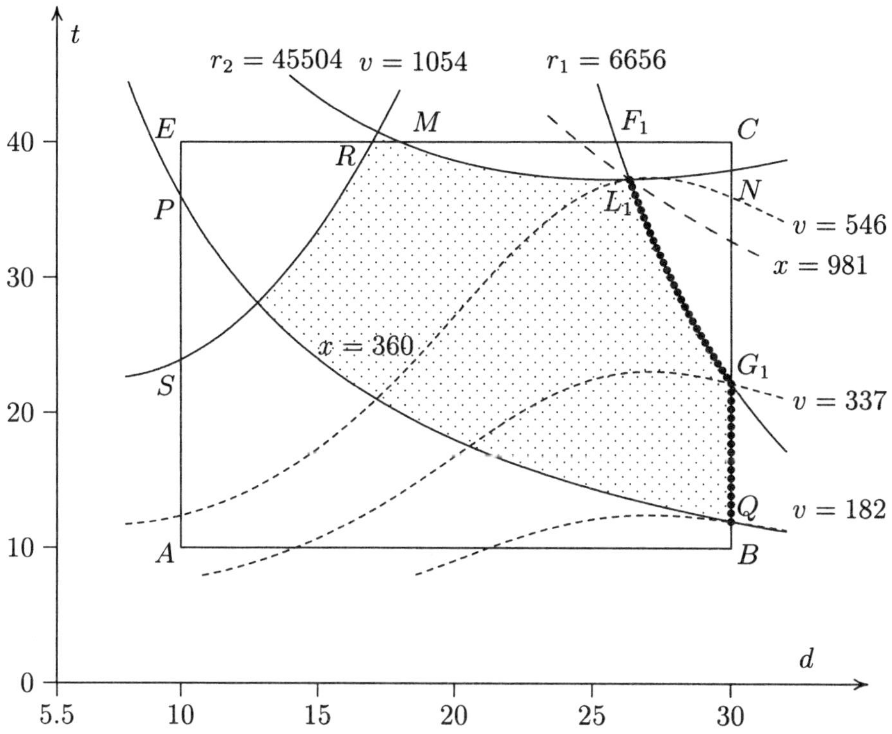

Abbildung 5.2.5: Umweltorientierte GUTENBERG-Technologie (Beispiel G5)

37,23) die maximale Produktquantität $x_{max} = 981$ PE erreicht ist (vgl. Abb. 5.2.5). Um $S_2^*(x)$ analytisch bestimmen zu können, ist die erste Faktorbegrenzung

$$\left[\left((d-15)^2+75\right)/30\right]x = 6656$$

nach d aufzulösen:

$$d = 15 + \sqrt{30 \cdot 6656/x - 75}.$$

Mit diesem Ausdruck für d ergibt sich:

$$S_2^*(x) = \left[0{,}00001\left(\left(15+\sqrt{199680/x-75}-35\right)^4+50024\right)\right]x$$

für $665,6 \leqq x \leqq 981$. *Die gesuchte Minimalschadstoff-Funktion lautet somit*

$$S^*(x) = \begin{cases} 0,50649x & (360 \leqq x \leqq 665,6) \\ \left[0,00001\left(\left(\sqrt{199680/x - 75} - 20\right)^4 + 50024\right)\right]x & \\ & (665,6 \leqq x \leqq 981). \end{cases}$$

Dieses Beispiel macht auch für GUTENBERG-*Technologien in anschaulicher Weise deutlich, dass es formal keinen Unterschied macht, ob sich das Unternehmen in erfolgsorientierter oder umweltorientierter Weise anpasst, dass jedoch die Anpassungsprozesse in Abhängigkeit von der zu Grunde gelegten Zielsetzung sehr unterschiedlich verlaufen können.* ◊

5.2.3 Zielkonflikte und Lösungsmöglichkeiten

Die Zielkonflikte, die sich für umweltorientierte GUTENBERG-Technologien zwischen erfolgs- und umweltorientierten Zielsetzungen ergeben können, werden im Folgenden vertiefend diskutiert. Hierbei wird von der speziellen GUTENBERG-Technologie

$$UGT = \left\{ \begin{pmatrix} d \\ t \end{pmatrix} \in \mathbb{R}^2_+ \;\middle|\; \begin{array}{c} r = a(d)dt \leqq \overline{\overline{r}} \\ v = c(d)dt \leqq \overline{\overline{v}} \\ x = dt \geqq \overline{x} \\ d \in D, \;\; t \in T \end{array} \right\}$$

und dem Vektormaximierungsmodell

$$max \left\{ \begin{pmatrix} D(x) \\ -S(x) \end{pmatrix} \in \mathbb{R}^2 \;\middle|\; \begin{pmatrix} d \\ t \end{pmatrix} \in \; UGT \right\}$$

ausgegangen. Die in den Abschnitten 3.2.3 und 4.2.3 angestellten Überlegungen und Aussagen zu Zielkonflikten und deren Lösungsmöglichkeiten gelten auch für die hier diskutierten Produktionssituationen.

Beispiel G6:

SCHLÜSSELWÖRTER: Umweltorientierte GUTENBERG-*Technologie, schadstoffminimale Produktionen, Zielkonflikte, Kompromissmodelle, Abgabensteuerung, Mengensteuerung, Zertifikatssteuerung*

An dieser Stelle wird das Beispiel G (vgl. u.a. S. 197 und S. 209) zum letzten Mal aufgegriffen, um insbesondere die in Abschnitt 3.2.3 vorgestellten umweltpolitischen Instrumente auch anhand einer GUTENBERG-*Technologie veranschaulichen zu können. Dazu wird hier als Nebenprodukt ein Schadstoff S mit der folgenden – im Gegensatz zu Beispiel G5 (vgl. S. 213) etwas einfacheren – Schadstoff-Funktion berücksichtigt:*

$$c(d) = 0,11d + 0,07 \quad SE/PE$$

Damit lautet die dem Beispiel G6 zu Grunde liegende Technologie:

$$UGT = \left\{ \begin{pmatrix} d \\ t \end{pmatrix} \in \mathbb{R}^2_+ \;\middle|\; \begin{array}{c} r_1 = \Big[\big((d-15)^2+75\big)/30\Big]\,d\,t \leqq 4992 \\ r_2 = \Big[\big((d-67,5)^2+393,75\big)/45\Big]\,d\,t \leqq 45504 \\ v = \Big[(0,11d+0,07)\Big]\,d\,t \leqq \infty \\ x = d\,t \geqq 360 \\ d \in [10,30], \quad t \in [10,40] \end{array} \right\}.$$

Die Stückkosten (Faktorpreise) werden aus Beispiel G4 (vgl. S. 209) mit $q_1 = 0,99\ GE/FE_1$ und $q_2 = 0,09\ GE/FE_2$ übernommen. Die stückkostenminimale Intensität wurde bereits mit $d_E^0 = 18\ PE/ZE$ bestimmt (vgl. Abb. 5.2.3 und Abb. 5.2.6 und den Anpassungspfad von K über M nach L).

Die Minimalschadstoff-Kombination für die Produktquantität $\overline{x} = 360$ ergibt sich aus der Lösung des folgenden Optimierungsmodells:

$$min \left\{ 360\,(0,11d+0,07) \;\middle|\; \begin{pmatrix} d \\ t \end{pmatrix} \in\ UGT;\ d\,t = 360 \right\}.$$

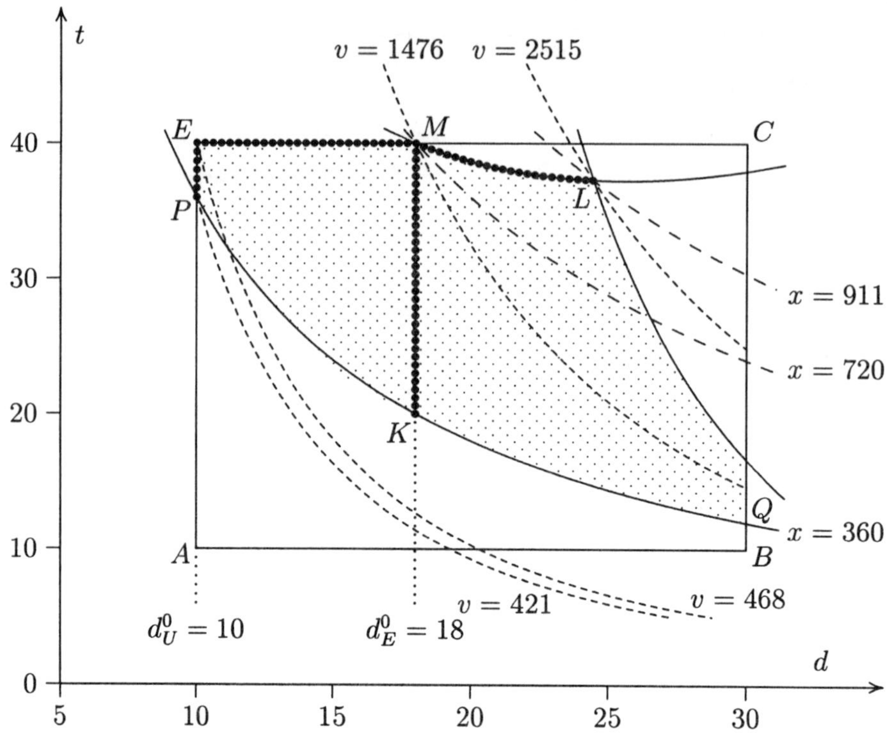

Abbildung 5.2.6: Kostenminimaler und schadstoffminimaler Anpassungsprozess (Beispiel G6)

Die Zielfunktion dieses Entscheidungsmodells ist linear; die optimale Lösung, d.h. die schadstoffminimale Intensität, lautet $d_U^0 = 10$ PE/ZE mit $t = 36$ ZE (vgl. Punkt P in Abb. 5.2.6). Die stückkostenminimale (vgl. Punkt K in Abb. 5.2.6) sowie die schadstoffminimale Intensität fallen auseinander; es existiert keine perfekte Lösung für das angegebene Vektormaximierungsmodell; es liegt ein Zielkonflikt vor.

Als Zwischenergebnis ist festzuhalten, dass die Anpassungspfade bei Kosten- bzw. Schadstoffminimierung für $360 \leqq x < 720$ PE (vgl. die Strecke KM sowie die Strecken PE und EM in Abb. 5.2.6) unterschiedlich verlaufen, während sie für $720 \leqq x \leqq 911$ PE übereinstimmen (vgl. Kurvenabschnitt ML). M.a.W.: Für Produktquantitäten aus dem ersten Intervall sind die erfolgsorientierte und umweltorientierte Zielfunktion

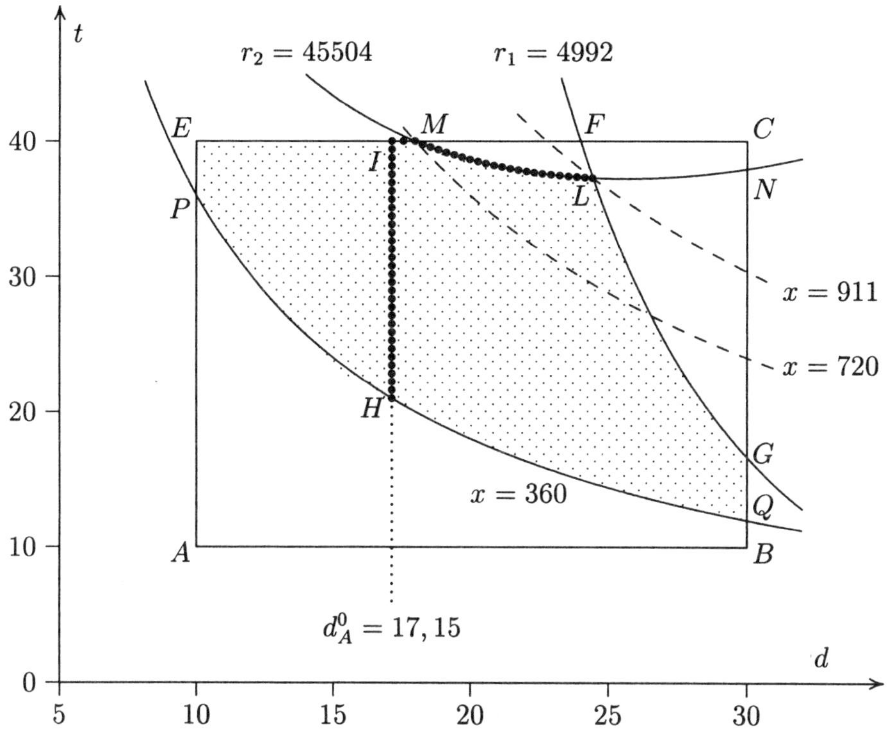

Abbildung 5.2.7: Abgabensteuerung im Rahmen einer umweltorientierten GUTENBERG-Technologie (Beispiel G6)

konfliktär, für Produktquantitäten aus dem zweiten Intervall hingegen komplementär.

Während bisher erfolgs- und umweltorientierte Zielsetzungen eher isoliert oder auch vergleichend analysiert wurden, geht es jetzt aus umweltökonomischer Sicht um umweltpolitische Instrumente bzw. aus entscheidungstheoretischer Perspektive um Kompromissmodelle und deren Auswirkungen auf den Gewinn eines Unternehmens.

a) Abgabensteuerung

Bei der Abgabensteuerung (vgl. Abschnitt 3.2.3.1) geht man im einfachsten Fall davon aus, dass Schadstoffe mit einer gleich hohen Abgabe h GE/SE belastet werden. In diesem Beispiel erfährt das Un-

ternehmen, dass in Kürze mit einer Umweltabgabe für den anfallenden Schadstoff S zu rechnen ist. Die Geschäftsführung rechnet mit $h = 0,542$ GE/SE. *Um den Einfluss der Umweltabgabe auf den Gewinn des Unternehmens analysieren zu können, werden nunmehr der Stückerlös* $p = 12,5$ GE/PE *und die fixen Kosten* $K_{fix} = 1500$ GE *zusätzlich berücksichtigt. Unter diesen Voraussetzungen ist zur Bestimmung der Maximalgewinn-Funktion* $G_A^*(x)$ *das folgende parametrische Optimierungsmodell zu lösen:*

$$\begin{aligned} & \max\left\{ G(d,t) - 0,542c(d)dt \;\middle|\; \begin{pmatrix} d \\ t \end{pmatrix} \in UGT \right\} \\ = \; & \max\left\{ \Big(12,5 - k(d) - 0,542c(d)\Big)dt - 1500 \;\middle|\; \begin{pmatrix} d \\ t \end{pmatrix} \in UGT \right\} \\ & \text{für} \quad x_{min} \leqq x \leqq x_{max}. \end{aligned}$$

Die Aufgabenstellung unterscheidet sich von der üblichen Analyse der Anpassungsprozesse nur durch eine geringfügig geänderte Zielfunktion. Die deckungsbeitragsmaximale Intensität bei einer Abgabenlösung ergibt sich aus der ergänzten Stückdeckungsbeitragsfunktion

$$g_A(d) = g(d) - 0,542c(d) = -0,035d^2 + 1,2004d - 7,3379.$$

Aus $\partial g_A(d)/\partial d \overset{!}{=} 0$ *folgt* $d_A^0 = 17,15$ PE/ZE *sowie* $g_A(17{,}15) = 2,9543$ GE/PE. *Der Anpassungsprozess beginnt (rein) zeitlich entlang der Strecke* HI *(vgl. Abb. 5.2.7). Von Punkt* I *bis* M *erfolgt eine (rein) intensitätsmäßige Anpassung, die von* M *bis* L *in eine simultane zeitliche und intensitätsmäßige Anpassung übergeht.*

Die Maximalgewinn-Funktion bei einer Abgabensteuerung lautet:

$$G_A^*(x) = \begin{cases} 2,9543x - 1500 & (360 \leqq x \leqq 686) \\ -0,0000219x^3 + 0,0300095x^2 - 7,3379x - 1500 & \\ & (686 \leqq x \leqq 720) \\ g_A\Big(67,5 - \sqrt{2047680/x - 393,75}\Big)\,x - 1500 & \\ & (720 \leqq x \leqq 911). \end{cases}$$

Die Maximalgewinn-Funktion erreicht ihr Maximum bei $x_A^* = 735$ *PE mit* $G_A^*(735) = 618$ *GE.*

Das Beispiel zeigt zwei bemerkenswerte Aspekte einer Abgabensteuerung aus unternehmerischer Sicht:

- *Ökonomisch reduziert eine Abgabensteuerung – trivialerweise – den maximal erreichbaren Gewinn für alle zulässigen Produktquantitäten, ohne jedoch diese einzuschränken.*
- *Es existiert gegebenenfalls eine kritische Produktquantität (vgl. Punkt M in Abb. 5.2.7), bis zu der für alle* x *die Abgabensteuerung – wegen vorhandener Substitutionsmöglichkeiten zwischen* d *und* t *– zu einer Reduzierung des Schadstoffanfalls führt. Rechts dieser kritischen Produktquantität hat die Abgabensteuerung – wegen fehlender Substitutionsmöglichkeiten – keine ökologische, sondern nur eine negative ökonomische Auswirkung.*

b) Mengensteuerung

Entscheidungstheoretisch erfolgt bei einer Mengensteuerung (vgl. Abschnitt 3.2.3.2) die Lösung des Zielkonfliktes dadurch, dass lediglich eine erfolgsorientierte Zielfunktion extremiert wird und eine umweltorientierte Zielfunktion in Form einer Ungleichung (Obergrenze, Satisfizierungsziel) der Alternativenmenge bzw. der Technologie hinzugefügt wird.

Das Unternehmen erhält von der Umweltbehörde eine unwiderrufliche Mitteilung, dass ab sofort der Anfall des Schadstoffs S pro Periode auf $v_{max} = 922{,}5$ *SE zu begrenzen ist. Diese Auflage kann in die Technologie* UGT *integriert werden. Durch Ermittlung der Maximalgewinn-Funktion*

$$G_M^*(x) = \quad max\left\{G(d,t) \;\middle|\; \begin{pmatrix} d \\ t \end{pmatrix} \in UGT;\ (0{,}11d + 0{,}07)dt \leqq 922{,}5\right\}$$
$$\text{für} \quad x_{min} \leqq x \leqq x_{max}$$

lassen sich die Implikationen der erfolgten Anordnung analysieren. In Abbildung 5.2.8 ist die zusätzliche Restriktion eingezeichnet. Der Anpassungsprozess beginnt wieder im Punkt K *mit der stückkostenminimalen Intensität* $d_E^0 = 18$ *PE/ZE, mit einer zeitlichen Anpassung wird*

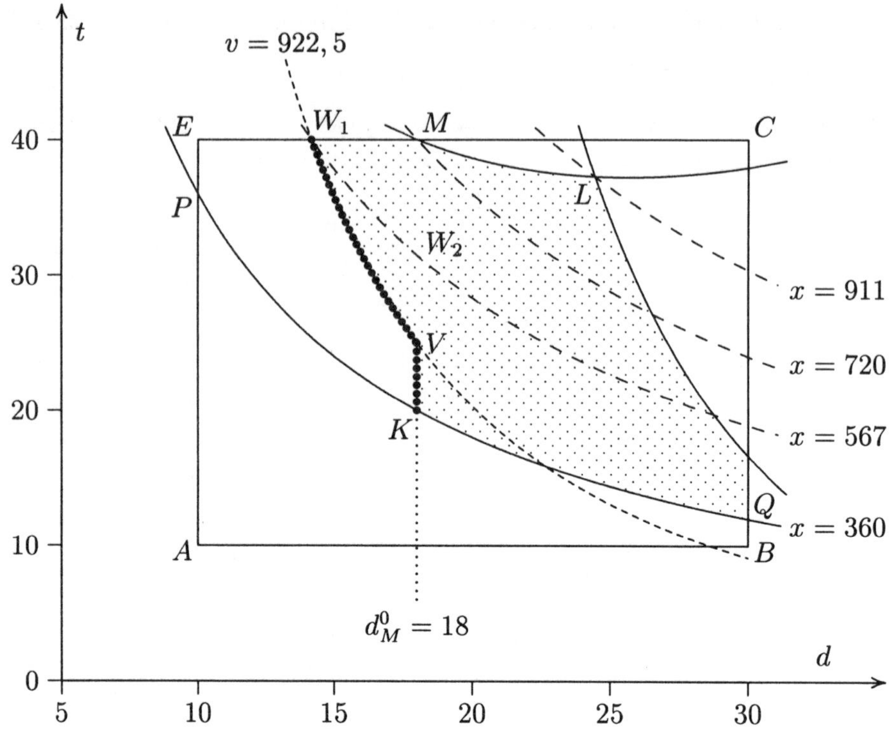

Abbildung 5.2.8: Mengensteuerung im Rahmen einer umweltorientierten GUTENBERG-Technologie (Beispiel G6)

der Punkt V ($t = 25$) erreicht, eine simultane zeitliche und intensitätsmäßige Anpassung führt entlang der Schadstoffisoquante $v = 922,5$ zum Punkt W_1 (mit $(d,t) = (14{,}16;\ 40)$). Hier endet der Anpassungsprozess (vgl. die Produktisoquante $x = 567$ PE durch den Punkt W_1). Die Maximalgewinn-Funktion lautet:

$$G_M^*(x) = \begin{cases} 4,04x - 1500 & (360 \leqq x \leqq 450) \\ g\Big((922,5/x - 0,07)/0,11\Big)x - 1500 & (450 \leqq x \leqq 567). \end{cases}$$

Bis zur Produktquantität $x = 450$ PE hat die Umweltmaßnahme keinen Einfluss auf die Gewinnsituation des Unternehmens. Danach steigt der Gewinn weniger stark als bei $G^*(x)$ bis zur maximalen Produktquantität

$x_{max} = 567$. *Im Einzelnen gilt z.B.* $G^*_M(567) = 497 < 789 = G^*(567)$. *Gleichzeitig sinkt der Schadstoffanfall im Vergleich zur Herstellung von 567 PE mit stückgewinnmaximaler Intensität* $d^0_E = 18$ *in Höhe von*

$$S_{G^*}(567) = c(18) \cdot 567 = 1162 \qquad (\textit{Punkt } W_2)$$

auf den Wert

$$S_{G^*_M}(567) = c(14{,}16) \cdot 567 = 922,5 \qquad (\textit{Punkt } W_1).$$

Das Beispiel verdeutlicht die Auswirkungen, die eine Mengensteuerung auf Produktionsentscheidungen eines Unternehmens haben kann:

- *Die Obergrenzen sind so niedrig, dass überhaupt keine Produktion mehr möglich ist* ($UGT = \emptyset$), *oder die Obergrenzen sind so hoch, dass sie die betreffende Maximalgewinnfunktion nicht einschränken* $\Big(G^*(x) \equiv G^*_M(x)\Big)$. *Beide Fälle sind theoretisch uninteressant.*
- *Die Obergrenzen schränken eine Technologie* UGT *derart ein, dass sie Einfluss auf die Maximalgewinn-Funktion haben. Dann aber können die Obergrenzen den maximalen Gewinn, den maximalen Schadstoffanfall und die maximale Produktquantität reduzieren.*

c) Zertifikatssteuerung

Im Rahmen einer Zertifikatssteuerung erhält das Unternehmen die Nachricht, dass ab sofort der Anfall des Schadstoffs S für die vorgesehene Produktionsaufgabe auf die Grundausstattung in Höhe von $\overline{\overline{v}} = 738$ *SE begrenzt sei, allerdings existiere die Möglichkeit, Emissionszertifikate zu einem aktuellen Marktpreis von 400 GE mit dem Recht zu erwerben, pro Zertifikat jeweils* $\overline{\overline{v}}_z = 738$ *SE des Schadstoffs zusätzlich emittieren zu können. Wie sieht unter diesen neuen Bedingungen die Maximalgewinn-Funktion* $G^*_{Zerti}(x)$ *aus, die die Möglichkeiten des Erwerbs von Emissionszertifikaten einbezieht? Es bezeichne* δ *die Anzahl der zu erwerbenden Zertifikate* ($\delta = 0, 1, 2, \ldots$).

Ohne Erwerb eines Emissionszertifikates, d.h. für den Fall $\delta = 0$, *ist die umweltorientierte* GUTENBERG*-Technologie* UTG *um die Restriktion*

$$v = c(d)\, dt = (0,11d + 0,07)\, dt \leqq 738$$

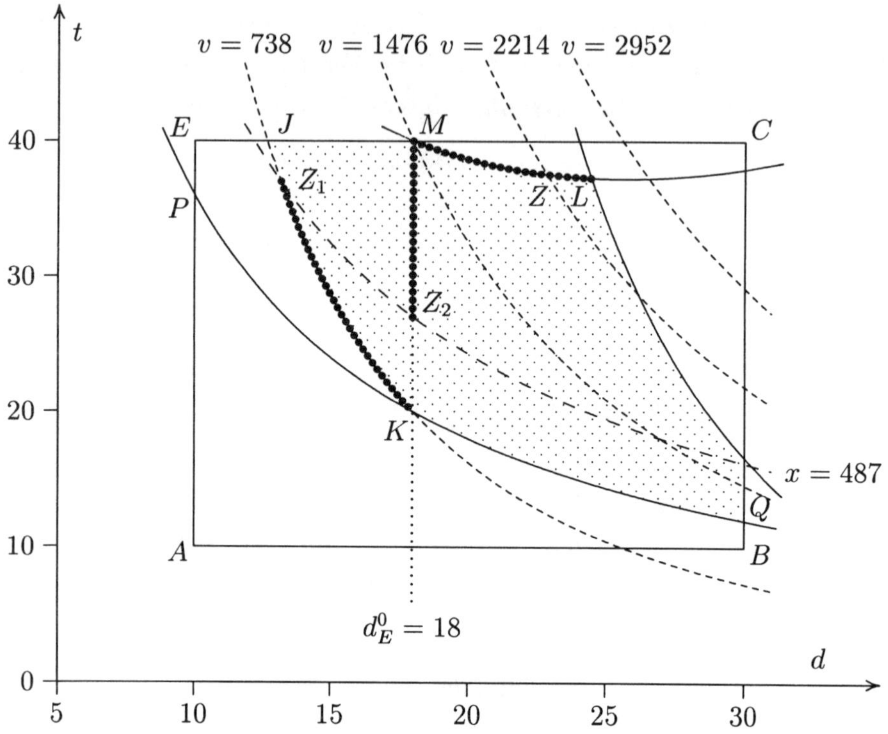

Abbildung 5.2.9: Zertifikatssteuerung im Rahmen einer umweltorientierten GUTENBERG-Technologie (Beispiel G6)

zu erweitern (vgl. Abb. 5.2.9). Offensichtlich können mit der stückkostenminimalen Intensität $d_E^0 = 18$ PE/ZE nach wie vor 360 PE hergestellt werden; allerdings ist eine (rein) zeitliche Anpassung mit $d_E^0 = 18$ als Folge der Schadstoffbeschränkung nicht möglich. Vielmehr muss unmittelbar (vgl. Punkt K) mit einer simultanen zeitlichen und intensitätsmäßigen Anpassung eine Erhöhung der Produktquantität entlang der Schadstoffisoquante $v = 738$ begonnen werden. Für den ersten Abschnitt der Maximalgewinn-Funktion ab $x = 360$ gilt daher

$$G^*_{Zerti1}(x) = g\Big((738/x - 0,07)/0,11\Big)\, x - 1500.$$

Führt man diese Anpassung bis zur Grenze $t_{max} = 40$ durch, wird eine Produktquantität $x = 506$ PE mit einem Gewinn $G^*_{Zerti1}(506) = 33$ GE *erreicht (vgl. Punkt J in Abb. 5.2.9). Hierbei ist allerdings zu fragen, ob nicht durch Kauf eines Zertifikats ($\delta = 1$) und der dann möglichen (rein) zeitlichen Anpassung mit $d_E^0 = 18$ Produktquantitäten, die kleiner als 506 PE sind, mit einem höheren Gewinn herstellbar sind. M.a.W.: Wo liegt der Schnittpunkt des eventuellen zweiten Abschnitts der Maximalgewinn-Funktion*

$$G^*_{Zerti2}(x) = 4,04x - 1500 - 400 = 4,04x - 1900$$

mit der Maximalgewinn-Funktion im ersten Abschnitt? Aus $G^*_{Zerti1}(x) = G^*_{Zerti2}(x)$ folgt $x = 487 < 506$ PE. Bei der Produktquantität $x = 487$

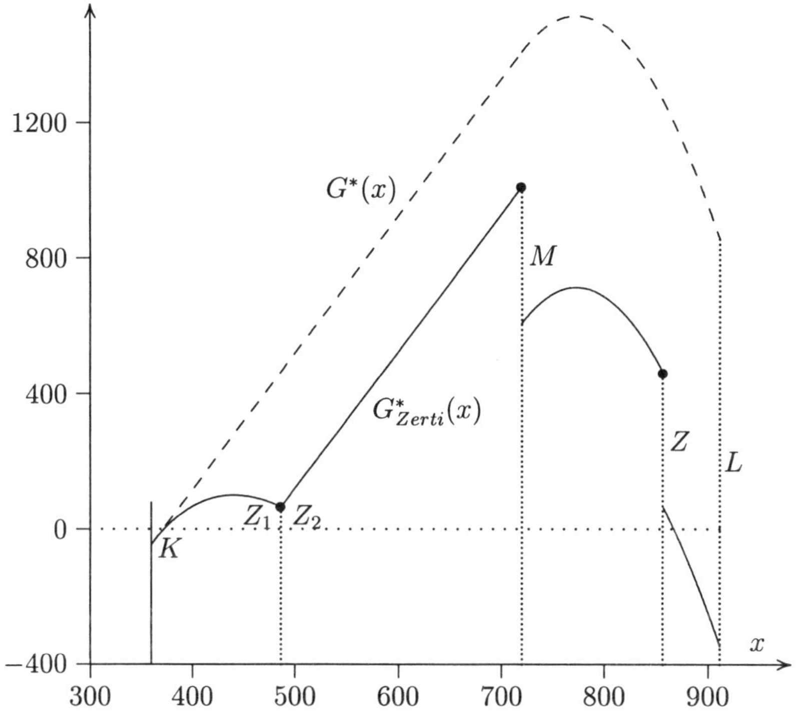

Abbildung 5.2.10: Maximalgewinn-Funktion mit und ohne Emissionszertifikate (Beispiel G6)

(vgl. Punkt Z_1) endet der erste Abschnitt, und es beginnt der zweite Abschnitt der Maximalgewinn-Funktion im Punkt Z_2 (vgl. Abb. 5.2.9). Ab der Produktquantität $x = 487$ ist eine (rein) zeitliche Anpassung

bis $x = 720$ PE (vgl. Punkt M) möglich. Die bereits bekannte simultane zeitliche und intensitätsmäßige Anpassung ab $x = 720$ PE endet mit $\delta = 2$ Zertifikaten bei $x = 857$ PE, d.h. bei der Produktquantität, mit der die Möglichkeiten des zweiten Emissionszertifikats erschöpft sind (vgl. Punkt Z). Eine Erhöhung der Produktquantität ist mit $\delta = 3$ Zertifikaten bis $x = 911$ PE möglich (vgl. Punkt L), wobei die durch das dritte Zertifikat erkauften Emissionsmöglichkeiten nicht voll ausgeschöpft werden und damit verfallen. Die vollständige Maximalgewinn-Funktion $G^*_{Zerti}(x)$ setzt sich somit aus vier Abschnitten zusammen:

$$G^*_{Zerti}(x) = \begin{cases} g\Big((738/x - 0,07)/0,11\Big)\,x - 1500 & (360 \leqq x \leqq 487) \\ 4,04x - 1900 & (487 < x \leqq 720) \\ g\Big(67,5 - \sqrt{2047680/x - 393,75}\Big)x - 2300 & (720 < x \leqq 857) \\ g\Big(67,5 - \sqrt{2047680/x - 393,75}\Big)x - 2700 & (857 < x \leqq 911) \end{cases}$$

Die Maximalgewinn-Funktion $G^*_Z(x)$ ist in Abbildung 5.2.10 graphisch wiedergegeben und weist die erwarteten Sprungstellen auf. Der Vergleich zur Maximalgewinn-Funktion $G^*(x)$ ohne Nebenprodukte (vgl. Beispiel G4, S. 209) verdeutlicht auf der einen Seite den durch die Zertifikatssteuerung bewirkten Gewinnrückgang; auf der anderen Seite steht der Gewinnreduktion zwischen $x = 720$ und $x = 911$ PE keine Schadstoffminderung gegenüber. ◇

A Einige entscheidungstheoretische Grundlagen

A.1 Skalare Entscheidungsmodelle

Mit diesem einleitenden Abschnitt werden durch einige grundlegende Definitionen die nachfolgenden Abschnitte vorbereitet. Ausgangspunkt ist ein elementares deterministisches Entscheidungsmodell mit einer Zielfunktion und mit einer mehrelementigen Alternativenmenge von sich gegenseitig ausschließenden Alternativen.

Definition A.1.1:

Gegeben seien eine Alternativenmenge $\mathcal{X} \subset \mathbb{R}^N$ $(N \geqq 1)$ mit den Elementen $\boldsymbol{x} = (x_1, \ldots, x_N)^\mathsf{T}$ und eine reellwertige Zielfunktion $z(\boldsymbol{x})$, die die Alternativenmenge $\mathcal{X}$ in den Zielraum $\mathcal{Z} \subset \mathbb{R}^1$ abbildet ($z : \mathbb{R}^N \to \mathbb{R}^1$, $\boldsymbol{x} \mapsto z(\boldsymbol{x})$).

Dann heißt

$$EM \qquad \max \left\{ z(\boldsymbol{x}) \,\middle|\, \boldsymbol{x} \in \mathcal{X} \right\}$$

(deterministisches) **Entscheidungsmodell** (mit zu maximierender Zielfunktion) oder **skalares Entscheidungsmodell**. □

Zu minimierende Zielfunktionen können durch Multiplikation mit -1 in zu maximierende Zielfunktionen überführt werden. Die Alternativen lassen sich – wie üblich in dieser Schrift – überwiegend als Produktionen bzw. Produktionsvektoren interpretieren, deren Elemente aus Faktorquantitäten und Produktquantitäten bestehen, die in einer Technologie zum Einsatz bzw. zur Ausbringung gelangen.

Die Zielfunktion $z(\boldsymbol{x})$ wie auch die die Alternativenmenge $\mathcal{X}$ definierenden Funktionen können sowohl linear als auch nichtlinear sein. Sind alle die Alternativenmenge $\mathcal{X}$ definierenden Funktionen sowie die Zielfunktion $z(\boldsymbol{x})$ linear, spricht man von einem **linearen Entscheidungsmodell** bzw. von einem **linearen Programm**. Die Alternativenmenge eines linearen Programms ist konvex. – Zunächst wird hier weiter unterstellt, dass die Alternativenmenge $\mathcal{X}$ konvex bleibt, wenn sie durch Ungleichungen definiert wird. Ist $z(\boldsymbol{x})$ konvex, dann heißt

$$KM \qquad \min \left\{ z(\boldsymbol{x}) \,\middle|\, \boldsymbol{x} \in \mathcal{X} \right\}$$

konvexes Entscheidungsmodell oder auch **konvexes Programm** mit jeweils zu minimierender Zielfunktion.[1] – Zur Bestimmung optimaler Lösungen linearer Programme existieren bekannte Verfahren (wie z.B. Simplex-Verfahren), die als Software (etwa CPLEX oder LINDO) verbreitet verfügbar sind. Zur numerischen Lösung konvexer Programme stehen Algorithmen (wie z.B. Gradienten-Verfahren) sowie Software (etwa LINGO) zur Verfügung.

Eine im Rahmen der Analyse von Entscheidungsmodellen zu stellende zentrale Frage ist die nach der Charakterisierung der Optimalität einer Alternative. Zunächst einmal ist es nahe liegend zu sagen, dass eine Alternative $\boldsymbol{x}^* \in \mathcal{X}$ genau dann maximal bezüglich $\mathcal{X}$ und z ist, wenn für alle $\boldsymbol{x}' \in \mathcal{X}$ gilt $z(\boldsymbol{x}^*) \geqq z(\boldsymbol{x}')$. Sieht man von dem Fall ab, dass nur wenige Alternativen zur Auswahl stehen, für die durch enumerativen Vergleich der Zielfunktionswerte die optimale Alternative mit maximalem Zielfunktionswert bestimmt werden kann, sollte ein allgemeines Kriterium gegeben sein, mit dem die Optimalität möglichst einfach überprüft werden kann. Die Grundlage hierfür bietet die folgende Definition:

[1] Zur Einführung in die betriebswirtschaftlich relevante Entscheidungstheorie vgl. DINKELBACH/KLEINE, 1996.

Definition A.1.2:

Gegeben seien ein skalares Entscheidungsmodell *EM* sowie eine Alternative $\boldsymbol{x}^* \in \mathcal{X}$.

Dann heißt eine Alternative $\boldsymbol{x}^* \in \mathcal{X}$ genau dann **optimal (maximal) bezüglich** *EM*, d.h. bezüglich der Alternativenmenge $\mathcal{X}$ und der Zielfunktion z, wenn kein $\boldsymbol{x}' \in \mathcal{X}$ existiert, für das gilt: $z(\boldsymbol{x}') > z(\boldsymbol{x}^*)$.[2]

M.a.W.: Die Menge der bezüglich *EM* optimalen (maximalen) Alternativen lautet:

$$\mathcal{X}^* = \left\{ \boldsymbol{x}^* \in \mathcal{X} \;\middle|\; \text{es existiert kein } \boldsymbol{x}' \in \mathcal{X} \text{ mit } \; z(\boldsymbol{x}') > z(\boldsymbol{x}^*) \right\}.$$

□

Bei skalaren Entscheidungsmodellen wird durch die Optimierungsdefinition die Menge $\mathcal{X}$ der zulässigen Alternativen in zwei disjunkte Teilmengen zerlegt, und zwar in eine Teilmenge $\mathcal{X}^*$ der optimalen und in eine Teilmenge $\mathcal{X} \setminus \mathcal{X}^*$ der nicht optimalen Alternativen. Beide Teilmengen können alternativ leer sein.

Zur Überprüfung der Optimalitätseigenschaft einer beliebigen Alternative $\boldsymbol{x}^\square \in \mathcal{X}$ eignet sich bei nur einer Zielfunktion das folgende Testprogramm:

$$\mathit{TEST_1} \quad \max \left\{ \delta^+ \;\middle|\; \begin{array}{l} z(\boldsymbol{x}) - \delta^+ = z(\boldsymbol{x}^\square) \\ \delta^+ \geqq 0 \\ \boldsymbol{x} \in \mathcal{X} \end{array} \right\}.$$

Die Abweichungsvariable $\delta^+ = z(\boldsymbol{x}) - z(\boldsymbol{x}^\square)$ gibt an, um wie viel der Zielfunktionswert $z(\boldsymbol{x})$ denjenigen der Testalternative $z(\boldsymbol{x}^\square)$ überschreitet. Das Testprogramm versucht, eine Alternative $\boldsymbol{x} \in \mathcal{X}$ zu finden, deren Zielfunktionswert $z(\boldsymbol{x})$ den Zielfunktionswert $z(\boldsymbol{x}^\square)$ der Testalternative $\boldsymbol{x}^\square$ um möglichst viel übersteigt. Gilt für die optimale Lösung

[2] Beispielsweise liegt dem Optimalitätstest des Simplex-Verfahrens zur numerischen Lösung linearer Programme genau diese Definition zu Grunde: Es wird überprüft, ob eine Alternative (Ecke bzw. Basislösung) existiert, die möglicherweise zu einem besseren Zielfunktionswert führt.

$\delta^{+*} > 0$, so existiert eine zulässige Alternative mit einem Zielfunktionswert größer als $z(\boldsymbol{x}^{\square})$, so dass $\boldsymbol{x}^{\square}$ nicht optimal ist bezüglich *EM*. Gilt hingegen $\delta^{+*} = 0$, ist $\boldsymbol{x}^{\square}$ optimal bezüglich $\mathcal{X}$ und z. Dieses – für skalare Entscheidungsmodelle eher ungewöhnliche – Testprogramm ist auf der einen Seite trivial, auf der anderen Seite aber erweiterungsfähig, wie im folgenden Abschnitt gezeigt wird.

A.2 Vektorielle Entscheidungsmodelle

Geht man nunmehr von K ($K \geqq 2$) im Allgemeinen konkurrierenden Zielfunktionen aus, dann ist das skalare Entscheidungsmodell entsprechend zu erweitern.

Definition A.2.1:

Gegeben seien eine Alternativenmenge $\mathcal{X} \subset \mathbb{R}^N$ ($N \geqq 1$) mit den Elementen $\boldsymbol{x} = (x_1, \ldots, x_N)^{\mathsf{T}}$ sowie ein Zielfunktionsvektor $\boldsymbol{z}(\boldsymbol{x}) = (z_1(\boldsymbol{x}), \ldots, z_K(\boldsymbol{x}))^{\mathsf{T}}$, der die Alternativenmenge $\mathcal{X}$ in den Zielraum $\mathcal{Z} \subset \mathbb{R}^K$ abbildet ($\boldsymbol{z} : \mathbb{R}^N \to \mathbb{R}^K$, $\boldsymbol{x} \mapsto \boldsymbol{z}(\boldsymbol{x})$).

Dann heißt

$$VEM_{\boldsymbol{z}} \qquad max\left\{\boldsymbol{z}(\boldsymbol{x}) \,\middle|\, \boldsymbol{x} \in \mathcal{X}\right\}$$

vektorielles Entscheidungsmodell (mit K zu „maximierenden" Zielfunktionen) oder **Vektormaximierungsproblem**. □

Von einem linearen vektoriellen Entscheidungsmodell *LVEM* spricht man, wenn die die Alternativenmenge und die Zielfunktionen definierenden Funktionen linear sind.

In der Betriebswirtschaftslehre, insbesondere in der Produktionstheorie, ist eine Alternativenmenge vielfach nichts anderes als eine kompakte (d.h. beschränkte und abgeschlossene) und konvexe Gütermenge. Hier sind dann spezielle lineare vektorielle Entscheidungsmodelle von Interesse, bei denen der Zielfunktionsvektor aus zu minimierenden Inputquantitäten und/oder zu maximierenden Outputquantitäten besteht. Damit spezialisiert sich $VEM_{\boldsymbol{z}}$ mit $\boldsymbol{z}(\boldsymbol{x}) = \boldsymbol{x}$ und $K = N$ zu

$$VEM_{\boldsymbol{x}} \qquad max \left\{ \begin{pmatrix} x_1 \\ \vdots \\ x_K \end{pmatrix} \middle| \begin{pmatrix} x_1 \\ \vdots \\ x_K \end{pmatrix} \in \mathcal{X} \subset \mathbb{R}^K \right\}.$$

Bei mehr als einer Zielfunktion ist eine Erweiterung der Optimalitätsdefinition A.1.2 in dem Sinne, dass ein $\boldsymbol{x}^0 \in \mathcal{X}$ dann optimal bezüglich $VEM_{\boldsymbol{z}}$ ist, wenn kein $\boldsymbol{x}' \in \mathcal{X}$ mit $z_k(\boldsymbol{x}') > z_k(\boldsymbol{x}^0)$ für alle $k = 1, \ldots, K$ existiert, formal möglich, jedoch ökonomisch wenig sinnvoll. Es sollte auch dann eine Alternative $\boldsymbol{x}^0 \in \mathcal{X}$ einer Alternative $\boldsymbol{x}' \in \mathcal{X}$ vorgezogen werden, wenn der Zielvektor $\boldsymbol{z}(\boldsymbol{x}^0)$ in nur einer Komponente besser, d.h. hier größer, und in allen übrigen Komponenten nicht schlechter, d.h. hier nicht kleiner, ist. Dies führt zur Definition einer effizienten Alternativen:

Definition A.2.2:

Gegeben sei ein vektorielles Entscheidungsmodell $VEM_{\boldsymbol{z}}$ sowie eine Alternative $\boldsymbol{x}^0 \in \mathcal{X}$.

Eine Alternative $\boldsymbol{x}^0 \in \mathcal{X}$ heißt **effizient** (gelegentlich auch maximal oder PARETO-optimal) **bezüglich** $VEM_{\boldsymbol{z}}$, d.h. bezüglich der Alternativenmenge $\mathcal{X}$ und der K zu maximierenden Zielfunktionen $\boldsymbol{z}$, wenn es keine andere Alternative $\boldsymbol{x}' \in \mathcal{X}$ gibt, die für alle K Zielfunktionen zu keinem schlechteren Zielfunktionswert – d.h. $z_k(\boldsymbol{x}') \geqq z_k(\boldsymbol{x}^0)$ für alle $k = 1, \ldots, K$ – und die für mindestens eine Zielfunktion zu einem besseren Wert – d.h. $z_k(\boldsymbol{x}') > z_k(\boldsymbol{x}^0)$ für ein $k \in \{1, \ldots, K\}$ – führt.

Die Menge der bezüglich $VEM_{\boldsymbol{z}}$ effizienten Alternativen lautet:[3]

$$\mathcal{X}^0_{VEM_{\boldsymbol{z}}} = \left\{ \boldsymbol{x}^0 \in \mathcal{X} \,\middle|\, \text{es existiert kein } \boldsymbol{x}' \in \mathcal{X} \text{ mit } \boldsymbol{z}(\boldsymbol{x}') \geq \boldsymbol{z}(\boldsymbol{x}^0) \right\}.$$

Die Menge der bezüglich $VEM_{\boldsymbol{x}}$ effizienten Alternativen lautet:

$$\mathcal{X}^0_{VEM_{\boldsymbol{x}}} = \left\{ \boldsymbol{x}^0 \in \mathcal{X} \,\middle|\, \text{es existiert kein } \boldsymbol{x}' \in \mathcal{X} \text{ mit } \boldsymbol{x}' \geq \boldsymbol{x}^0 \right\}$$

(Vgl. Definition 2.1.4, S. 39). □

[3] Zum Unterschied von $\leq$ und $\leqq$ bzw. $\geq$ und $\geqq$ vgl. Symbolverzeichnis, S. 257.

Auch bei vektoriellen Entscheidungsmodellen mit K Zielfunktionen wird durch die Effizienzdefinition die Menge $\mathcal{X}$ der zulässigen Alternativen in zwei disjunkte Teilmengen zerlegt. Es sind dies die Teilmenge $\mathcal{X}^0$ der effizienten und die Teilmenge $\mathcal{X} \setminus \mathcal{X}^0$ der nicht effizienten Alternativen. Sowohl die Teilmenge $\mathcal{X}^0$ der effizienten Alternativen, als auch die Teilmenge $\mathcal{X} \setminus \mathcal{X}^0$ der nicht effizienten Alternativen können leer sein.

Besteht der Zielfunktionsvektor in $VEM_{\boldsymbol{x}}$ ausschließlich aus Inputvariablen (bzw. Outputvariablen) spricht man von Input-Effizienz (bzw. Output-Effizienz) (vgl. Definition 2.1.1, S. 28, bzw. 2.1.2, S. 32). Zulässige nicht effiziente Alternativen werden als bezüglich $VEM_{\boldsymbol{z}}$ und $VEM_{\boldsymbol{x}}$ dominiert bezeichnet. Nach erfolgter Definition effizienter Alternativen stellt sich die Frage, wie effiziente Alternativen identifiziert werden können. Hier bieten sich Dominanzkegel an, die ausgehend von konvexen Kegeln im Folgenden vorgestellt werden.

Definition A.2.3:

Gegeben sei eine nichtleere Teilmenge $K \subset \mathbb{R}^N$. Folgt aus $\boldsymbol{x}, \boldsymbol{y} \in K$ und $\lambda, \mu \in \mathbb{R}_+$, dass $\lambda\boldsymbol{x} + \mu\boldsymbol{y} \in K$ ist, dann heißt K **konvexer Kegel**. Der Ursprung $\mathbf{o} \in K$ heißt **Scheitel** des Kegels K. □

Definition A.2.4:

Gegeben sei eine nichtleere Teilmenge $\mathcal{K} \subset \mathbb{R}^N$. Der kleinste, $\mathcal{K}$ enthaltende konvexe Kegel heißt **von $\mathcal{K}$ erzeugter konvexer Kegel**, der mit $K(\mathcal{K})$ bezeichnet wird. □

Korollar A.2.5:

Es sei $\mathcal{K} = \left\{ \boldsymbol{x}_i \in \mathbb{R}^N \mid i = 1, \ldots, I \right\}$ und $\boldsymbol{\lambda} = (\lambda_1, \ldots, \lambda_I)^\mathsf{T} \in \mathbb{R}_+^I$, dann ist die Menge aller nichtnegativen Linearkombinationen von $\boldsymbol{x}_1, \ldots, \boldsymbol{x}_I$

$$K(\mathcal{K}) = \left\{ \sum_{i=1}^{I} \boldsymbol{x}_i \lambda_i \,\middle|\, \boldsymbol{x}_i \in \mathcal{K} \ \ (i = 1, \ldots, I),\ \boldsymbol{\lambda} \in \mathbb{R}_+^I \right\}$$

der **von $\mathcal{K}$ erzeugte konvexe Kegel** $K(\mathcal{K})$. □

Beispiel A.2.1:
Die aus drei Punkten bestehende erzeugende Menge lautet

$$\mathcal{K} = \{A, B, C\} = \left\{ \begin{pmatrix} 2 \\ 5 \end{pmatrix}, \begin{pmatrix} 8 \\ 3 \end{pmatrix}, \begin{pmatrix} 4 \\ 7 \end{pmatrix} \right\} \subset \mathbb{R}^2_+,$$

sie führt zu dem konvexen Kegel (vgl. Abb. A.2.1)

$$K(\mathcal{K}) = \left\{ \begin{pmatrix} x_1 \\ x_2 \end{pmatrix} \in \mathbb{R}^2_+ \;\middle|\; \begin{array}{c} 10x_1 - 4x_2 \geqq 0 \\ -3x_1 + 8x_2 \geqq 0 \end{array} \right\}.$$

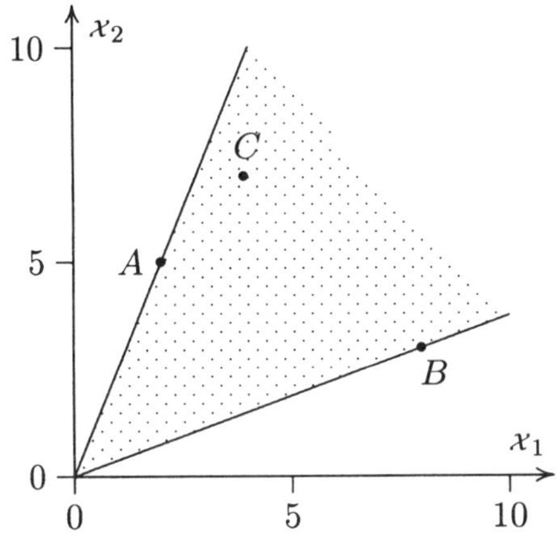

Abbildung A.2.1: Konvexer Kegel

Offensichtlich ist der Punkt C zur Definition von $K(\mathcal{K})$überflüssig. Würde man etwa nur Punkt A als erzeugende Menge betrachten, dann entspräche der Kegel $K(A)$ einem linearen Prozess einer linearen Technologie TM_L; in diesem Sinne ist der Kegel $K(\mathcal{K})$ – als Menge aller nichtnegativen Linearkombinationen von A, B und C interpretiert – eine lineare Technologie TM_L (vgl. Definition 4.1.5, S. 108). ◇

Dominanzkegel haben im Allgemeinen ihren Scheitel nicht im Ursprung. Der im Folgenden einzuführende Dominanzkegel basiert auf einem konvexen Kegel mit einem Scheitel $\mathbf{a} \in \mathbb{R}^N$. Dies führt zu folgender Definition:

Definition A.2.6:

Gegeben seien ein Vektor $\mathbf{a} \in \mathbb{R}^N$ sowie eine nichtleere Teilmenge $K(\mathbf{a}) \subset \mathbb{R}^N$ mit $\mathbf{a} \in K(\mathbf{a})$. Folgt aus $\mathbf{a}+\boldsymbol{x}$, $\mathbf{a}+\boldsymbol{y} \in K(\mathbf{a})$ zusammen mit $\lambda, \mu \in \mathbb{R}_+$, dass $\mathbf{a} + \lambda\boldsymbol{x} + \mu\boldsymbol{y} \in K(\mathbf{a})$ ist, dann heißt $K(\mathbf{a})$ **konvexer Kegel mit Scheitel a**. □

Der allgemeinere Fall ist der zunächst zu definierende Dominanzkegel im Zielraum $\mathcal{Z} \in \mathbb{R}^K$; sein Scheitel $\boldsymbol{z}^\square$ wird durch die K Zielfunktionsisoquanten der zu testenden Alternative determiniert.

Definition A.2.7:

Gegeben seien ein vektorielles Entscheidungsmodell $VEM_{\mathcal{Z}}$ mit K Zielfunktionen ($K \geqq 2$) sowie eine Alternative $\boldsymbol{x}^\square \in \mathcal{X}$ mit $\boldsymbol{z}^\square = \boldsymbol{z}(\boldsymbol{x}^\square) \in \mathcal{Z}$. Ein durch die Halbebenen

$$z_k \geqq z_k^\square \qquad (k = 1, \ldots, K)$$

im $\mathbb{R}^K$ definierter Kegel heißt **Dominanzkegel** $D_{\mathcal{Z}}(\boldsymbol{z}^\square)$ mit dem **Scheitel** $\boldsymbol{z}^\square \in \mathcal{Z}$, wobei gilt

$$D_{\mathcal{Z}}(\boldsymbol{z}^\square) = \left\{ \boldsymbol{z} \in \mathbb{R}^K \mid z_k \geqq z_k^\square \quad (k = 1, \ldots, K) \right\}.$$ □

Die Definition A.2.7 lässt sich auf lineare vektorielle Entscheidungsmodelle mit K Zielfunktionen $\mathbf{c}_1^{\mathsf{T}} \boldsymbol{x}, \ldots, \mathbf{c}_K^{\mathsf{T}} \boldsymbol{x}$ übertragen. In diesem Fall ist der Dominanzkegel mit dem Scheitel $\boldsymbol{x}^\square$ Teilmenge des $\mathbb{R}_+^N$.

Definition A.2.8:

Gegeben seien ein lineares vektorielles Entscheidungsmodell $LVEM$ mit K linearen Zielfunktionen ($K \geqq 2$) sowie eine Alternative $\boldsymbol{x}^\square \in \mathcal{X} \subset \mathbb{R}_+^N$. Ein durch die Halbebenen

$$\mathbf{c}_k^{\mathsf{T}} \boldsymbol{x} \geqq \mathbf{c}_k^{\mathsf{T}} \boldsymbol{x}^\square \qquad (k = 1, \ldots, K)$$

im $\mathbb{R}^N$ definierter Kegel heißt **Dominanzkegel** $D_{\mathcal{X}}(\boldsymbol{x}^\square)$ mit dem **Scheitel** $\boldsymbol{x}^\square \in \mathcal{X}$, wobei gilt

$$D_{\mathcal{X}}(\boldsymbol{x}^\square) = \left\{ \boldsymbol{x} \in \mathbb{R}_+^N \mid \mathbf{c}_k^{\mathsf{T}} \boldsymbol{x} \geqq \mathbf{c}_k^{\mathsf{T}} \boldsymbol{x}^\square \quad (k = 1, \ldots, K) \right\}.$$ □

Ob eine Alternative $\boldsymbol{x}^\square \in \mathcal{X}$ effizient ist, kann bei $K = 2$ Zielen in einer (z_1, z_2)-Graphik dadurch überprüft werden, indem in diese die Ungleichungen zur Definition eines *Dominanzkegels* ergänzend zur Zielmenge $\mathcal{Z} \subset \mathbb{R}^K$ eingezeichnet werden (vgl. Definition A.2.7, S. 234). Diese Zielfunktionsisoquanten definieren Halbebenen und damit den gewünschten Dominanzkegel. Gibt es wenigstens eine Alternative $\boldsymbol{x}' \in \mathcal{X}$ mit $\boldsymbol{z}(\boldsymbol{x}') \neq \boldsymbol{z}(\boldsymbol{x}^\square)$, deren Zielfunktionswerte im Inneren oder auf dem Rand des Dominanzkegels liegen, so wird die zu testende Alternative $\boldsymbol{x}^\square$ von $\boldsymbol{x}'$ dominiert und ist somit nicht effizient. Anderenfalls ist $\boldsymbol{x}^\square$ effizient bezüglich $\mathit{VEM}_{\mathcal{Z}}$. M.a.W.: Eine Alternative $\boldsymbol{x}^\square \in \mathcal{X}$ ist genau dann effizient bezüglich X und $\boldsymbol{z}$, wenn gilt:

$$D_{\mathcal{Z}}\Big(\boldsymbol{z}(\boldsymbol{x}^\square)\Big) \cap \mathcal{Z} = \Big\{\boldsymbol{z}(\boldsymbol{x}^\square)\Big\}.$$

Beispiel A.2.2:

Wie sieht eine Abbildung einer Alternativenmenge in einem Zielraum bei einem linearen vektoriellen Entscheidungsmodell aus? Im folgenden Beispiel hat die graphische Darstellung der Alternativenmenge

$$\mathcal{X} = \left\{ \begin{pmatrix} x_1 \\ x_2 \end{pmatrix} \in \mathbb{R}^2_+ \;\middle|\; \begin{array}{r} -x_1 + x_2 \leqq 3 \\ x_1 + 3x_2 \geqq 17 \\ x_1 + x_2 \leqq 11 \end{array} \right\}$$

die Form eines Dreiecks, das durch drei Ungleichungen definiert wird (vgl. oberen Teil der Abb. A.2.2). Die zwei Zielfunktionen

$$\boldsymbol{z}(x_1, x_2) = \begin{pmatrix} z_1(x_1, x_2) \\ z_2(x_1, x_2) \end{pmatrix} = \begin{pmatrix} -2x_1 + 6x_2 \\ +5x_1 - 3x_2 \end{pmatrix}$$

sind linear und insbesondere konfliktär: Das individuelle Maximum der ersten Zielfunktion wird im Punkt C, das der zweiten Zielfunktion im Punkt B erreicht. Die beiden individuellen Maxima fallen somit auseinander.

$$D_{\mathcal{X}}(6,5) = \left\{ \begin{pmatrix} x_1 \\ x_2 \end{pmatrix} \in \mathbb{R}^2_+ \;\middle|\; \begin{array}{r} -2x_1 + 6x_2 \geqq 18 \\ +5x_1 - 3x_2 \geqq 15 \end{array} \right\}$$

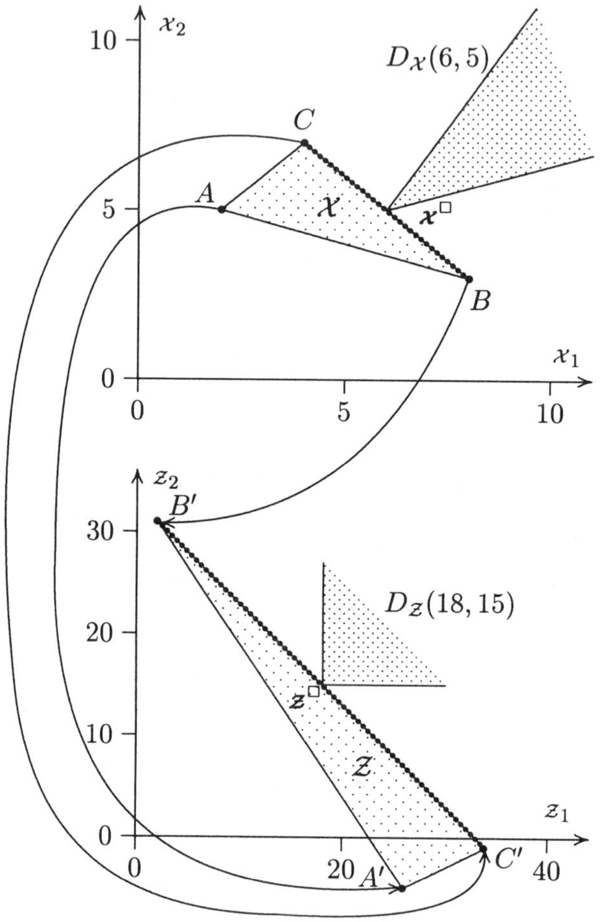

Abbildung A.2.2: Dominanzkegel in $\mathcal{X}$ und in $\mathcal{Z}$

Der eingezeichnete Dominanzkegel testet die Alternative $\boldsymbol{x}^\square = (6,5)^\mathsf{T} \in \mathcal{X}$. *Aus* $\mathcal{X} \cap D_X(6,5) = \{\boldsymbol{x}^\square\}$ *folgt, dass* $\boldsymbol{x}^\square$ *effizient bezüglich* $\mathcal{X}$ *und* $\boldsymbol{z}$ *ist. Der untere Teil der Abbildung A.2.2 stellt das Problem im Zielraum*

$$\mathcal{Z} = \left\{ \begin{pmatrix} z_1 \\ z_2 \end{pmatrix} \in \mathbb{R}^2 \;\middle|\; \begin{aligned} z_1 - 2z_2 &\leqq 36 \\ 3z_1 + 2z_2 &\geqq 68 \\ z_1 + z_2 &\leqq 33 \end{aligned} \right\}$$

dar. Der Zielfunktionsvektor $\boldsymbol{z}$ *bildet die Alternativen* A, B *und* C *auf deren Bilder* A', B' *und* C' *im Zielraum, was die eingezeichneten Pfeile veranschaulichen sollen, sowie den Dominanzkegel* $D_{\mathcal{X}}(6,5)$ *auf den Dominanzkegel*

$$\mathcal{D}_{\mathcal{Z}}(18,15) = \left\{ \begin{pmatrix} z_1 \\ z_2 \end{pmatrix} \in \mathbb{R}^2 \;\middle|\; \begin{aligned} z_1 &\geqq 18 \\ z_2 &\geqq 15 \end{aligned} \right\}$$

ab. Das Bild der zu testenden Alternative $\boldsymbol{x}^\square = (6,5)^\mathsf{T} \in \mathcal{X}$ *ist* $\boldsymbol{z}^\square = (18,15)^\mathsf{T} \in \mathcal{Z}$. *Die Beziehung* $\mathcal{Z} \cap D_{\mathcal{Z}}(18,15) = \{(18,15)\}$ *bestätigt das Ergebnis:* $\boldsymbol{z}^\square$ *ist effizient bezüglich* $\mathcal{X}$ *und* $\boldsymbol{z}$. ◇

Die graphische Überprüfung einer Alternative $\boldsymbol{x}^\square \in \mathcal{X}$ auf Effizienz kann auch mit einem so genannten Testprogramm (Effizienztest) erfolgen. Bei K ($K \geqq 1$) zu maximierenden Zielfunktionen stellen diese Programme mittels einer Abweichungsvariable $\delta_k^+ = z_k(\boldsymbol{x}) - z_k(\boldsymbol{x}^\square)$ für jede Zielfunktion z_k fest, ob eine Alternative aus $\mathcal{X}$ existiert, die die Vorgaben $z_k(\boldsymbol{x}^\square)$ erreicht und eventuell sogar überschreitet. Durch eine Maximierung der Summe dieser nichtnegativen Abweichungen lässt sich eine eventuelle Effizienz einer zu testenden Alternative $\boldsymbol{x}^\square$ bezüglich $VEM_{\boldsymbol{z}}$ bestimmen (vgl. u.a. WENDELL/LEE, 1977, S. 406f.; STEUER, 1986, S. 158; DINKELBACH/KLEINE, 1996, S. 43; MIETTINEN, 1999, S. 33):

$$TEST_K \quad \max \left\{ \delta^+ \;\middle|\; \begin{aligned} & z_k(\boldsymbol{x}) - \delta_k^+ = z_k(\boldsymbol{x}^\square) && (k = 1, \ldots, K) \\ & \delta_k^+ \geqq 0 && (k = 1, \ldots, K) \\ & \boldsymbol{x} \in \mathcal{X} \end{aligned} \right\}$$

mit $\delta^{+} = \sum_{k=1}^{K} \delta_k^{+}$.

Das Testprogramm $TEST_K$ leistet nichts anderes als eine Überprüfung einer Alternative $\boldsymbol{x}^{\square}$ auf Effizienz mittels eines Dominanzkegels. Ein positiver maximaler Zielfunktionswert von $TEST_K$ ($\delta^{+*} > 0$) signalisiert, dass die getestete Alternative $\boldsymbol{x}^{\square}$ von einer anderen Alternative, z.B. der bezüglich $TEST_K$ optimalen Alternative, dominiert wird. Nur wenn alle Abweichungsvariablen im Optimum einen Wert von Null aufweisen, d.h. der optimale Zielfunktionswert von $TEST_K$ Null beträgt ($\delta^{+*} = 0$), handelt es sich bei der zu testenden Alternative $\boldsymbol{x}^{\square}$ um eine bezüglich $\mathcal{X}$ und $\boldsymbol{z}$ effiziente Alternative.

Da die Zielfunktion des Testprogramms einer Zielgewichtung – mit gleichen positiven Gewichten – äquivalent ist und überdies aus der Theorie der Vektoroptimierung bekannt ist, dass eine Zielgewichtung als Kompromissmodell mit positiven Gewichten unabhängig weiterer Voraussetzungen stets zu einer effizienten Alternative führt, resultiert aus den optimalen Alternativen des Testprogramms $TEST_K$ mindestens eine bezüglich $\mathcal{X}$ und $\boldsymbol{z}$ effiziente Alternative (vgl. u.a. KUHN/TUCKER, 1951, S. 488; JAHN, 1985, S. 9). Ist die maximale Summe der Abweichungsvariablen positiv, d.h., es wird die Alternative $\boldsymbol{x}^{\square} \in \mathcal{X}$ dominiert, dann gibt das Testprogramm wenigstens eine effiziente Alternative als Lösungsvorschlag an.

A.3 Diskrete Entscheidungsmodelle

Die Ausführungen der Abschnitte A.1 und A.2 gehen von konvexen Alternativenmengen aus, so dass die zu Grunde liegenden Güterquantitäten als beliebig teilbar, wie z.B. Fließgüter, aufzufassen sind. In diesem Abschnitt wird nunmehr von ganzzahligen Faktor- und Produktquantitäten – man denke etwa an Stückgüter – ausgegangen.

Definition A.3.1:

Gegeben seien eine Alternativenmenge $\mathcal{X} \subset \mathbb{Z}^N$ ($N \geqq 1$) mit den Elementen $\boldsymbol{x} = (x_1, \ldots, x_N)^{\mathsf{T}}$ sowie ein Zielfunktionsvektor $\boldsymbol{z}(\boldsymbol{x}) =$

$(z_1(\boldsymbol{x}), \ldots, z_K(\boldsymbol{x}))^{\mathsf{T}}$, der die Alternativenmenge $\mathcal{X}$ in den Zielraum $\mathcal{Z} \subset \mathbb{Z}^K$ abbildet ($\boldsymbol{z} : \mathbb{Z}^N \to \mathbb{Z}^K$, $\boldsymbol{x} \mapsto \boldsymbol{z}(\boldsymbol{x})$).

Dann heißt

$$DVEM_{\boldsymbol{z}} \qquad \max \left\{ \boldsymbol{z}(\boldsymbol{x}) \,\middle|\, \boldsymbol{x} \in \mathcal{X} \right\}$$

diskretes vektorielles Entscheidungsmodell oder **diskretes Vektormaximierungsproblem**. □

Die nachfolgend definierten diskreten Kegel dienen ausschließlich der Beschreibung von diskreten Technologien (vgl. Definition 4.1.6, S. 109). Jedes diskrete Entscheidungsmodell ist nicht konvex; ein nicht konvexes Entscheidungsmodell ist nicht notwendig diskret (vgl. DYCKHOFF, 1982, S. 157ff.). Die bisherige Untergliederung in Modelle mit einer oder mehreren Zielfunktionen wird fallen gelassen und grundsätzlich von K ($K \geqq 1$) Zielfunktionen ausgegangen (vgl. DINKELBACH/KLEINE, 2001, S. 60ff.).

Definition A.3.2:

Gegeben sei eine nichtleere Teilmenge $K_D \subset \mathbb{Z}^N$. Folgt aus $\boldsymbol{x}, \boldsymbol{y} \in K_D$ und $\kappa, \nu \in \mathbb{N}_0$, dass $\kappa\boldsymbol{x} + \nu\boldsymbol{y} \in K_D$ ist, dann heißt K_D **diskreter Kegel**. □

Definition A.3.3:

Gegeben sei eine nichtleere Teilmenge $\mathcal{K} \subset \mathbb{Z}^N$. Der kleinste, $\mathcal{K}$ enthaltende diskrete Kegel heißt **von $\mathcal{K}$ erzeugter diskreter Kegel**, der mit $K_D(\mathcal{K})$ bezeichnet wird. □

Korollar A.3.4:

Es sei $\mathcal{K} = \left\{ \boldsymbol{x}_i \in \mathbb{Z}^N \mid i = 1, \ldots, I \right\}$ und $\boldsymbol{\kappa} = (\kappa_1, \ldots, \kappa_I)^{\mathsf{T}} \in \mathbb{N}_0^I$, dann ist die Menge aller nichtnegativen ganzzahligen Kombinationen von $\boldsymbol{x}_1, \ldots, \boldsymbol{x}_I$

$$K_D(\mathcal{K}) = \left\{ \sum_{i=1}^{I} \boldsymbol{x}_i \kappa_i \;\middle|\; \boldsymbol{x}_i \in \mathcal{K} \;\; (i = 1, \ldots, I),\; \boldsymbol{\kappa} \in \mathbb{N}_0^I, \right\}$$

der **von $\mathcal{K}$ erzeugte diskrete Kegel** $K_D(\mathcal{K})$. □

Beispiel A.3.1:
In der Abbildung A.3.1 dieses Beispiels wird der durch die angegebene Menge $\mathcal{K}$ definierte diskrete Kegel $K_D(\mathcal{K})$ graphisch veranschaulicht.

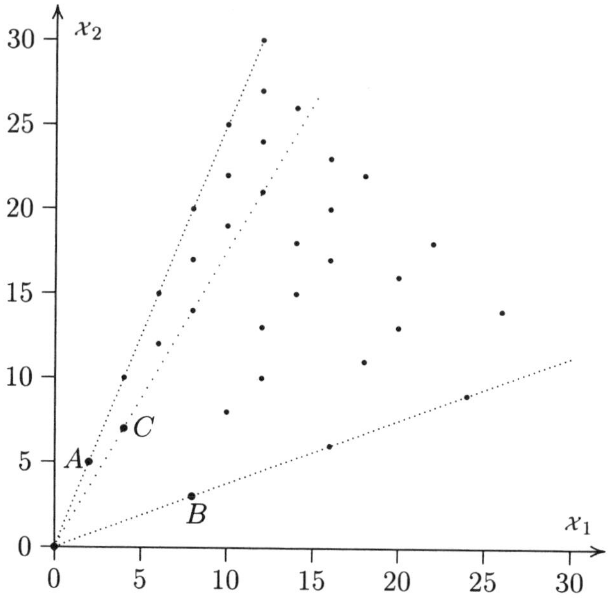

Abbildung A.3.1: Diskreter Kegel

$$\mathcal{K} = \{A, B, C\} = \left\{ \begin{pmatrix} 2 \\ 5 \end{pmatrix}, \begin{pmatrix} 8 \\ 3 \end{pmatrix}, \begin{pmatrix} 4 \\ 7 \end{pmatrix} \right\} \subset \mathbb{Z}^2$$

$$K_D(\mathcal{K}) = \left\{ \kappa_1 \begin{pmatrix} 2 \\ 5 \end{pmatrix} + \kappa_2 \begin{pmatrix} 8 \\ 3 \end{pmatrix} + \kappa_3 \begin{pmatrix} 4 \\ 7 \end{pmatrix} \middle| \begin{pmatrix} \kappa_1 \\ \kappa_2 \\ \kappa_3 \end{pmatrix} \in \mathbb{N}_0^3 \right\}$$

Bei den drei gepunkteten Geraden in der Abbildung A.3.1 handelt es sich um diskrete Basisprozesse (vgl. Definition 4.1.4, S. 107). Der diskrete Kegel $K_D(\mathcal{K})$ entspricht einer diskreten Technologie (vgl. Definition 4.1.6, S. 109). Der Punkt C in Beispiel A.2.1, der für die Definition des *konvexen Kegels redundant ist, wird zur Definition des diskreten Kegels in diesem Beispiel unabdingbar.* ◊

Wie sich die Überlegungen zu Dominanzkegeln auf vektorielle Entscheidungsmodelle mit diskreten Alternativenmengen analog übertragen lassen, veranschaulicht das folgende Beispiel.

Beispiel A.3.2:
Die Alternativen dieses Beispiels werden nicht explizit angegeben, vielmehr werden sie durch deren für die Entscheidung wichtigeren Zielfunktionstupel charakterisiert, die in der Menge

$$\mathcal{Z} = \left\{ \begin{pmatrix} 2 \\ 8 \end{pmatrix}, \begin{pmatrix} 2 \\ 6 \end{pmatrix}, \begin{pmatrix} 3 \\ 5 \end{pmatrix}, \begin{pmatrix} 4 \\ 4 \end{pmatrix}, \begin{pmatrix} 5 \\ 3 \end{pmatrix}, \begin{pmatrix} 6 \\ 2 \end{pmatrix}, \begin{pmatrix} 8 \\ 2 \end{pmatrix} \right\}$$

zusammengefasst sind. Mit $\boldsymbol{z}^{\square} = (z_1^{\square}, z_2^{\square})^{\mathsf{T}} = (4,4)^{\mathsf{T}}$ *als die auf Effizienz zu testende Alternative lautet der zugehörige – konvexe – Dominanzkegel*

$$\mathcal{D}_{\mathcal{Z}}(4,4) = \left\{ \begin{pmatrix} z_1 \\ z_2 \end{pmatrix} \in \mathbb{R}_+^2 \;\middle|\; \begin{matrix} z_1 - 4 \geqq 0 \\ z_2 - 4 \geqq 0 \end{matrix} \right\}.$$

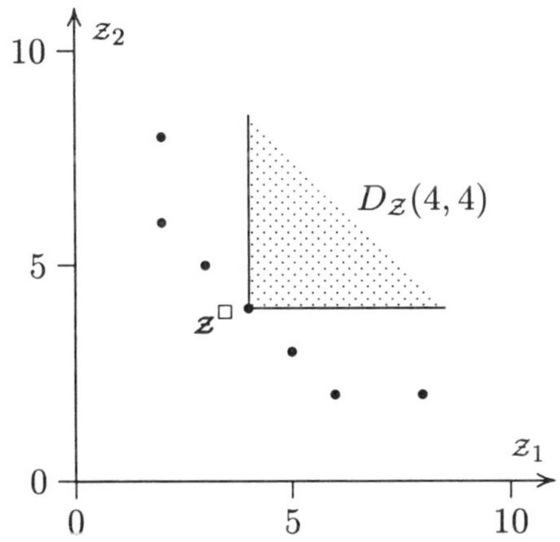

Abbildung A.3.2: Dominanzkegel

Die Abbildung A.3.2 gibt unmittelbar die Zielfunktionswerte der zu maximierenden Zielfunktionen sowie den Dominanzkegel im Punkt $\boldsymbol{z}^{\square} = (z_1^{\square}, z_2^{\square})^{\mathsf{T}} = (4,4)^{\mathsf{T}}$ *an. Offensichtlich ist* $\boldsymbol{z}^{\square} = (4,4)^{\mathsf{T}}$ *effizient bezüglich* $\mathcal{Z}$*. Die Tupel* $(6,2)^{\mathsf{T}}$ *bzw.* $(2,6)^{\mathsf{T}}$ *werden von* $(8,2)^{\mathsf{T}}$ *bzw.* $(2,8)^{\mathsf{T}}$ *dominiert und sind damit nicht effizient bezüglich* $\mathcal{Z}$*.* ◊

Das Beispiel A.3.2 zeigt, dass bei nicht konvexen Alternativen- bzw. Zielmengen effiziente Alternativen existieren können, die nicht durch eine Zielgewichtung erreichbar sind. Offensichtlich führt in diesem Beispiel eine Maximierung von $tz_1 + (1-t)z_2$ für alle $t \in [0, 1]$ entweder zu den effizienten Alternativen (8, 2) oder (2, 8), aber niemals zur effizienten Alternative [4, 4]. Um dieses Problem näher charakterisieren zu können, wird die konvexe Hülle eingeführt.

Definition A.3.5:

Gegeben sei eine nichtleere Teilmenge $\mathcal{X} \subset \mathbb{R}^N$.

Der Durchschnitt aller konvexen Mengen, die $\mathcal{X}$ enthalten, heißt **konvexe Hülle** von $\mathcal{X}$, abgekürzt $\mathcal{H}(\mathcal{X})$. □

Korollar A.3.6:

Es seien $\mathcal{X} = \{\boldsymbol{x}_i \in \mathbb{R}^N \mid i = 1,\dots,I\}$ und $\boldsymbol{\alpha} = (\alpha_1,\dots,\alpha_I)^{\mathsf{T}} \in \mathbb{R}_+^I$, dann ist die Menge aller Konvexkombinationen von $\boldsymbol{x}_1,\dots,\boldsymbol{x}_I$

$$\mathcal{H}(\mathcal{X}) = \left\{ \sum_{i=1}^{I} \boldsymbol{x}_i\alpha_i \;\middle|\; \boldsymbol{x}_i \in \mathcal{X} \;\; (i = 1,\dots,I),\; \boldsymbol{\alpha} \in \mathbb{R}_+^I,\; \sum_{i=1}^{I} \alpha_i = 1 \right\}$$

die **konvexe Hülle** von $\mathcal{X}$. □

Mit Hilfe der konvexen Hülle ist es möglich, eine Differenzierung von effizienten Alternativen bei nicht konvexen Alternativen- bzw. Zielmengen vorzunehmen.

Definition A.3.7:

Gegeben sei ein vektorielles Entscheidungsmodell $VEM_{\boldsymbol{\mathcal{Z}}}$ sowie eine nicht notwendig konvexe Alternativenmenge $\mathcal{X}$.

Eine Alternative $\boldsymbol{x}^{\oplus} \in \mathcal{X}$ heißt **wesentlich effizient bezüglich** $VEM_{\boldsymbol{\mathcal{Z}}}$, d.h. bezüglich der Alternativenmenge $\mathcal{X}$ und der K Zielfunktionen $\boldsymbol{z}$, wenn sie effizient bezüglich der konvexen Hülle $\mathcal{H}(\mathcal{Z})$ des Zielraumes $\mathcal{Z}$ ist, d.h., wenn kein $\boldsymbol{z}' \in \mathcal{H}(\mathcal{Z})$ existiert mit $\boldsymbol{z}' \geq \boldsymbol{z}(\boldsymbol{x}^{\oplus})^4$.

Damit lautet die Menge $\mathcal{X}^{\oplus}$ der bezüglich $\mathcal{X}$ und $\boldsymbol{z}$ wesentlich effizienten Alternativen:

$$\mathcal{X}^{\oplus} = \{\boldsymbol{x}^{\oplus} \in \mathcal{X} \mid \text{es existiert kein } \boldsymbol{z}' \in \mathcal{H}(\mathcal{Z}) \text{ mit } \boldsymbol{z}' \geq \boldsymbol{z}\,(\boldsymbol{x}^{\oplus})\}.$$

□

Eine Unterscheidung in wesentlich effiziente und nicht wesentlich effiziente Alternativen ist insbesondere bei nicht konvexen Zielräumen von Interesse, da in diesem Fall der Zielraum $\mathcal{Z}$ eine echte Teilmenge der konvexen Hülle von $\mathcal{Z}$ und damit die Menge der wesentlich effizienten Alternativen auch eine Teilmenge der effizienten Alternativen sein kann. Offensichtlich sind die nicht wesentlich effizienten Alternativen gerade diejenigen, die nicht optimale Lösung einer Zielgewichtung sein können. Ist die Alternativenmenge $\mathcal{X}$ konvex und sind die Zielfunktionen $z_1, \ldots, z_K$ beispielsweise linear, stimmen die Menge der effizienten Alternativen $\mathcal{X}^0$ und die Menge der wesentlich effizienten Alternativen $\mathcal{X}^{\oplus}$ überein.

Beispiel A.3.3:

Eine graphische Veranschaulichung einer konvexen Hülle ist in Abbildung A.3.3, ausgehend von der Zielmenge $\mathcal{Z}$ aus Beispiel A.3.2, dargestellt. Die konvexe Hülle ist durch das folgende lineare Ungleichungssystem definiert:

$$\mathcal{H}(\mathcal{Z}) = \left\{ \begin{pmatrix} z_1 \\ z_2 \end{pmatrix} \in \mathbb{R}^2_+ \;\middle|\; \begin{matrix} 8 \leqq z_1 + z_2 \leqq 10 \\ z_1 \geqq 2 \quad z_2 \geqq 2 \end{matrix} \right\}$$

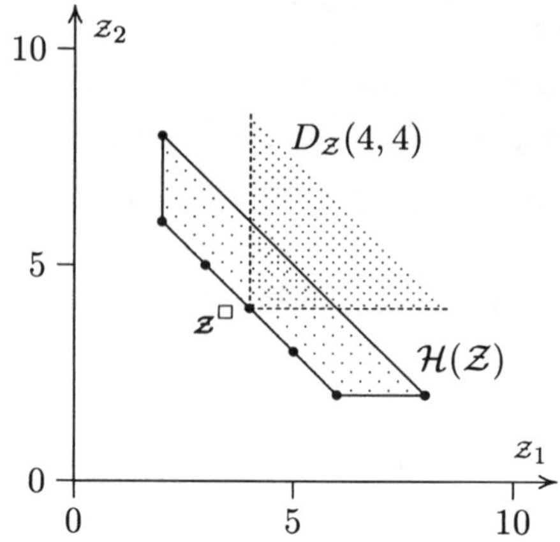

Abbildung A.3.3: Dominanzkegel bei wesentlicher Effizienz

Mit diesem Beispiel wird die Problematik der Effizienz bei vektoriellen Entscheidungsmodellen mit nicht konvexen Alternativen- bzw. Zielmengen aufgezeigt. Während der Zielvektor $\boldsymbol{z}^{\square} = (4,4)^{\mathsf{T}} \in \mathcal{Z}$ *in Beispiel A.3.2 effizient bezüglich* $\mathcal{Z}$ *ist, wird dieser Zielvektor im vorliegenden Beispiel von Vektoren aus* $\mathcal{H}(\mathcal{Z})$ *dominiert.* ◇

[4] Zu einer speziellen Variante dieser Definition vgl. FRANK, 1969, S. 43; BRUCKER, 1972, S. 190; BOUYSSOU, 1999, S. 975

Literaturverzeichnis

ADAM, D. (1998): Produktions-Management, 9. Auflage. Wiesbaden: Gabler.

ALBACH, H. (1962a): Produktionsplanung auf der Grundlage technischer Verbrauchsfunktionen. Veröffentlichungen der Arbeitsgemeinschaft für Forschung des Landes Nordrhein/Westfalen, 105, 45–109.

ALBACH, H. (1962b): Zur Verbindung von Produktionstheorie und Investitionstheorie. In KOCH, H. (Hrsg.): Zur Theorie der Unternehmung: Festschrift zum 65. Geburtstag von Erich Gutenberg. Wiesbaden: Gabler, 137–203.

ALBACH, H.; ROSENBERG, O. (Hrsg.) (1999): Planung und Steuerung von Input-Output-Systemen. Ergänzungsheft 4/99 der Zeitschrift für Betriebswirtschaft, Wiesbaden: Gabler.

BLOECH, J. (1993): Produktionsfaktoren. In WITTMANN (1993), 3405–3415.

BLOECH, J.; LÜCKE, W. (1982): Produktionswirtschaft. Stuttgart: Fischer.

BÖVENTER, E., VON (1993): Externe Effekte. In WITTMANN (1993), 1000–1010.

BOGASCHEWSKY, R. (1995): Natürliche Umwelt und Produktion: Interdependenzen und betriebliche Anpassungsstrategien. Wiesbaden: Gabler.

BOHR, K. (1979): Produktionsfaktorsysteme. In KERN (1979), 1481–1493.

BONUS, H. (1990): Preis- und Mengenlösungen in der Umweltpolitik. Jahrbuch für Sozialwissenschaft, 41, 343–358.

BOUYSSOU, D. (1999): Using DEA as a Tool for MCDM: Some Remarks. Journal of the Operational Research Society, 50, 974–978.

BRUCKER, P. (1972): Diskrete parametrische Optimierungsprobleme und wesentliche effiziente Punkte. Zeitschrift für Operations Research, 16, 189–197.

BUSSE VON COLBE, W. (1974): Betriebsgröße und Unternehmensgröße. In GROCHLA, E. (Hrsg.): Handwörterbuch der Betriebswirtschaft, Band 1, 4. Auflage. Stuttgart: Schäffer-Poeschel, 566–579.

BUSSE VON COLBE, W.; LASSMANN, G. (1991): Grundlagen, Produktions- und Kostentheorie, Bd. 1 von *Betriebswirtschaftstheorie*, 5. Auflage. Heidelberg: Springer.

CANSIER, D. (1996): Umweltökonomie, 2. Auflage. Stuttgart: Lucius & Lucius.

COHON, J. L. (1978): Multiobjective Programming and Planning. London: Academic Press.

CORSTEN, H. (2000): Produktionswirtschaft, 9. Auflage. München: Oldenbourg.

CROPPER, M. L.; OATES, W. E. (1992): Environmental Economics: A Survey. Journal of Economic Literature, XXX, 675–740.

DANØ, S. (1966): Industrial Production Models. Wien: Springer.

DANTZIG, G. B. (1966): Lineare Programmierung und Erweiterungen. Berlin: Springer. (Originalausgabe: Princeton, N.J.: University Press 1963).

DELLMANN, K. (1980): Betriebswirtschaftliche Produktions- und Kostentheorie. Wiesbaden: Gabler.

DINKELBACH, W. (1969): Sensitivitätsanalysen und parametrische Programmierung. Berlin: Springer.

DINKELBACH, W. (1987): GUTENBERG-Technologien als Grundlage einer betriebswirtschaftlichen Produktions- und Kostentheorie unter zusätzlicher Berücksichtigung von Recycling und Entsorgung. Diskussionsbeiträge Fachbereich Wirtschaftswissenschaft A 8705, Universität des Saarlandes, Saarbrücken.

DINKELBACH, W. (1991): Effiziente Produktionen in umweltorientierten LEONTIEF-Technologien. In FANDEL, G.; GEHRING, H. (Hrsg.): Operations Research: Beiträge zur quantitativen Wirtschaftsforschung (Tomas Gal zum 65.Geburtstag). Berlin: Springer, 361–375.

DINKELBACH, W. (1994): Über einige Weiterentwicklungen von GUTENBERGs Theorie quantitativer Anpassung. In ALBACH, H. (Hrsg.): Globale soziale Marktwirtschaft: Ziele – Wege – Akteure (Festschrift für Santiago Garcia Echevarria aus Anlaß seines sechzigsten Geburtstages). Wiesbaden: Gabler, 357–371.

DINKELBACH, W.; KLEINE, A. (1996): Elemente einer betriebswirtschaftlichen Entscheidungslehre. Berlin: Springer.

DINKELBACH, W.; KLEINE, A. (2001): Produktionscontrolling – Effiziente Produktionen in diskreten Technologien. In ALBACH, H.; SCHILLER, U. (Hrsg.): Controlling-Theorie. Ergänzungsheft 2/01 der Zeitschrift für Betriebswirtschaft, Wiesbaden: Gabler, 51–80.

DINKELBACH, W.; PIRO, A. (1989): Entsorgung und Recycling in der betriebswirtschaftlichen Produktions- und Kostentheorie: LEONTIEF-Technologien. Wirtschaftsstudium, 18, 399–405, 474–480. (Wiederabdruck in: Seidel, E.; Strebel, H. (Hrsg.): Betriebliche Umweltökonomie, Wiesbaden: Gabler 1993, S. 220-236).

DINKELBACH, W.; PIRO, A. (1990): Entsorgung und Recycling in der betriebswirtschaftlichen Produktions- und Kostentheorie: GUTENBERG-Technologie. Wirtschaftsstudium, 19, 640–645, 700–705.

DÜRR, W.; KLEIBOHM, K. (1992): Operations Research: lineare Modelle und ihre Anwendungen, 3. Auflage. München: Hanser.

DUTSCHKE, M.; MICHAELOWA, A. (1998): Der Handel mit Emissionsrechten für Treibhausgase. HWWA-Report 187, HWWA-Institut für Wirtschaftsforschung, Hamburg.

DYCKHOFF, H. (1982): Charakterisierung der Produktionsmöglichkeitengrenze im Mehrsektorenfall. Zeitschrift für Wirtschafts- und Sozialwissenschaften, 102., 155–172.

DYCKHOFF, H. (1991): Berücksichtigung des Umweltschutzes in der betriebswirtschaftlichen Produktionstheorie. In ORDELHEIDE, D.; RUDOLPH, B.; BÜSSELMANN, E. (Hrsg.): Betriebswirtschaftslehre und Ökomische Theorie. Stuttgart: Poeschel, 275–309.

DYCKHOFF, H. (1993): Aktivitätsanalyse. In WITTMANN (1993), 57–86.

DYCKHOFF, H. (1994): Betriebliche Produktion, 2. Auflage. Berlin: Springer.

DYCKHOFF, H. (2000): Grundzüge der Produktionswirtschaft, 3. Auflage. Berlin: Springer.

EICHHORN, W. (1978): Produktions- und Kostentheorie. In GLASTETTER, W. (Hrsg.): Handwörterbuch der Volkswirtschaft. Wiesbaden: Gabler, 1054–1082.

EICHHORN, W. (1993): Produktionskorrespondenzen. In WITTMANN (1993), 3443–3450.

EICHHORN, W.; SHEPHARD, R. W.; STEHLING, F. (1979): Produktions- und Kostentheorie. In SELTEN, R. (Hrsg.): Wirtschaftstheorie, Bd. 1 von *Handwörterbuch der Mathematischen Wirtschaftswissenschaften*. Wiesbaden: Gabler, 333–358.

ELLINGER, T.; HAUPT, R. (1996): Produktions- und Kostentheorie, 3. Auflage. Stuttgart: Poeschel.

FANDEL, G. (1996): Produktion I – Produktions- und Kostentheorie, 5. Auflage. Berlin: Springer.

FRANK, C. R. JR. (1969): Production Theory and Indivisible Commodities. Princeton, N.J.: Princeton University Press.

FRISCH, R. (1965): Theory of Production. Dordrecht: Reidel.

FUNK, M. (1991): Industrielle Energieversorgung als betriebswirtschaftliches Planungsproblem. Heidelberg: Physica.

GÄLWEILER, A. (1960): Produktionskosten und Produktionsgeschwindigkeit. Wiesbaden: Gabler.

GAL, T. (1977): General Method of Determining the Set of All Efficient Solutions to a Linear Vectormaximum Problem. European Journal of Operational Research, 1, 307–322.

GAL, T. (1994): Postoptimal Analyses, Parametric Programming and Related Topics, 2. edition. Berlin: de Gruyter.

GALE, D. (1960): The Theory of Linear Economic Models. New York: McGraw-Hill.

GASS, S. I. (1985): Linear Programming – Methods and Applications, 5. edition. New York: McGraw-Hill.

GEORGESCU-ROEGEN, N. (1951): The Aggregate Linear Production Function and its Application to von Neumann's Economic Model. In KOOPMANS (1951a), 98–115.

GLASER, H.; GEIGER, W.; ROHDE, V. (1992): PPS – Produktionsplanung und -steuerung, 2. Auflage. Wiesbaden: Gabler.

GÖRG, M. (1981): Recycling als umweltpolitisches Instrument der Unternehmung. Berlin: Marchal und Matzenbacher.

GROCHLA, E. (Hrsg.) (1975): Handwörterbuch der Betriebswirtschaft, Band 2, 4. Auflage. Stuttgart: Schäffer-Poeschel.

GUTENBERG, E. (1983): Grundlagen der Betriebswirtschaftslehre, Erster Band: Die Produktion, 24. Auflage. Berlin: Springer.

GUTENBERG, E. (1989): Die Theorie der Unternehmung. In ALBACH, H. (Hrsg.): Zur Theorie der Unternehmung – Schriften und Reden von Erich Gutenberg – Aus dem Nachlaß. Berlin: Springer, 119–211.

HADLEY, G. (1962): Linear Programming. Reading, Mass.: Addison-Wesley.

HANSMEYER, K.-H. (1979): Produktion und Umweltschutz. In KERN (1979), 2029–2043.

HANSMEYER, K.-H. (1993): Das Spektrum umweltpolitischer Instrumente. In KÖNIG, H. (Hrsg.): Umweltverträgliches Wirtschaften als Problem von Wissenschaft und Politik, Bd. 224 von *Schriften des Vereins für Socialpolitik, N.F.*. Berlin: Duncker & Humblot, 63–86.

HEISTER, J.; MICHAELIS, P. (1991): Umweltpolitik mit handelbaren Emissionsrechten. Tübingen: Mohr (Siebeck).

HILDENBRAND, K.; HILDENBRAND, W. (1975): Lineare ökonomische Modelle. Berlin: Springer.

HILDENBRAND, W. (1966): Mathematische Grundlagen zur nichtlinearen Aktivitätsanalyse. Unternehmensforschung, 65–80.

HWANG, C.-L.; MASUD, A. (1979): Multiple Objective Decision Making – Methods and Applications. Berlin: Springer.

ISERMANN, H. (1991): Optimierung bei mehrfacher Zielsetzung. In GAL, T. (Hrsg.): Grundlagen des Operations Research, Bd. 1, 3. Auflage. Berlin: Springer, 420–497.

ISERMANN, H.; HOUTMAN, J. (1998): Entsorgungslogistik in Industrieunternehmen. In ISERMANN, H. (Hrsg.): Logistik, 2. Auflage. Landsberg/Lech: moderne industrie, 303–320.

JAHN, J. (1985): Some Characterizations of the Optimal Solutions of a Vector Optimization Problem. OR Spektrum, 7, 7–17.

JAHNKE, B. (1986): Betriebliches Recycling. Wiesbaden: Gabler.

KAMPKÖTTER, H. (1981): Einzelwirtschaftliche Ansätze der Produktionstheorie. Königstein/Ts.: Athenäum.

KERN, W. (Hrsg.) (1979): Handwörterbuch der Produktionswirtschaft. Stuttgart: Schäffer-Poeschel.

KILGER, W. (1958): Produktions- und Kostentheorie. Wiesbaden: Gabler.

KILGER, W. (1973): Optimale Produktions- und Absatzplanung. Opladen: Westdeutscher Verlag.

KILGER, W. (1975): Produktionsfaktor. In GROCHLA (1975), 3097–3101.

KILGER, W. (1981): Flexible Plankostenrechnung und Deckungsbeitragsrechnung, 8. Auflage. Wiesbaden: Gabler.

KISTNER, K.-P. (1983): Zur Erfassung von Umwelteinflüssen der Produktion in der linearen Aktivitätsanalyse. Wirtschaftswissenschaftliches Studium (WiSt), 12, 389–395.

KISTNER, K.-P. (1989): Umweltschutz in der betrieblichen Produktionsplanung. Betriebswirtschaftliche Forschung und Praxis, 41, 30–50.

KISTNER, K.-P. (1993): Produktions- und Kostentheorie, 2. Auflage. Heidelberg: Physica.

KLAUS, J. (1974): Produktions- und Kostentheorie. Stuttgart: Fischer.

KLEINE, A. (1999): Unvollkommene Informationen in Leontief-Technologien. In ALBACH/ROSENBERG (1999), 21–45.

KLEINE, A. (2000): Effiziente Alternativen, Produktionen und Organisationen. Habilitationsschrift, Universität des Saarlandes, Saarbrücken.

KLOOCK, J. (1969): Betriebswirtschaftliche Input-Output-Modelle. Wiesbaden: Gabler.

KLOOCK, J. (1997): Betriebliches Rechnungswesen, 2. Auflage. Lohmar: Eul.

KLOOCK, J. (1998): Produktion, Bd. 1 von *Vahlens Kompendium der Betriebswirtschaftslehre*, 4. Auflage. München: Vahlen, 275–328.

KLOOCK, J. (1999): Erfolgsorientierte Produktionstheorie auf der Basis lernorientierter Technologien. In ALBACH/ROSENBERG (1999), 1–20.

KÖNIG, H.; NEUMANN, M. (1986): Mathematische Wirtschaftstheorie. Königstein/Ts.: Hain.

KOOPMANS, T. (Ed.) (1951a): Activity Analysis of Production and Allocation. New York: Wiley.

KOOPMANS, T. (1951b): Analysis of Production as an Efficient Combination of Activities. In KOOPMANS (1951a), 33–97.

KRELLE, W. (1969): Produktionstheorie (Teil I der Preistheorie), 2. Auflage. Tübingen: Mohr (Siebeck).

KRUSCHWITZ, L.; STOLL, E. (1979): Produktionswirtschaftliche Forschung. In KERN (1979), 1678–1686.

KUHN, H. W.; TUCKER, A. W. (1951): Nonlinear Programming. In NEYMAN, J. (Hrsg.): Proceedings of the Second Berkeley Symposium on Mathematical Statistics and Probability. Berkeley (California): California Press, 481–492.

LAMBRECHT, H.-W. (1978): Die Optimierung intensitätsmäßiger Anpassungsprozesse. Meisenheim/Glan: Hain.

LIPPOLD, H.-G. (1988): Input-Output-Analyse mit diskreten Einflußgrößen. Bergisch-Gladbach: Eul.

LÜCKE, W. (1976): Produktions- und Kostentheorie, 3. unveränd. Auflage. Würzburg: Physica.

LUHMER, A. (1975): Maschinelle Produktionsprozesse. Opladen: Westdeutscher Verlag.

LUHMER, A. (1992): Fixkosten-Controlling: Ökonomische Grundlagen und Kalküle. In SPREMANN, K.; ZUR, E. (Hrsg.): Controlling. Wiesbaden: Gabler, 541–569.

MACKSCHEIDT, K.; EWRINGMANN, D.; GAWEL, E. (Hrsg.) (1994): Umweltpolitik mit hoheitlichen Zwangsabgaben? (Karl-Heinrich Hansmeyer zur Vollendung seines 65. Lebensjahres). Berlin: Duncker & Humblot.

MIETTINEN, K. (1999): Nonlinear Multiobjective Optimization. Boston: Kluwer.

MÜLLER-MERBACH, H. (1981): Die Konstruktion von Input-Output Modellen. In BERGNER, H. (Hrsg.): Planung und Rechnungswesen in der Betriebswirtschaftslehre. Berlin: Duncker & Humblot, 19–113.

MURTAGH, B. (1981): Advanced Linear Programming, Computation and Practice. New York: McGraw Hill.

NEUMANN, K.; MORLOCK, M. (1993): Operations Research. München/Wien: Hanser.

OPITZ, O. (1971): Zum Problem der Aktivitätsanalyse. Zeitschrift für die gesamte Staatswissenschaft, 127, 238–255.

PIRO, A. (1994): Betriebswirtschaftliche Umweltkostenrechnung. Heidelberg: Physica.

RIEBEL, P. (1955): Die Kuppelproduktion. Köln: Westdeutscher Verlag.

RIEBEL, P. (1979): Kuppelproduktion. In KERN (1979), 1009–1022.

ROSENBERG, O. (1989): Input-Output-Techniken. In SZYPERSKI, N. (Hrsg.): Handwörterbuch der Planung. Stuttgart: Poeschel, 753–762.

RUSSELL, C. (1973): Residual Management in Industry: A Case Study of Petroleum Refining. Baltimore: John Hopkins University Press.

SABEL, H. (1999): Ökonomie- und ökologieorientiertes Gesamtmanagement. In ALBACH/ROSENBERG (1999), 89–110.

SAKAROVITSCH, M. (1983): Linear Programming. New York: Springer.

SCHMIDT, R. (1967): Die Produktionsfunktion in betriebswirtschaftlicher Sicht. Dissertation, Universität zu Köln, Köln.

SCHMIDTCHEN, D. (1980): Theorie der Kuppelproduktion nebst einer Anwendung auf den Umweltschutz (I) und (II). WISU – Das Wirtschaftsstudium, 9, 287–290 und 335–343.

SCHNEEWEISS, C. (1999): Einführung in die Produktionswirtschaft, 7. Auflage. Berlin: Springer.

SCHÖNFELD, K. P. (1964): Effizienz und Dualität in der Aktivitätsanalyse. Dissertation, Freie Universität Berlin, Berlin.

SCHRIJVER, A. (1986): Theory of Linear and Integer Programming. Chichester: Wiley.

SCHROER, J. (2001): Produktions- und Kostentheorie, 7. Auflage. München: Oldenbourg.

SCHWEITZER, M. (1993): Produktion. In WITTMANN (1993), 3328–3347.

SCHWEITZER, M.; KÜPPER, H.-U. (1997): Produktions- und Kostentheorie, 2. Auflage. Wiesbaden: Gabler.

SEELBACH, H.; DETHLOFF, J. (1998): Theoretische Grundlagen umweltorientierter Produktion. In HANSMANN, K.-W. (Hrsg.): Umweltorientierte Betriebswirtschaftslehre. Wiesbaden: Gabler, 19–76.

SHEPHARD, R. W. (1970): Theory of Cost and Production Functions. Princeton, N.J.: Princeton University Press.

SIEBERT, H. (1978): Ökonomische Theorie der Umwelt. Tübingen: Mohr (Siebeck).

STAHL, K.; SCHULZ, N. (1981): Mathematische Optimierung und mikroökonomische Theorie. Berlin: Springer.

STEFFEN, R. (1997): Produktions- und Kostentheorie, 3. Auflage. Stuttgart: Kohlhammer.

STEFFENS, F. (1979): Produktionssysteme. In KERN (1979), 1596–1604.

STEPAN, A.; FISCHER, E. O. (1996): Betriebswirtschaftliche Optimierung, 5. Auflage. München: Oldenbourg.

STEUER, R. E. (1986): Multiple Criteria Optimization: Theory, Computation, and Application. New York: Wiley.

STEVEN, M. (1994): Produktion und Umweltschutz. Wiesbaden: Gabler.

STEVEN, M. (1998): Produktionstheorie. Wiesbaden: Gabler.

STREBEL, H. (1980): Umwelt und Betriebswirtschaft. Berlin: Schmidt.

STREBEL, H. (1981): Umweltwirkungen der Produktion. Zeitschrift für betriebswirtschaftliche Forschung, 33., 508–521.

STREBEL, H. (1990): Industrie und Umwelt. In SCHWEITZER, M. (Hrsg.): Industriebetriebslehre. München: Vahlen, 697–779.

SZYSZKA, U. (1987): Bestimmungsgründe der Möglichkeiten und Grenzen einer Faktorsubstitution aus produktionstheoretischer Sicht. Spardorf: Wilfer.

TAKAYAMA, A. (1974): Mathematical Economics. Hinsdale: Dryden Press.

VENTZKE, R. (1994): Umweltorientierte Produktionsplanung. Frankfurt/M: Lang.

WAGNER, G. R. (1997): Betriebswirtschaftliche Umweltökonomie. Stuttgart: Lucius & Lucius.

WEIMANN, J. (1995): Umweltökonomik – eine theorieorientierte Einführung, 3. Auflage. Berlin: Springer.

WENDELL, R. E.; LEE, D. N. (1977): Efficiency in Multiple Objective Optimization Problems. Mathematical Programming, 12, 406–414.

WICKE, L.; HAASIS, H.; SCHAFHAUSEN, F.; SCHULZ, W. (2000): Betriebliche Umweltökonomie, 2. Auflage. München: Vahlen.

WITTMANN, W. (1968): Produktionstheorie. Berlin: Springer.

WITTMANN, W. (1975): Produktionstheorie. In GROCHLA (1975), 3131–3156.

WITTMANN, W. (1982): Betriebswirtschaftslehre I. Tübingen: Mohr (Siebeck).

WITTMANN, W. (Hrsg.) (1993): Handwörterbuch der Betriebswirtschaft, 5. Auflage. Stuttgart: Schäffer-Poeschel.

ZÄPFEL, G. (1982): Produktionswirtschaft. Berlin: de Gruyter.

ZELEWSKI, S. (1993): Umweltschutz als Herausforderung an die produktionswirtschaftliche Theoriebildung. Zeitschrift für Betriebswirtschaft, 63, 323–350.

ZSCHOCKE, D. (1974): Betriebsökonometrie. Würzburg: Physica.

ZSCHOCKE, D. (1995): Modellbildung in der Ökonomie. München: Vahlen.

Verzeichnis ausgewählter Symbole

$\mathbb{N}_0$	Menge der natürlichen Zahlen einschließlich 0
$\mathbb{R}$	Menge der reellen Zahlen
$\mathbb{R}_+$	Menge der nichtnegativen reellen Zahlen
$\mathbb{Z}$	Menge der ganzen Zahlen
$\mathbb{R}_+^N, \mathbb{N}_0^N$	N-faches cartesisches Produkt der Mengen $\mathbb{R}_+, \mathbb{N}_0$
$\emptyset$	leere Menge
$\mathbf{o}$	Nullvektor
$\in$	Element aus
$\notin$	nicht Element aus
(a, b)	geordnetes Tupel von a und b (Vektor)
$\{a, b\}$	Menge mit den Elementen a und b
$[a, b]$	abgeschlossenes Intervall
$]a, b]$	links offenes und rechts abgeschlossenes Intervall
$\text{argmax}\{f(x)\}$	Menge der die Funktion $f(x)$ maximierenden Argumente
$\text{argmin}\{g(x)\}$	Menge der die Funktion $g(x)$ minimierenden Argumente

δ, $\boldsymbol{\delta}$	Anzahl der Zertifikate
r	Faktorquantität (Faktormenge)
$\mathbf{r}$	Faktorvektor (Spaltenvektor)
R	Faktorraum, Menge der Faktormengenvektoren
t	Zeitvariable
u	erwünschte Nebengutquantität
$\mathbf{u}$	Vektor erwünschter Nebengütermengen (Spaltenvektor)
U	Menge der erwünschten Nebengütermengenvektoren
v	nicht erwünschte Nebengutquantität
$\mathbf{v}$	Vektor nicht erwünschter Nebengütermengen (Spaltenvektor)
V	Menge der nicht erwünschten Nebengütermengenvektoren
x	Produktquantität (Produktmenge)
$\mathbf{x}$	Produktvektor (Spaltenvektor)
X	Produktraum, Menge der Produktmengenvektoren
$\mathbf{y}$	Produktion, Produktionspunkt (Spaltenvektor)
Y	Prozeß, Produktionsprozeß
$\mathbf{y}_B$	Basisproduktion, Basisproduktionspunkt (Spaltenvektor)
Y_B	Basisprozeß
Y_D	diskreter Prozeß
$\mathbf{z}$	Produktion, Produktionspunkt (mit Nebengütern) (Spaltenvektor)
Z	Prozeß mit Nebengütern
$\mathbf{x} \leqq \mathbf{y}$	es gilt $x_n \leqq y_n$ für $n = 1, \ldots, N$

$\mathbf{x} \leq \mathbf{y}$	es gilt $x_n \leqq y_n$ für $n = 1, \ldots, N$ und $x_n < y_n$ für mindestens ein $n \in \{1, \ldots, N\}$
a	Produktionskoeffizient für Faktoren
b	Input- bzw. Outputkoeffizient für nicht erwünschte Nebengüter
β^{NF}, β^{NP}	Umwelterlössatz
c	Input- bzw. Outputkoeffizient für erwünschte Nebengüter
$\gamma^{N0F}\gamma^{NP}$	Umweltkostensatz
d	Intensitätsvariable
D	Gesamtdeckungsbeitrag
E	Gesamterlös
G	Gesamtgewinn
k	Stückkosten, Faktorstückkosten
K	Gesamtkosten
K^F	gesamte Faktorkosten
K_{fix}	fixe Gesamtkosten
p	Stückerlös
q	Faktorpreis
EM	Entscheidungsmodell
LVEM	Lineares vektorielles Entscheidungsmodell
VEM	Vektorielles Entscheidungsmodell
CDT	COBB-DOUGLAS-Technologie
GT	GUTENBERG-Technologie
LT	LEONTIEF-Technologie

TM	Technologie, Technologiemenge
$UCDT$	umweltorientierte COBB-DOUGLAS-Technologie
UGT	umweltorientierte GUTENBERG-Technologie
ULT	umweltorientierte LEONTIEF-Technologie
UTM	umweltorientierte Technologie, Technologie

FE	Faktoreinheit
PE	Produkteinheit
NPE	Nebenprodukteinheit
NGE	Nebenguteinheit
SE	Schadstoffeinheit
GE	Geldeinheit
ZE	Zeiteinheit

Index

Druck: Strauss Offsetdruck, Mörlenbach
Verarbeitung: Schäffer, Grünstadt